CLÍNICA E (A)NORMALIDADE

Conselho editorial

André Costa e Silva
Cecilia Consolo
Dijon de Moraes
Jarbas Vargas Nascimento
Luis Barbosa Cortez
Marco Aurélio Cremasco
Rogerio Lerner

Blucher

CLÍNICA E (A)NORMALIDADE

Interpelações pandêmicas

Organizadores
Dailza Pineda
Luís Fernando de Oliveira Saraiva

Clínica e (a)normalidade: interpelações pandêmicas
© 2022 Dailza Pineda e Luís Fernando de Oliveira Saraiva (*organizadores*)
Editora Edgard Blücher Ltda.

Publisher Edgard Blücher
Editor Eduardo Blücher
Coordenação editorial Jonatas Eliakim
Produção editorial Bárbara Waida
Preparação de texto Carolina do Vale
Diagramação Taís do Lago
Revisão de texto MPMB
Capa Leandro Cunha
Imagem da capa iStockphoto

Blucher

Rua Pedroso Alvarenga, 1245, 4º andar
04531-934 – São Paulo – SP – Brasil
Tel.: 55 11 3078-5366
contato@blucher.com.br
www.blucher.com.br

Segundo Novo Acordo Ortográfico, conforme 5. ed. do *Vocabulário Ortográfico da Língua Portuguesa*, Academia Brasileira de Letras, março de 2009.

É proibida a reprodução total ou parcial por quaisquer meios sem autorização escrita da editora.

Todos os direitos reservados pela Editora Edgard Blücher Ltda.

Dados Internacionais de Catalogação na Publicação (CIP)
Angélica Ilacqua CRB-8/7057

Clínica e (a)normalidade : interpelações pandêmicas / organizado por Dailza Pineda, Luís Fernando de Oliveira Saraiva. - São Paulo : Blucher, 2022.

262 p.

Bibliografia
ISBN 978-65-5506-564-0 (impresso)
ISBN 978-65-5550-135-3 (eletrônico)

1. Psicologia 2. Pandemia 2. COVID-19 (Doença) - Aspectos psicológicos 3. Pandemia 2. COVID-19 (Doença) - Aspectos sociais I. Pineda, Dailza II. Saraiva, Luís Fernando de Oliveira

22-0930   CDD 150

Índice para catálogo sistemático:
1. Psicologia

Conteúdo

Apresentação: Que isso não passe   7
Dailza Pineda
Luís Fernando de Oliveira Saraiva

1. Crônicas de uma pandemia anunciada   13
Renato Tardivo

2. Experiência de si e do tempo na pandemia   27
Luiz Fuganti

3. Estupidemia: a pandemia de estupidez e seus tratamentos possíveis 41
Rita de Cássia de Araújo Almeida

4. Fique em casa...: olhares de dentro sobre a pandemia e as desproteções sociais   53
Márcio Dionizio Inácio

5. Os nós históricos entre a invisibilização das mulheres e a violência doméstica no contexto pandêmico   75
Bianca Lopes Saggese

6. Por uma politização e desmedicalização do sofrimento: dimensões
   éticas do cuidado psicológico no campo da educação   99
   Beatriz Ferraz Diniz
   Thaís Seltzer Goldstein

7. Lições das infâncias em pandemia   127
   Ilana Katz

8. Quem sou eu?: a criação de possibilidades de existir para
   adolescentes e jovens em tempos de pandemia   145
   Pérola Lozano T. de Carvalho

9. Rituais de despedida na pandemia da covid-19: uma reflexão para
   além do caráter particular do luto   165
   Flávia Andrade Almeida

10. Direito à cidade: diálogos com a clínica   181
    Martha Lemos

11. Psicologia e pandemônio: contribuições das políticas públicas à
    composição de uma clínica plausível   199
    Dailza Pineda

12. Sem referências, ambiente confortável e afofar travesseiros:
    os falsos problemas do atendimento psicológico online   223
    Luís Fernando de Oliveira Saraiva

13. Por uma clínica que venha nos trazer sol de primavera   247
    Helena Rego Monteiro

Apresentação: Que isso não passe

Dailza Pineda
Luís Fernando de Oliveira Saraiva

Considerando a rápida e descontrolada disseminação do novo coronavírus em diversos países do mundo, em 11 de março de 2020, a Organização Mundial de Saúde (OMS) declarou oficialmente que estávamos vivendo uma *pandemia*. Alguns dias antes, havia sido relatado, ainda sem tanto alarde, o primeiro caso brasileiro de covid-19[1] na cidade de São Paulo. Com o aumento progressivo dos casos e tendo por base as notícias alarmantes vindas da Europa e da Ásia, começamos a falar sobre as medidas indicadas – e, diga-se de passagem, pouco adotadas – para a contenção do vírus, como o estabelecimento de *lockdown*, isolamento, restrição e distanciamento social, fechamento do comércio e das atividades não essenciais, além da obrigatoriedade do uso de máscaras nos espaços comuns.

Muitos desafios foram se apresentando também para a construção de cuidados em saúde mental à população, tendo em vista que a prescrição de *ficar em casa* em um contexto como o nosso[2] já dava indícios de causar um possível aumento de sintomas relacionados a depressão, ansiedade e insônia, a diminuição do acesso à renda, a sobrecarga de trabalho das mulheres, o aumento da vulnerabilidade de crianças e adolescentes, além do aumento do consumo de álcool de um modo geral. Ao mesmo tempo, já se cogitava que, mesmo quando passadas as ondas de contágio e mortes ocasionadas pelo novo

---

1   Nome dado à infecção pelo novo coronavírus, derivado do inglês *Coronavirus Disease*.
2   As informações que se seguem são da OMS, considerando-se um contexto geral.

coronavírus, ainda teríamos que seguir elaborando os processos de luto e as questões relacionadas ao adoecimento mental das pessoas vivendo neste contexto radicalmente adverso.

Curiosamente, a ideia de pandemia foi sendo hegemonicamente tomada como uma crise sanitária global, sem que fosse articulada a contextos e realidades regionais, sociais, políticas e econômicas distintas. Com ares naturalizantes e universalizantes, seus efeitos passaram a ser tratados como decorrência quase única e exclusiva de um vírus, para o qual até bem pouco tempo não se tinha vacina[3] e até a conclusão desta obra não se tem nenhum tratamento eficaz. Nessa toada, o adoecimento mental da população mundial seria uma consequência direta e imediata de situações como isolamento social, medo do contágio e da morte, perda de entes queridos, e perda da vida que se tinha antes da pandemia, com o estabelecimento do chamado "novo normal",[4] visto como uma ruptura à boa – e talvez idílica – vida que se tinha antes de tudo isso.

Não à toa, mais do que rapidamente, ajustes à vida em isolamento começaram a se dar. A oferta infinita de cursos, atividades artístico-culturais e esportivas, debates científicos e profissionais no formato online; adequações para o trabalho e o ensino remotos; encontros, festas, aniversários por videoconferência; a mudança para casas de campo ou no litoral, com mais contato com a natureza... Se a vida de antes se perdeu, o movimento de adaptação aos novos tempos urgiu. "Sairemos melhores", sintetiza uma aposta no limite entre a esperança e a ingenuidade.

E se o coronavírus tivesse vindo "parar a máquina cujo freio de emergência não estávamos encontrando"?[5] Ora, não é de hoje que temos sido alertados sobre a inviabilidade deste nosso modo de vida que favorece a economia em detrimento da própria vida, das relações e do meio ambiente. Há muito tempo algumas vozes dissonantes falavam sobre os absurdos que sustentavam este período denominado Antropoceno,[6] a Era dos Humanos. Ao analisar seus

---

3 A primeira dose da vacina aplicada no Brasil, fora do ambiente de testes, se deu em 17 de janeiro de 2021, na cidade de São Paulo, pelo imunizante Coronavac, desenvolvido em parceria entre o Instituto Butantan e a biofarmacêutica Sinovac.
4 Termo criado pelo empresário estadunidense Mohamed El-Erian, em 2009, para falar sobre as consequências da crise econômica mundial daquele período.
5 Anônimo. (2020). *Monólogo do vírus*. São Paulo: N-1 Edições.
6 Termo formulado por Paul Crutzen, Prêmio Nobel de Química de 1995.

pilares, destacados por uma lógica predatória e individualista, Ailton Krenak[7] descreve um cenário apocalíptico a partir da cisão entre nós e o meio em que vivemos, ou melhor, como se a lógica econômica da acumulação de dinheiro, desenfreada e desigual, pudesse suprimir ou fazer-nos esquecer da inviabilidade de nossa existência em um planeta desértico. Pois estas ideias não poderiam ter sido mais proféticas: eis que o aparecimento lá na China de um vírus, considerado um dos menores organismos existentes, desencadeou esta estarrecedora situação em que ainda nos encontramos, quase dois anos depois.

Sabemos que, apesar de ser um acontecimento global, a pandemia apresenta características peculiares em diferentes contextos e grupos sociais. Não à toa, pesquisadores vêm defendendo que, na verdade, estamos diante de uma *sindemia*,[8] já que as condições de vida de diferentes grupos populacionais são determinantes no grau de vulnerabilidade e nos efeitos enfrentados por cada um deles, o que pode ser visto em índices de contágio, gravidade e morbidade desproporcionais não apenas entre pessoas com outras enfermidades, como diabetes, câncer, problemas cardíacos e obesidade, mas sobretudo entre os mais pobres, com menor renda e minorias étnicas.

Isso torna necessário observar que a pandemia brasileira possui suas características específicas. Por aqui, o distanciamento do convívio social quase sempre dependeu de iniciativas individuais e voluntárias; a reabertura do comércio e dos serviços se deu com elevados índices de contágio; a curva de mortes se estabilizou em números elevadíssimos, perdurando por meses; a desassistência estatal deixou milhões de pessoas à própria sorte (e à própria morte); o aumento no volume de trabalho foi descomunal, mesmo online; houve o acirramento das desigualdades, visto, por exemplo, nas impossibilidades de se ficar em casa para parcelas significativas da população; as festas clandestinas e aglomerações em bares, restaurantes e praias aconteceram cotidianamente, sempre em nome de preservar a saúde mental; as máscaras faciais, acompanhando a tendência internacional, foram se tornando itens de

---

7   Krenak, A. (2019). *Ideias para adiar o fim do mundo*. São Paulo: Companhia das Letras.
8   Termo cunhado pelo antropólogo médico estadunidense Merrill Singer na década de 1990 para explicar uma situação em que "duas ou mais doenças interagem de tal forma que causam danos maiores do que a mera soma dessas duas doenças".

moda, sendo estilizadas para diferentes ocasiões. Somados a isso, a falta de um plano de vacinação com critérios consistentes, que permitiu que, por exemplo, pessoas com diplomas na área da saúde fossem prioridade na imunização, independentemente de atuarem na área ou estarem expostas a riscos; a negligência do governo federal na compra de vacinas, mesmo diante da corrida entre os países, que gerou gritantes disparidades em seu acesso ao redor do mundo; o incentivo presidencial ao descumprimento das medidas sanitárias mínimas e ao negacionismo, além de manifestações contrárias à obrigatoriedade da vacina[9] e do escárnio diante de tantas mortes,[10] são algumas das especificidades do caso brasileiro, que pode ser resumido no encontro aterrorizante da pandemia com o pandemônio.

Tudo isso acompanhado de um mortificante sentimento de que tudo continua "normal". Se melhores não saímos da pandemia que não acabou, talvez estejamos como antes – ou talvez piores, mais precarizados. E é esse o cenário que faz com que, talvez, o menor de nossos problemas seja o coronavírus. Este é o contexto que provocou em nós a necessidade de produzir encontros para que pudéssemos criar sentidos e narrativas para o que vínhamos (e continuamos) vivendo, pessoal e profissionalmente. Assim, misturando necessidade e desejo, nos encontramos com um grupo de psicólogas[11] para oferecer atendimentos pontuais online, a partir de uma lógica comunitária e de mutualidade, visando ao acolhimento e à construção de ações de (auto)cuidado, além da constituição de espaços de troca e reinvenção de dispositivos clínicos, que considerávamos necessária mesmo antes da pandemia. Tomando, pois, os atravessamentos sociais, políticos, econômicos e subjetivos deste momento (que já dura anos), apostamos na criação de formas de viver, pensar e, também, de se fazer psicologia – mais potentes e, necessariamente, compartilhadas. Em

---

9   Pronunciamentos do atual Presidente da República, Jair Bolsonaro, proferidos em 21 de outubro de 2020 em suas redes sociais e em visita ao Centro Tecnológico da Marinha em São Paulo.
10 Várias foram as manifestações jocosas do presidente em referência à pandemia. Em abril de 2020, quando questionado sobre a morte de cinco mil pessoas, respondeu: "E daí? Lamento. Quer que eu faça o quê?". Dias depois, diante da morte de 300 pessoas em um dia, declarou não ser coveiro. Mas, mesmo diante de tantos descalabros, nada supera ter imitado uma pessoa com falta de ar – um dos principais sintomas da covid –, como fez em *lives* em março e maio de 2021.
11 Trata-se do coletivo Nós - cuidados em tempos de pandemia, do qual fizemos parte desde sua idealização, em abril de 2020, até junho de 2021.

grupo, estivemos debruçados sobre os desafios do tempo presente e os efeitos deles na construção do nosso fazer, o que fez emergir a possibilidade de sistematização e compartilhamento de certas discussões.

Dessa forma, a presente coletânea tem por objetivo analisar os desafios na construção de cuidados em saúde mental adequados à realidade brasileira. Tomando a pandemia como um acontecimento político-social – e não apenas biológico –, que demandas vêm sendo apresentadas aos psicólogos e à prática clínica? Que configurações de cuidado podem ser oferecidas em um contexto como esse? Aliás, seriam necessárias redefinições para o cuidado em saúde mental? Qual clínica a pandemia brasileira torna possível – e necessária? O que essa clínica pode produzir e como pode ser produzida?

Lidar continuamente com tais questões foi uma tarefa, por vezes, exaustiva. Pois lidar com a pandemia assim tem sido, afinal, lidamos ao longo desse tempo com diversas pandemias: as nossas, as de nossas famílias e amigos, as de nossos pacientes. É exaustivo tentar criar continuamente uma não coincidência e uma discronia em relação à pandemia, que nos permitisse aderir a ela e nos distanciar e, com isso, mantermos fixos nossos olhares no tempo presente para nele percebermos não as luzes, mas o escuro, quer dizer, "a parte não vivida em todo o vivido".[12]

Aderir e se distanciar: este foi o desafio proposto para a escrita destes textos. A pandemia nos interpela a todo instante; se produz isolamento e morte, produzimos encontros e vida. Partindo de diferentes referenciais e estilos, atrelados a vivências pessoais e profissionais, os textos apostam na (necessária) possibilidade inventiva a que este enredo nos convoca. Ainda que, em algum momento, essa pandemia possa ser *desdeclarada*, estamos interessados em pensar sobre seus possíveis impactos para as psicologias brasileiras, ou ainda, aproveitar esses tempos inusitados para, quem sabe, poder estranhar nossas práticas naturalizadas nos tempos ditos normais, essa palavra hoje tão cara e, ao mesmo tempo, tão perigosa. Se é que a pandemia vai passar, que este movimento não passe.

---

12 Agamben, G. (2009). O que é o contemporâneo? In G. Agamben, *O que é o contemporâneo? e outros ensaios*. Chapecó: Argos.

1. Crônicas de uma pandemia anunciada

Renato Tardivo[1]

O analista: isolamento, travessia

3 meses, 1 dia e 15 horas

Sexta-feira, 13 de março de 2020. Ao chegar no consultório, a segunda paciente do dia recusa minha aproximação e diz: "Hoje sem beijo". Imediatamente percebo que a onda, ainda há pouco restrita a alguns países, havia nos atingido. Outro paciente, no mesmo dia, aparece de máscara. Meio sem jeito, eu esboço um aperto de mãos, mas ele me ensina a saudação do momento e oferece o cotovelo. Após um dia ouvindo histórias de pessoas de contextos diversos, eu deixo o consultório ciente de que uma mudança radical está em curso.

Nesse mesmo horário, minha companheira está saindo de casa para ir ao teatro com uma amiga. Digo a ela que a situação é preocupante e sugiro que reconsidere a saída. Ela agradece minha preocupação, conversa com a amiga e mantém o plano. Quanto a mim, intuindo que se tratava de uma despedida, em vez de voltar direto para casa, caminho a esmo pelas ruas próximas ao consultório.

---

[1] Professor colaborador do Instituto de Psicologia da Universidade de São Paulo (USP), psicanalista e escritor. Contato: rctardivo@uol.com.br.

Entro em um restaurante. Clima de *happy hour*. Embora me sente sozinho em uma mesa para seis pessoas, olho ao redor e me questiono se não estou correndo um risco desnecessário. Abro o iPad. Estou prestes a terminar a leitura do livro-reportagem sobre o crime cometido por Suzane von Richthofen e os irmãos Cravinhos (Campbell, 2020). A música no fone de ouvido abafa o chiado intermitente das picanhas nos *réchauds*, cortado às vezes por gargalhadas desesperadas. Peço uma cerveja. E leio.

Minha companheira envia uma mensagem. Chegou ao teatro. A peça será encenada por uma companhia europeia. Eu fico ainda mais preocupado, o índice de contágio na Europa está bastante alto, escrevo em resposta, mas ela não visualiza a mensagem, a peça deve ter começado. Depois da segunda cerveja, chamo um Uber e volto para casa.

Enquanto me preparo para dormir, leio as páginas finais do livro. Suzane não consegue a progressão para o regime aberto, porque não convence as autoridades de que não cometeria novamente um crime daquela magnitude. Minha companheira ainda não voltou da rua. Eu adormeço.

O noticiário do dia seguinte confirma que a sensação de onda chegando contaminou o país. Minha companheira se questiona se foi um erro ter ido ao teatro. Entro em contato com dois colegas psicanalistas e, embora os perceba preocupados, noto que eu estou mais. Em questão de horas, contudo, minhas expectativas se concretizam. O fim de semana transforma por completo tudo o que está relacionado ao ir e vir, ao estar com.

De comum acordo com meus pacientes, todas as sessões são alocadas temporariamente para o formato remoto. No início da semana, as atividades acadêmicas presenciais são suspensas, bem como cursos e eventos. Eu desisto da festa dos meus 40 anos. Desmarco as passagens aéreas dos meus filhos, que ficariam comigo na semana do aniversário para matar a saudade que, a cada dia, me mata um pouco.

As primeiras semanas de isolamento consolidam o formato remoto das comunicações. Todas as minhas atividades profissionais se adaptam, e provavelmente jamais fui tão produtivo. Introduzo uma rotina de atividades físicas (dentro de casa). Perco peso, o que vinha almejando.

Por outro lado, situações de ansiedade ocorrem com maior – e diferente – frequência. A qualidade do sono fica comprometida. O desgoverno do país não poderia estar mais evidente, e é outra – mortífera – contaminação com a qual temos de nos haver. O medo da morte toma forma: mais do que nunca, morrer é coisa séria.

Não saio de casa desde aquela longínqua sexta-feira 13, no mês de março. Sequer fui ao *hall* do elevador, à portaria do prédio, à garagem, nada. Isso significa que estou em prisão domiciliar há exatos três meses, um dia e quinze horas.

Uma série de fatores concorre para isso. Uma série de implicações decorre disso. Um grande amigo me deixou um recado esses dias no qual intuía que um dos motivos para eu estar tão restrito, preservando-me ao extremo, talvez fosse o desejo de ter, o quanto antes, a perspectiva de reencontrar meus filhos.

Meu amigo não imaginava, suponho, o efeito que sua comunicação produziria em mim.

Narciso em férias

Após 4 meses em total isolamento, saio de casa pela primeira vez. Vou contemplar o pôr do sol, de dentro do carro, na praça que, de forma não aleatória, leva o seu nome.[2] Apesar de os tapumes – a máscara da praça? –, dispostos para evitar aglomerações, obstruírem a visão, é importante testemunhar que o sol ainda se põe.

E mais impactante ainda é transitar pelas ruas, o que implica um misto de sensações. Em certa medida, é libertador e eufórico. Mas, por outro lado, a movimentação muito abaixo da média traz a sensação de que habito o vazio e de que os poucos transeuntes talvez sejam fantasmas, como eu. Em todo caso, essa primeira saída vai compondo um quadro inserido no projeto de ter meus filhos por perto.

---

2   A Praça Pôr do Sol localiza-se no Alto de Pinheiros, na cidade de São Paulo. Trata-se de um ponto de encontro, sobretudo aos finais de semana. Nos primeiros meses da pandemia, em 2020, a praça foi fechada com tapumes.

Em meados de setembro, o número de infectados e, consequentemente, de mortos pela covid-19 começa, aos poucos, a decrescer no país. A situação ainda inspira cuidados, apesar daqueles que insistem em negar sua tragicidade. Minhas atividades sociais seguem restritas; as profissionais, a todo vapor, se mantêm exclusivamente em formato remoto.

Então, no âmbito da redução de danos, fica decidido que eu vou até a cidade onde meus filhos moram e os trarei de volta no mesmo dia. Como estarão em *homeschooling* até o fim do ano, poderemos passar um bom tempo juntos.

Mas, se estou tão recluso, vou encarar um, quer dizer, dois aeroportos? Vou, desde que tome uma série de medidas. A primeira e mais óbvia: descobrir se posso embarcar com álcool em gel. Curiosamente, sem que lhe pergunte ou, é evidente, exponha minhas motivações, um paciente que teve de viajar a trabalho me traz a informação, que checo em seguida: desde que em quantidade limitada, o álcool em gel é permitido, além de as próprias companhias aéreas oferecerem o produto aos passageiros.

Contudo, ainda não é o suficiente. Preciso reforçar a barreira de contato. Temendo o desconforto da máscara de acrílico, vou atrás de óculos de proteção, análogos aos que se usam em obras. Sem que ele soubesse, a ideia me foi apresentada pelo mesmo paciente que havia trazido a informação sobre o álcool em gel. Agora estou pronto: camisetas e máscaras extras na mochila, os óculos de proteção e a quantidade máxima permitida de álcool em gel.

Minha companheira me deixa no aeroporto. Pouquíssimas pessoas portam, além das máscaras convencionais, proteções de acrílico no rosto. Os óculos, que eu tenha notado, apenas eu uso. Um tanto desorientado, porque havia feito o check-in pela internet e não tinha bagagem para despachar, vejo um casal caminhando em minha direção. Por detrás de suas máscaras, eu os reconheço: Flora Gil e Gilberto Gil.

Fico ainda mais desnorteado. Deixo que eles passem e, quando tomam a direção da escada rolante que leva à área de embarque, já de costas para mim, saco o celular e tiro uma foto. Gil caminha sereno, mas em um ritmo que, para ele, talvez seja acelerado. Sobre os ombros levemente arqueados, ele porta uma pequena valise de couro. Se eles estão voltando para casa, intuo que embarcaremos no mesmo voo.

Dias antes, assisti ao documentário *Narciso em férias*, dirigido por Renato Terra e Ricardo Calil, no qual Caetano Veloso rememora de forma tocante o período em que foi preso pela ditadura militar, em dezembro de 1968, com Gilberto Gil. O relato retoma o capítulo "Narciso em férias", do livro *Verdade tropical* (Veloso, 1997). Embora o capítulo tenha sido lançado em 2020 como um livro independente, fiz questão de resgatar em minha estante o exemplar de *Verdade tropical*, que havia comprado enquanto ainda cursava a faculdade de Psicologia e pouco lera.

No momento que vou ao reencontro dos meus filhos, estou prestes a terminar a leitura de "Narciso em férias", e há nisso uma dupla coincidência. Primeiro, como ocorreu no meu primeiro dia de quarentena, estou terminando, em um momento determinante para mim, uma leitura que aborda prisão, clausura, isolamento. Mas arrebatador mesmo é o fato de, mais de 50 anos depois dos eventos narrados por Caetano, enquanto leio o capítulo, dar de cara com um personagem real do livro, Gilberto Gil, artista que tanto admiro.

Com efeito, ao adentrar a aeronave, minha intuição se confirma: Gil, ao lado de Flora, na primeira fileira, está mexendo no celular. Se não estivéssemos em um período de distanciamento social, eu talvez esboçasse uma tímida abordagem, um "Gil, obrigado" que fosse. Mas, sem dizer palavra e sorrindo com os olhos, também eles invisíveis por trás de toda a parafernália, passo direto e caminho até o meu assento, na parte traseira do avião. Até hoje me questiono se ao menos um gesto com as mãos, em sinal de gratidão, eu não poderia ter feito.

Ocorre que, para minha maior surpresa, as linhas finais de "Narciso em férias" narram a chegada de Caetano e Gil, ainda acompanhados por oficiais, à mesma cidade em que estamos prestes a pousar. As imagens descritas por Caetano, vistas do avião no início de 1969, são as mesmas que vejo agora, em 2020, e, o que chega a ser sublime, tendo Gil por companhia, lá e aqui.

Tanto para Caetano e Gil, no livro, quanto para mim, agora, aterrissar é libertação.

O entre-visto: retorno à clínica

O infamiliar

Nas duas breves crônicas apresentadas, em que trago algumas experiências profissionais e, sobretudo, pessoais ao longo dos seis primeiros meses de isolamento social, percebo algo que me parece relevante – a explicitação de uma circunstância que, em qualquer modalidade de vínculo, deveria ser considerada, mas que em uma situação pandêmica se potencializa: quando se trata de trocas humanas, estamos todos, em certa medida, no mesmo barco. O risco do contágio, as medidas de prevenção, a impossibilidade de encontrar pessoas, as comunicações a distância, a presença iminente da morte – ninguém está imune.

No que diz respeito à clínica psicanalítica, a modalidade remota de atendimento não era propriamente uma novidade antes de o mundo ser tomado pela pandemia da covid-19. Psicoterapeutas de diferentes correntes já atuavam nessa modalidade, regulamentada pelos conselhos em condições específicas. Outros profissionais, no entanto, pareciam mais resistentes. De todo modo, o que se coloca como novidade a partir de março de 2020 é a imposição do atendimento remoto.[3]

Evidentemente, a transição dos atendimentos presenciais para os remotos demandou uma série de cuidados, e muito se tem pensado, discutido e publicado a esse respeito. Prossigo escrevendo a partir da minha experiência, mas também pelo que posso acompanhar nos casos que superviso, nos diálogos com colegas e nas publicações que li sobre o tema.

É provável que as maiores dificuldades que tenho enfrentado com relação à mudança de enquadre sejam: como sustentá-lo, manejando a transferência e a contratransferência, em suma, cuidar do campo e "sentir com" (Ferenczi, 1928/2011), sem o contato presencial com o analisando? Mais ainda, como

---

[3]   Utilizarei os termos "remoto" ou "online" e não "virtual", no esteio de L. C. Figueiredo, que propõe a dimensão da virtualidade intrínseca ao dispositivo psicanalítico. Ver Figueiredo (2020).

manejar essas questões com o encontro ocorrendo, via de regra, da casa do analista e da casa do analisando?

Há, também, a interferência de aspectos referentes à tecnologia. Por vezes o sinal de internet não está bom, o microfone pode falhar, o fone se desconectar. Mas nada que não possa ser contornado, e não houve uma sessão sequer que não tenha seguido até o fim. Além disso, vale dizer, há alguns pacientes que parecem desejar o retorno aos encontros presenciais, necessidade que eu também experimento certas vezes. No entanto, por outro lado, há clientes que já expressaram a vontade de permanecer no formato remoto.

O que podemos afirmar, por ora, é que a psicanálise terá de se reinventar. E, desse ponto de vista, ela empreende um retorno às origens. Como sabemos, foi a partir das observações clínicas e considerações sobre sua vida pessoal, abordadas sobretudo em sua correspondência com Fliess, que Freud formulou e – ora conservando aspectos, ora os superando – reformulou os primeiros conceitos psicanalíticos e empreendeu avanços nas modalidades de técnica.

Ao propor uma terapêutica calcada nas emoções e nos afetos, o criador da psicanálise subverteu o modelo médico então – e ainda – vigente e instaurou uma ética singular. Com efeito, essa ética provocou – e provoca – estranhamento, porque, entre muitas outras formas de descrevê-la, toma em consideração o abjeto, o inquietante, o infamiliar enquanto o que temos de mais fundante, originário, familiar (Freud, 1919/2019).

Tenho observado que, resguardadas as dificuldades nos atendimentos com crianças e com alguns pacientes cuja presença física se interpôs como essencial, bem como o cansaço extremo relatado por alguns analistas, a clínica online vem se consolidando não apenas enquanto uma alternativa ao isolamento social, mas também como uma modalidade possível e, por vezes, até desejável, mesmo no pós-pandemia (se é que chegaremos lá).

Em minha clínica, os casos que já atendia presencialmente, à exceção do atendimento com uma criança, migraram para o formato remoto sem maior problema. Recebi novos casos nesse período, e o resultado também tem sido interessante. De modo geral, e para minha surpresa, tenho me sentido bem atendendo online.

A respeito das instruções aos pacientes, diferentemente de alguns colegas que recomendam, além da privacidade, a utilização de fones de ouvido e que se portem diante de uma câmera estática, a única recomendação que transmito é que estejam em privacidade. Atendida essa condição, se querem se movimentar, mostrar objetos pessoais, cantos de sua casa, considero tudo isso material clínico. Quanto à minha postura, deixo claro que estou em privacidade, utilizo fones de ouvido e mantenho a câmera estática diante de um fundo neutro. Tem funcionado.

Creio, nessa medida, que a considerável estabilidade dos atendimentos remotos se deva exatamente a isto: trata-se de praticar psicanálise no sentido forte do termo, isto é, de repensar continuamente a clínica, consideradas a teoria e a técnica. Não é aleatório, aliás, que já há algum tempo a psicanálise dividida em escolas esteja perdendo espaço para uma psicanálise plural, com teorias ressignificadas e construídas à justa medida para cada analisando (Herrmann, 2015).

Efeito-câmera

Em que pesem os casos nos quais, por inúmeras razões, os atendimentos remotos sejam realizados por meio de chamadas de áudio ou ligações telefônicas, é inegável a importância da presença da câmera dos dispositivos (celular, computador, tablet) como encurtadora da distância entre o par: "ver é ter à distância" (Merleau-Ponty, 1961/2004, p. 20). A sessão de análise, assim, transforma-se em um longo plano-sequência, dentro do qual, paradoxalmente, podem ocorrer cortes, rupturas, dadas as especificidades da conversa entre analista e analisando.

E, se em praticamente todas as plataformas digitais aquele que é visto também se vê, "o entre-visto" (Pontalis, 2015, p. 91) se exacerba, quer dizer, o que é campo de um lado é contracampo do outro, e ambas as telas contêm uma janela do que aparece na outra. Ocorre que, se em alguns casos a câmera pode inibir a livre associação por parte do analisando, não podemos descartar, em direção oposta, sua função catalizadora, isto é, o efeito-câmera: a multiplicidade de quadros pode favorecer a reflexão.

Personagens reais

Algum tempo antes de o mundo ser tomado pela pandemia da covid-19, eu vinha pesquisando possíveis conexões entre a clínica psicanalítica e o método adotado por Eduardo Coutinho, que foi um dos principais documentaristas brasileiros, se não o principal. Essa pesquisa se insere em um estágio de pós-doutorado em Psicologia Clínica, ainda em andamento.[4] Considerando a conjuntura dos atendimentos remotos, mediados em grande medida, como vimos, por câmeras, acredito que as reflexões em torno da obra de Coutinho e sua relação com a clínica podem auxiliar no encaminhamento das questões abordadas aqui.

Os documentários de Eduardo Coutinho ficaram marcados pela abertura radical à alteridade e, por conseguinte, pela reflexão do que emerge a partir da relação eu-outro, documentarista-entrevistado, câmera-personagem. O diretor costumava discorrer sobre algumas regras que ajudaram a compor seu estilo, como: o lugar único para a filmagem, a câmera estática e as entrevistas com pessoas comuns, anônimas. Essa pena imposta a si mesmo, isto é, estar preso ao presente da filmagem, segundo o cineasta, era o que poderia levar à libertação. E, para Coutinho, a libertação era a descoberta de "personagens reais".

É interessante atentar para essa expressão: "personagens" – que remete a uma construção – e "reais" – uma alusão direta ao plano da realidade. Não se tratava, portanto, de um documentarista à procura de depoimentos que se prestassem a confirmar uma tese previamente formulada. Ao contrário, ele se lançava à incerteza, de modo que, diante da câmera, os depoentes pudessem tomar contato com sua própria história e, descobrindo-se personagens de si mesmos, ser personagens dos filmes.

Evidentemente, o enquadre e os objetivos da clínica psicanalítica não são os mesmos dos documentários de Coutinho. Muitas diferenças os atravessam. E, se na situação de atendimento remoto o efeito-câmera pode ser um

---

4   Um dos capítulos de meu trabalho anterior já havia sido dedicado ao filme *Jogo de cena*, de Eduardo Coutinho; ver Tardivo (2018). A pesquisa atual, no âmbito do pós-doutorado, é supervisionada pelo prof. dr. Daniel Kupermann (Laboratório de Pesquisas e Intervenções em Psicanálise do Instituto de Psicologia da Universidade de São Paulo – psiA/IPUSP).

encurtador de distâncias, não podemos desconsiderar que Coutinho se encontrava presencialmente com seus entrevistados. Mas, apesar disso, o efeito da construção de personagens reais – a potência que emerge de alguém que conversa sobre a sua vida diante do documentarista e do aparato – não seria análogo ao da construção e reconstrução de subjetividades com as quais deparamos na clínica psicanalítica, sobretudo quando mediada pela câmera?

Nesse caso, o cansaço dos analistas nos atendimentos remotos pode apontar também para um excesso, e não apenas para a tentativa de capturar algo que não está ali. Analogamente, a inibição de alguns analisandos nos atendimentos remotos pode estar a serviço da resistência, ou seja, do receio daquilo que pode emergir no encontro, mediado pela câmera, com o analista.

Montando as cenas: o novo normal?

Início de 2021. Após uma diminuição no número de casos de covid-19 entre meados de setembro e novembro de 2020, período em que muito se falou na aproximação do novo normal, os números voltaram a crescer exponencialmente e entramos o ano em um contexto bastante paradoxal e perigoso. De um lado, a euforia com a chegada das vacinas, de outro, números recordes de casos e mortes.

Por ora, continuo atendendo exclusivamente de forma remota, até que tenhamos um cenário mais seguro. Mas e o pós-pandemia, como será? O que podemos pensar a respeito do novo normal?

Inicialmente, é importante dizer que se trata de uma expressão muito problemática: se haverá um "novo" é porque havia um "antigo" normal. Ou seja, naturaliza-se toda uma conjuntura por meio da qual lidávamos com o planeta e uns com os outros, buscam-se bodes expiatórios para o surgimento e a proliferação do vírus e almeja-se um retorno a uma suposta nova normalidade. Ora, não há normalidade que não promova exclusão.

A esse respeito, Ailton Krenak (2020) afirma que vivemos sob a legalidade de que "o mundo não pode parar", mas, em função da proliferação de um vírus, "o mundo parou", e a dor que decorre dessa tensão pode nos ajudar a pensar se somos, de fato, uma humanidade. Segundo o autor, naturalizou-se que "há uma sub-humanidade que vive numa grande miséria, sem chance de sair dela". Nessa medida, o vírus, "organismo do planeta", é uma espécie de resposta ao "pensamento doentio dos humanos", e a covid-19, "uma espécie de mãe amorosa que decidiu fazer o filho calar a boca por um instante. . . . 'Filho, silêncio'" (Krenak, 2020). Uma pandemia anunciada.

Krenak torce para que não retornemos ao que éramos antes da pandemia. Mas que, dessa experiência tão dolorosa, possamos extrair algum aprendizado. Também torço por isso. A propósito, o "aprender com a experiência", expressão formulada por Bion (1962/2003), já faz parte do arcabouço psicanalítico há algum tempo. No entanto, atravessado também pelo pensamento freudiano, autor tido por alguns como pessimista – eu diria realista –, considero, infelizmente, pouco provável que a humanidade promova grandes transformações. Mas espero, ao menos, que não retornemos irrefletidamente ao ponto em que estávamos.

Ainda em quarentena, tenho vivenciado que, como dizia Eduardo Coutinho, impor penas a si mesmo pode resultar em experiências libertadoras. Com efeito, concordando com Krenak, na atual conjuntura o isolamento é uma consequência da resposta do planeta à forma como não cuidamos dele. Mas, se levarmos em conta a liberdade originária proposta por Sartre (1943/2015), isolar-se é uma escolha livre a partir do contexto de possibilidades que se nos apresenta no momento – e pelo qual também somos responsáveis.

Enfim, apesar de tudo – ou seria por causa de tudo? –, a potência dos encontros que tenho vivenciado ao longo desse período não me parece pouca coisa. Estranho? Encontro em Guimarães Rosa (1956/2019), se não a resolução dessa inquietude, talvez sua exacerbação: "o real não está na saída nem na chegada: ele se dispõe para a gente é no meio da travessia" (p. 53).

Freud (1916/2015) também apontou para a importância da transitoriedade dos processos de luto e da potência do novo que deles decorre. A noção de temporalidade, dessa perspectiva, não se pauta pela atualização do passado em causalidade linear. Trata-se de uma travessia espiralada, regida pela temporalidade *après-coup*, o tempo do só depois, na qual as inscrições do vivido são ressignificadas após a experiência.

Em um momento em que somos todos personagens reais, na clínica e fora dela, tudo – e apenas – o que podemos fazer é assumir que há ainda muito a ser feito. Sigamos, pois.

Referências

Bion, W. R. (2003). *O aprender com a experiência*. Rio de Janeiro: Imago. (Trabalho original publicado em 1962).

Campbell, U. (2020). *Suzane: assassina e manipuladora*. São Paulo: Matrix.

Ferenczi, S. (2011). A elasticidade da técnica psicanalítica. In S. Ferenczi, *Obras completas* (Vol. IV, pp. 29-42). São Paulo: Martins Fontes. (Trabalho original publicado em 1928).

Figueiredo, L. C. (2020). A virtualidade do dispositivo de trabalho psicanalítico e o atendimento remoto – uma reflexão em três partes. *Cadernos de psicanálise – CPRJ, 42*(42), 61-80.

Freud, S. (2015). Transitoriedade. In S. Freud, *Obras incompletas de Sigmund Freud: arte, literatura e os artistas* (pp. 221-225). Belo Horizonte: Autêntica. (Trabalho original publicado em 1916).

Freud, S. (2019). O infamiliar. In S. Freud, *Obras incompletas de Sigmund Freud: o infamiliar [Das Unheimliche]* (pp. 27-125). Belo Horizonte: Autêntica. (Trabalho original publicado em 1919).

Herrmann, F. (2015). *O que é psicanálise – para iniciantes ou não...* São Paulo: Blucher.

Krenak, A. (2020). *O amanhã não está à venda*. São Paulo: Companhia das Letras.

Merleau-Ponty, M. (2004). *O olho e o espírito*. São Paulo: Cosac Naify. (Trabalho original publicado em 1961).

Pontalis, J.-B. (2015). *Entre o sonho e a dor*. São Paulo: Ideias & Letras.

Rosa, J. G. (2019). *Grande sertão: Veredas*. São Paulo: Companhia das Letras. (Trabalho original publicado em 1956).

Sartre, J.-P. (2015). *O ser e o nada – ensaio de ontologia fenomenológica*. São Paulo: Vozes. (Trabalho original publicado em 1943).

Tardivo, R. (2018). *Cenas em jogo – literatura, cinema, psicanálise*. Cotia: Ateliê/Fapesp.

Veloso, C. (1997). *Verdade tropical*. São Paulo: Companhia das Letras.

2. Experiência de si e do tempo na pandemia[1]

Luiz Fuganti[2]

Quero começar citando aqui um enunciado do meu filho de sete anos: "Eu amo o coronavírus, papai!". Achei muito interessante essa visão afirmativa, por tomá-lo como uma potência da natureza, em relação a um vírus dito assassino por grande parte da sociedade. Questiona-se se o vírus é vivo ou não; ele é uma macromolécula e, como não se reproduz por conta própria, é tido como um modo não vivo. Mas, mais que vida, há potência. E, uma vez que a vida é um modo da potência também, o vírus se apresenta como expressão, manifestação dessa potência, como o são as grandes catástrofes: terremotos, vulcões, furacões... Enfim, uma violência da natureza que, ao mesmo tempo, é uma potência afirmativa de si mesma, é um modo, é uma modalidade do real. Como não acredito no mal e, junto com Espinosa, penso que o mal não é nada, não porque o bem é tudo, mas porque o bem também não é nada, então bem e mal seriam efeitos, geralmente ficções. Mas por que o vírus é visto assim de modo tão terrível por todos, e não por meu filho?

---

[1] Texto elaborado a partir da transcrição do encontro online Conversa Viva, com Eder Amaral e Cecília Barros-Cairo, realizado em 20/05/2020 pelo canal *Bica Vidraça* do YouTube. Recuperado de: https://www.youtube.com/watch?v=lQj_pU5cUF8&t=3597s.

[2] Filósofo, livre pensador da filosofia da diferença. Autor do livro *Saúde, desejo e pensamento* (Hucitec, 2008), considerado uma referência entre as melhores e mais acessíveis introduções ao pensamento nômade e à filosofia da diferença. Contato: luizfuganti@gmail.com.

Antes de tentar responder à questão, queria dizer da oportunidade que o coronavírus nos traz. Esse acontecimento, em certo sentido, é uma catástrofe, uma tragédia, pois ele é mortífero em vários aspectos; mas ele também pode ser visto a partir de alguns pensadores que nos trazem a ideia de ter a morte como aliada, embora seja esse um pensamento difícil de se entender. Mas, o que seria ter "a morte como aliada"? Isso significaria que a gente deve aderir à cultura da morte?

Na verdade, é justamente o contrário: a morte traz a ideia de um modelo ou modo da passagem, uma visão sobre a passagem, a passagem como uma face do absoluto que nos toca, que envolve necessariamente a todos. Desde que emergimos nessa passagem, ou seja, desde que nascemos, desde que emergimos na existência, já estamos na passagem. E quando saímos dessa existência, sairemos por essa passagem, essa passagem sempre esteve aí, está e sempre estará. A passagem é eterna, há uma eternidade na passagem que sempre se mostrou urgente e necessária. Sempre se mostrou presente, mas nós vivemos de uma maneira tal que afastamos essa ideia, como uma ideia que nos come e nos corrompe.

É interessante a ideia de Charles Fourier de que os valores sociais são corruptores de nossas formações sociais. Não há algo que corrompa os valores que preservariam os modos de vida da sociedade, mas justamente o contrário. Há também uma ideia de que a morte é corruptora ou que o próprio devir é corruptor: o devir seria algo que traria junto consigo a abolição e a aniquilação; no horizonte do devir estaria a morte, a inconsistência, o nada. Essa visão míope de muitos de nós ou de várias formações sociais que foram se dobrando umas sobre as outras, se empilhando umas sobre as outras, criando um acúmulo cultural de uma visão negativa do desejo e de uma visão reativa das forças, faz com que, diante do mal, das ameaças, das dores e das tristezas, simplesmente busquemos desesperadamente uma segurança e uma proteção. E onde as buscamos? Onde sempre buscamos também o sucesso, o desenvolvimento e o crescimento, e, para falar em uma palavra, o empoderamento.

Buscamos a segurança na mesma medida, com o mesmo sentido, com os mesmos instrumentos e ferramentas com que sempre buscamos o empoderamento. Mas, o empoderamento é algo que é cultivado apenas por vidas impotentes. Só a vida impotente busca o poder e se empoderar, porque a vida potente não precisa do poder; a vida potente cria realidade. Mas as vidas potentes não estão na moda, não estão em voga, não são dominantes. Por isso, é muito difícil reconhecermos que as crianças têm muito a nos ensinar porque se colocam com altivez no acontecimento. É uma espécie de gênio que as invade, e que nos invade quando se apresentam com um pensamento implacável que nos deixa mudos, sem ação, sem ideia, sem o movimento, ou melhor, que nos desloca e arrebata de uma maneira tal que somos levados por uma ventania para outros modos de se deixar mover e pensar. Enfim, penso que nos conservamos e buscamos segurança, nos defendemos da morte e das ameaças, pelas mesmas determinações que valorizamos tanto e que são valorizadas em nós, para que também nos tornemos função de uma máquina social.

Aderimos a essas determinações sociais que nos empoderam, que nos dão autoridade, que nos dão direito ao gozo e à existência e que nos tornam seres existentes. Ou seja, somos reconhecidos como um ser existente na medida em que atendemos às demandas, por meio dos nossos movimentos corporais e dos usos discursivos ou narrativos que fazemos da linguagem, e por meio de um uso reativo dos nossos afetos. Dessas três maneiras – uso capturado do corpo, uso capturado do pensamento e uso capturado dos afetos –, nós atendemos às demandas de uma máquina social que está sempre batendo à nossa porta com suas necessidades e urgências. Como pagar um boleto bancário antes das dez horas da noite: corremos para tirar da frente essa demanda, mas a demanda de ficar em paz sempre é atropelada por outras tantas demandas sem fim. Quando vemos, passa o dia, a semana, o mês, um ano, passam cinco anos, dez anos, quinze anos, vinte anos... e a demanda de experimentação nunca é atendida. Passa o tempo e nós estamos sempre no final de cada ano dizendo "ano que vem farei isso", "ano que vem farei aquilo", "poxa vida, agora não dá". Aí vem o grito de uma criança e diz "é agora, o agora é agora, o agora não é depois", "agora não". Lembro-me de uma música do Palavra Cantada que diz "agora não, já!".[3] É uma homenagem aos bebês. Agora não, já!

"Já" é o imediato do acontecimento. Michel Foucault era obcecado por uma atualidade que não sabemos mais encontrar; trata-se da mesma atualidade que Friedrich Nietzsche mencionava quando era obsessivo pelo intempestivo

---

[3] "Eu sou um bebezinho", de Paulo Tatit.

e pelo inatual, que é exatamente o mais atual. Por que ele é intempestivo e inatual? Porque não está na ordem do dia da máquina social, ele não é atual para a máquina social. A máquina social sempre nos coloca no que já foi ou no que vai ser, nunca na tempestividade do acontecimento. É por isso que Nietzsche toma o acontecimento como intempestivo, porque não é da ordem do dia a presença, o presente ou a natureza desse presente, dessa presença que traz o acontecimento. Foucault encontra essa atualidade até nos discursos e nas práticas discursivas, que, segundo ele, estão exatamente diante do nosso nariz. Em cada enunciado nosso há algo que se mostra inteiro, apesar de não apreendermos, apesar de ser imperceptível, até inapreensível. Porque não nos relacionamos com aquilo que acontece com o desejo, com as forças, conosco, com os outros, com as relações, na mesma medida que estamos enunciando ou recebendo um enunciado.

Como diz Gilles Deleuze, há uma transformação incorporal, que é o ato intrínseco e imanente de cada enunciado. Necessariamente há uma transformação incorporal, que não é dita, que é silenciosa, mas que necessariamente acompanha cada enunciado, sem a qual não haveria nenhuma necessidade de duplicar as coisas por meio das palavras. O enunciado produz uma transformação incorporal, um outro nível de realidade que captura nosso desejo ou o libera. Mas, a cada momento que o enunciado se produz, a transformação incorporal acontece, e passado, presente e futuro mudam instantaneamente.

Eis que surge a presença de uma criança, a urgência de uma criança, a necessidade de uma criança e a necessidade da brincadeira, que é levada tão a sério pela criança por ser a voz de uma necessidade que não pode deixar para depois a vida. Somos tão desestimulados a brincar e a cuidar das nossas crianças que convivermos mais com elas é uma oportunidade que o coronavírus nos dá. Mas essa oportunidade sempre existiu, tenhamos ou não dela consciência: é possível conviver com a criança que há em nós, com a criança que há no outro. Muitos adultos não convivem com crianças, mas já foram crianças e trazem ainda uma criança adormecida dentro de si. Esse devir--criança, esse elemento lúdico essencial, deveria ser invocado em cada um de nós. Que presente traz essa presença viva do acontecimento atual e imediato, que não espera: "Agora não, já!".

E "já" do que, exatamente? "Já" de uma coisa impalpável, de uma coisa que não dá para pegar, de uma coisa a que as máquinas sociais e a sociedade nos desabituaram, nos desacostumaram, nos dessensibilizaram, nos desestimularam desde bebês, desde crianças. Por isso é tão importante cuidar das crianças. Quem de nós adultos é capaz de cuidar das crianças? O mundo está cheio de adultos querendo cuidar delas, mas talvez seja melhor fazermos um primeiro exercício de ser capaz de não as atrapalhar. Já é muito do caminho; o restante, nos esforçamos para ser realmente aliados da vida de uma criança e, principalmente, da criança em nós.

Vejo tantas escolas, diretores, diretoras, professores, professoras que enchem o peito de orgulho: "nós somos", "nós cuidamos das crianças", "nós cuidamos dos adolescentes"... "Nós, nós, nós": está cheio de "moralina" nesse discurso. As escolas geralmente estão alinhadas com as polícias, com o Judiciário, com o Estado, com a moral, com as religiões, com o pior, com os aspectos mais decadentes e reativos da humanidade capturada em nós. É preciso investirmos em uma outra educação. Educar os professores, os diretores, os donos de escola, talvez esse seja o maior desafio que temos pela frente.

Precisamos nos exercitar e nos cuidar o suficiente para não atrapalhar a vida de uma criança, o que só acontece quando somos capazes de nos abrir para, nas palavras de Fourier, "uma vida passional", isto é, nos abrir para as potências de sermos afetados. Porque estamos totalmente atolados em vidas passionais tristes, preenchidos por paixões tristes. E é totalmente passional isso que alimenta o ódio, a piedade, o pior de nós e que busca o poder como compensação. Então, ser capaz de ser afetado, investir em vidas passionais, no sentido de que a paixão é bem-vinda, é uma abertura fundamental para a vida. Ser tocado, ser sensibilizado, ouvir o grito de uma criança, ouvir que a bagunça é ativa, é presença, é criação, é alegria. Ser capaz dessa sensibilidade, daquilo em que Deleuze e Felix Guattari insistiam muito: devir-criança, junto com o devir-mulher, com o devir-animal, os devires, ou seja, essa zona plástica da vida, essa zona estética. Isso é fundamental. Agora é preciso que nos preparemos para isso, o que não pode ser feito de qualquer maneira. Temos ouvido muito, e eu mesmo até sou um entusiasta dessa ideia, que a sociedade e esse planeta não serão mais os mesmos depois do coronavírus. Mas em que sentido?

Sabemos que a vida e a natureza têm um movimento independente do que os humanos se tornam. Enfim, os humanos talvez não sejam capazes de, a tempo, colher os frutos e os benefícios desse grande acontecimento que foi essa parada da Terra – como já diz a música do Raul Seixas, "o dia que a terra parou". Talvez logo que isso passe, as forças de reterritorialização, de recodificação, de sobrecodificação já se instalem rapidamente. Porque há uma produção de subjetividade no tempo muito mais profunda e que demora, precisa de duração, precisa de uma modificação que gere consistência, que gere realmente um aprendizado. Mas esse aprendizado necessita de coragem e essa coragem precisa de preparação. Essa preparação precisa de abertura e oportunidade.

Esse momento de pandemia é uma oportunidade imensa para nós, que sempre nos relacionamos negativamente com o vazio, com o silêncio e com a solidão. Como disse, somos demandados o tempo inteiro pela máquina social para responder e atender demandas. As determinações são valorizadas na sociedade; as indeterminações, desvalorizadas. As determinações se dão no campo das formas, na forma do conteúdo, do movimento do corpo, na forma afetiva e moral do uso das paixões e na forma de expressão da própria linguagem que cria narrativas, que nos salva do acontecimento ameaçador para quando a vida está separada do que pode. Elas preenchem o buraco de um desejo separado do que pode com a nossa subjetividade; trata-se de um uso discursivo que produz sujeitos e significantes, sujeitos e ideais, a partir de um buraco negro. Essas determinações, significantes para o pensamento, subjetivantes para o desejo, moralizantes para as paixões, eficientes para o corpo, referem-se a organizações corporais, subjetivações do desejo, significações do pensamento. Toda essa zona estratificante, formalizante da vida, é uma zona de determinação que impede a experiência, que impede o acontecimento, que diz assim: "você pagará o boleto, não te deixarei bagunçar com os seus filhos, não te deixarei experimentar, você só experimenta no momento de lazer, depois você volta para a vida adulta que vale a pena".

Que vida é essa que vale a pena? A máquina social não dá trégua. Por isso eu digo como o meu filho: "eu amo o coronavírus", que produz também uma trégua interessante. Mas não podemos desconsiderar toda a omissão social, marcada por esse bolsonarismo pusilânime, dessa sociedade reacionária, da direita ignóbil, da elite fascista, que estimula aquilo que Nietzsche dizia sobre os dois maiores perigos que corremos: um deles é a compaixão, sentir pena e se paralisar pelo cansaço, o cansaço que leva à compaixão e que nos faz desistir da vida; o outro é o nojo, a náusea, que causa esse tipo de vida impotente e triste, cheia de ódio, totalmente mortificada, que quer impor a morte a todos nós. E lidamos com esse descaso com a vida e com o cuidado dessa gente de baixa extração, de baixa estirpe, gente pertencente à raça dos odiosos, dos infelizes que não são capazes de experimentar e de viver a sua tristeza, de experimentar a sua dor no seu canto e tomar para si a responsabilidade de um uso diferente da dor e da tristeza, e não o uso piedoso e justiceiro. Essa é a baixa estirpe com a qual lidamos.

Por isso precisamos cuidar das crianças, porque delas podemos extrair maneiras de viver diferenciadas, fazendo uma alta extração do modo vivo, vivificante, que atravessa cada corpo de criança. A extração se dá a partir do acontecimento, e não da herança de um passado; ao contrário, quanto mais o passado é empilhado e atolado, escondido sob camadas, mais negativista e reacionário ele é, mais a morte pesa sobre a vida. Ao contrário, quando nos tornamos filhos do acontecimento, tornamo-nos uma força de criação. As crianças são todas forças criadoras. Claro que há crianças adultizadas desde cedo, crianças pequenas já cansadas, já sendo capturadas. Isso sim é uma coisa que não deveríamos tolerar: o massacre que é feito sobre as crianças.

Enfim, somos determinados de uma maneira tal a abandonar a zona realmente criativa e autônoma da vida. Somos desestimulados a viver o tempo como uma presença real e como uma fonte de fabricação do real. Somos desestimulados a viver um movimento intensivo como algo prioritário, urgente e necessário. Viver um movimento extenso e organizado, por exemplo, fechar, quebrar, apagar o computador, ou seja, quebrar a extensão do movimento a partir da intensidade da bagunça. A intensidade da bagunça e a afirmação do pensamento como acontecimento são desqualificadas porque é o ideal que se põe no lugar do acontecimento. A potência de acontecer é desqualificada ao mesmo tempo que se invoca o sujeito estruturado para esconjurar aquilo que nela é uma ameaça. A potência do acontecer passa a ser virtualmente perversa, louca, criminosa, perigosa e ameaçadora. Então, esconjura-se a potência de acontecer e coloca-se logo um sujeito no lugar, no lugar da falta criada, como na invocação de Jacques Lacan, de que onde o inconsciente está, há de vir o sujeito.

Ora, há de vir o sujeito no lugar da potência de acontecer. Há de vir a significação no lugar do acontecimento, enquanto pensamento e sentido e valor. Há de vir a organização no lugar da intensificação do movimento, há de vir o corpo organizado no lugar do corpo sem órgãos. Há de vir a forma no lugar da força, há de vir a verdade no lugar da potência de criar. Isso são as determinações que nossa cultura dominante tanto valoriza.

As esquerdas deveriam fazer um exercício crítico nesse sentido, porque muitas vezes vários movimentos de esquerda embarcam na questão da determinação, na valorização da determinação e de uma ordem de direito e, até mesmo, de um Estado Democrático de Direito que, no fundo, é uma grande farsa. Ainda somos pedintes, demandantes de um Estado de direito, como se o direito viesse de alguma instância celeste ou transcendente, ou mesmo que fosse humana, ainda assim viria de um Estado. E, na verdade, não vem.

Quero chamar a atenção para um aspecto: muitos de nós nos ressentimos de não poder sair nesse momento, de estarmos sofrendo uma verdadeira prisão domiciliar. Muitos não sabem o que fazer com o tempo e com as forças estranhas que, de repente, começam a aparecer. Mas que forças são essas? Elas já estavam mesmo em nós? O aumento da violência doméstica já virou uma outra epidemia junto com essa pandemia. Muitas separações já estavam se produzindo também aí. Quanta gente já estava no desespero de não ter um preenchimento corporal e compensava essa carência com as mídias, as redes sociais, os celulares, os computadores, com o Facebook, Instagram, ou seja lá o que for? Não que isso seja ruim, mas a questão é o uso que se faz disso, porque o desejo quer fazer conexões, mas as conexões são capturadas; as conexões de um desejo que quer acontecer, geralmente, são capturadas para que ele aconteça simplesmente de modo a se descarregar, a se distensionar, a se despressurizar, a se desintensificar, porque o acontecimento, a intensidade e a solidão são apavorantes.

Ora, isso está substituindo as nossas determinações: "eu não estou precisando trabalhar" ou "eu estou trabalhando em casa". Mas o que estamos fazendo exatamente dos movimentos corporais? Qual uso estamos fazendo da nossa sensibilidade, sensações, emoções, afetos, pensamento, linguagem, memória, imaginação? Qual espaço temos? Um cubículo, um quarto, uma casa, uma sala, enfim, vários ambientes? Pode-se sair à rua ou não? O que essa restrição na extensão faz senão interromper essa demanda sem tréguas que a máquina social produzia sobre nós? Esta é uma oportunidade incrível para não sermos mais demandados.

Observem que interessante: muitas pessoas quando se aposentam caem em uma certa tristeza, por não se virem mais úteis à sociedade, sentindo-se imprestáveis e um peso à família simplesmente por só existirem, porque atendiam demandas, o que lhes tornava úteis e valorizadas pelos outros. Lembro-me de Deleuze dizendo, quando estava aposentado, da felicidade em ser esquecido pela sociedade, da alegria em não ser demandado. Essa é uma visão outra: que presente é você ser esquecido, não ser lembrado, não ser demandado, porque essas demandas são capturas; essas demandas são prisões, são chamamentos para que atendamos, entreguemos e disponibilizemos o nosso tempo de criação para um tempo de reprodução; damos o nosso sangue, a nossa vida; somos parasitados, somos sugados.

Em *Bartleby, o escriturário*, de Herman Melville (1853/2010), o personagem principal enuncia algo surpreendente quando é contratado para trabalhar em um escritório. Bartleby enuncia loucamente, de modo aparentemente sem sentido, "prefiro não". "Faça isso": "prefiro não". "Faça aquilo": "prefiro não". "Diga isso": "prefiro não". "Ouça aquilo": "prefiro não". Ele "prefere não", ele suspende as demandas.

Agora estamos em uma situação favorável, já que as demandas estão suspensas – evidentemente que não para todos e não no mesmo nível. E uma vez que as demandas são diminuídas, não somos cobrados a existir por meio do atendimento dessas demandas. Não é ao atender as demandas que existimos. Esse espelho social é, de alguma maneira, quebrado, fragmentado, perdendo a sua importância, e nós deixamos de existir através do espelho. Então, nosso corpo não se acopla mais com outros corpos, o nosso pensamento não precisa mais ser fisgado por significações e chamar à submissão das nossas multiplicidades a um sujeito diligente, eficiente, competente, responsável. Agora, podemos dar férias para esse sujeito, para esse corpo que é todo eficiente.

Vejam que interessante: podemos vagabundear um pouco, sem sermos cobrados por isso. Mas aí as pessoas dizem não aguentar mais ficar em casa e olhar para a cara de seus familiares. Bem, as pessoas não sabem o que fazer com os afetos e com as forças que têm e as que tinham. E essas forças começam a bater na porta, dizendo algo como "olha, estou me apresentando aqui, lá vem a bagunça!". Só que a bagunça das crianças é a bagunça que está nos nossos porões, mas não precisamos ter criança em casa: os nossos porões sobem à superfície e essas forças estranhas podem nos enlouquecer. Torna-se um perigo ter que pensar a partir dessas forças, afinal, o que fazemos com a nossa solidão, com todo esse silêncio? As redes sociais se encarregam desse silêncio, afinal, a tagarelice segue; mesmo que silencie a tagarelice da linguagem ou das redes sociais, segue a tagarelice das afecções, da imaginação. Mas será que somos capazes de assumir que, na verdade, o pensamento só acontece quando a tagarelice cessa, quando o silêncio advém? Quer dizer, quando advém o silêncio como condição do pensamento, como condição da afirmação do pensamento, e o vazio como condição da intensificação do corpo.

Mas surgem reclamações de que o vazio está insuportável e de que é necessário encontrar e se relacionar com outros corpos. Ora, é no vazio que o corpo se experimenta em movimentos intensivos, surpreendentes. Com movimentos e "surpreendências". Existem muitas surpreendências no vazio que se impõe ao corpo, no silêncio que se impõe ao pensamento e na solidão que se impõe ao desejo. O vazio que se impõe ao corpo pode ser descoberto ou podemos perceber que ele cresce, perceber que ele não é um nada, que ele é real. O vazio como real nos dá esse presente de fazer se apresentar em nós o nosso corpo sem órgãos, o nosso corpo intensivo. O silêncio do pensamento, na medida em que se impõe, nos dá oportunidade de pensamento, de pensar em nós e deixar o "cabeção" de lado, afinal, não é o cabeção que vai pensar mais: "ah, eu penso". Não, o sujeito não pensa, o sujeito é na verdade a inviabilização do pensamento alternativo. O sujeito, como diz Nietzsche, pressupõe uma negação do devir. Quando o sujeito nega o devir, ele não pensa.

Mas não somos nós sujeitos de conhecimento? Sim, enquanto sujeitos assujeitados, porque o conhecimento que temos tem a forma do negativo; mas não enquanto produção livre de pensamento. Então, nessa condição pandêmica, deparamos com mais uma oportunidade: deixar o cabeção de lado, deixar que o sujeito seja destituído do seu posto autorizado de produtor de verdade e permitir que o pensamento, enquanto acontecimento de potência, pense através de nós. Afinal, não sou eu que penso a ideia, é a ideia que pensa em mim.

E quanto à solidão? Se a solidão não é um abandono, por que a vivemos como tal? A ilha deserta é só uma ilha quando ela se desinteressa das relações: não conseguindo mais se relacionar enquanto bolha, a partir de uma confusão, de uma valorização, de uma hipervalorização do acontecido em nós que tomou o lugar dessa potência de acontecer. Esse acontecido em nós que toma o lugar da nossa potência de acontecer cria uma bolha não relacional, isso é o Estado em nós, que só vai se relacionar através de mediações. A ilha cresce, o deserto cresce, mas quando você percebe que, na verdade, esse abandono é causado por essa ilusão e por essa supervalorização da dor e do prazer, pela tirania de uma paixão, você percebe que tem a oportunidade de fazer com que a potência de acontecer encontre diretamente outras potências de acontecer, além e aquém dos sujeitos, além e aquém dos objetos, além e aquém das representações. E que se faça relação direta, nem vertical, nem horizontal, mas transversal, em um plano de composição de potência. Nesse sentido, a solidão se torna a condição do encontro, e não a impossibilidade do encontro. Exercitar a solidão, um amor à solidão, é fundamental para que nos preparemos. E, com isso, deveríamos aproveitar agora para nos preparar para quando essa máquina voltar a todo vapor. Aproveitar para ficar ainda mais isolados, ou seja, investir na solidão não para separar ou se isolar, mas como condição de encontros potentes, como condição de encontros generosos, como condição de amores ativos, e não amores passivos. Como condição de uma solidariedade realmente ativa, e não uma solidariedade de miséria ou na miséria. Mas para isso é preciso se preparar, e só nos preparamos na medida em que nos abrimos para o acontecimento.

Que oportunidade de abertura é essa que o coronavírus nos traz? Ele escancara a zona de indeterminação da vida; ele escancarou a existência de muitos lugares e tempos e modos de desejo desabitados, porque foram desqualificados e sombreados, como se não existissem, e agora sobem à superfície. Estão diante de nós, escancarados, em forma de solidão, de silêncio e de vazio. Mas sempre estiveram aí, só que o coronavírus é uma espécie de lente de aumento: já que não nos abrimos, que estamos fechados, tomamos a abertura de modo violento; é uma abertura violenta, esse é um acontecimento violento. Mas que violência é essa do acontecimento?

O acontecimento é o escancarar dessa morte como aliada, dessa zona de passagem que sempre esteve – sempre está e sempre estará – aqui, dessa face do absoluto que deveria ser a nossa fonte, a nossa inspiração, de onde bebemos e nos alimentamos para acumular seres de tempo e intensidades que nos levam a criar novas realidades, novas maneira de existir, ao mesmo tempo que criamos a nós mesmos. Então, há aqui um "sim" à indeterminação. A indeterminação não é menos que a determinação, ao contrário, quando vem a indeterminação, vem esse tapa na cara dado pelos nossos filhos, pelas nossas crianças e pela criança em nós. A indeterminação vale mais, ela é a alegria, a porta de entrada; ela está aí como condição da diferenciação, e não da determinação. Mas o que se põe no lugar da determinação? Nada. Temos que acabar com a determinação, porque a indeterminação é primeira e não tende a ser determinada; a indeterminação é uma ocasião não de determinação, mas de diferenciação. Portanto, é uma condição para acessar a nossa zona de experimentação.

Essa é, então, uma grande oportunidade de experimentarmos. Como dizem Deleuze e Guattari, "não experimentarás no teu canto, não te deixaremos em paz". Precisamos cuidar disso, considerando o doméstico como fundamental. Ora, o doméstico é uma zona protegida para aquele que está aprendendo a experimentar, e mais: para que se torne um grande experimentador, para que possa afirmar a duração como máquina ou fábrica de realidade; para que possa experimentar o movimento, não como passível de organização, mas como potência de composição e de intensificação. Além disso, o doméstico é um meio oportuno para provar do devir não como desorganização do pensamento, mas como uma potência de afirmar a diferença, de maneira tal que o pensamento é uma realidade indestrutível a cada momento que cria e se autocria. E nada é mais consistente que o devir. É o contrário do devir para morte, é o contrário da ideia de um devir que, supostamente, seria fonte de inconsistência. É no tempo como duração, ou devir ativo, que se cria consistência. É no devir, é na zona de passagem, que nos tornamos eternos ou produzimos eternidade na existência, e o fantasma da morte começa a desaparecer.

Para finalizar, quero retomar a ideia de meu filho: "eu amo o coronavírus". Vejamos a lição que o vírus nos dá: uma macromolécula, envolta por uma camada de lipídio, é capaz de uma reprodutibilidade e de uma velocidade de contágio tais que fazem inveja a qualquer pensamento humano. Que tal se inventássemos ideias com essa potência de contágio, com essa potência de replicação? Ideias afirmativas do devir e que, como tais, não ficam no plano das ideias, mas se tornam imediatamente afetos ativos ou forças ativas a ponto de não precisarmos mais de uma consciência condutora da vida. As esquerdas ficaram muito tempo elogiando a consciência, como se fosse necessária para não oprimir, para não capturar. Mas a consciência é um efeito e enquanto tal nos impede de ver: ultrapassar a consciência, entrar nessas ideias afirmativas que logo trazem a força ou se tornam afetos ativos, é isso que importa.

Nietzsche achava assombroso o quanto nós, humanos, somos afetados pela com-tristeza e cultivamos a compaixão e se espantava com o não cultivo da com-alegria. É incrível como a comiseração se apossa das pessoas com tanto poder de contágio. Mas, estranhamente, o que a gente não vê é o contágio da alegria ou o contágio das alegrias ativas que estão fora de moda, fora da ordem. Já a tristeza faz parte da ordem estabelecida. Então, o que pensar da potência de um vírus que tem essa velocidade de contágio, essa capacidade de multiplicação? Trata-se de um modo da natureza que se multiplica, afinal, a natureza, antes de ser uma unidade, é multiplicidade e o que a torna coesa, sua unidade, só acontece no seu modo de inventar e se repetir. É aí que a unidade acontece, na pura afirmação da diferença.

Assim, em vez de ficarmos lamentando, precisamos ter coragem de assumir que temos todas as forças, que elas já estão em nós e só precisamos acessá-las. A natureza não nos coloca na existência sem tornar disponível todas as forças que podem nos libertar e criar a nós mesmos. Mas tem algo em nós que nos separa do que podemos, a começar pelo mau uso que fazemos do mal e do bem que nos acontecem. Então, quando começamos a fazer um uso interessante do que nos acontece, extrair força tanto do mal quanto do bem, elevamos a nossa potência ao máximo e nos tornamos dignos de todo acontecimento. Por exemplo, precisamos extrair força do que está nos acontecendo agora:

extrair força do vazio, extrair força da solidão, extrair força do silêncio, extrair força de uma nova maneira de produzir valor, porque muitos estarão sem emprego, muitos não terão as profissões restabelecidas, muitos irão à falência e vão precisar de outras ajudas, relações ou tutelas, outras alianças, ou seja, muitas coisas vão se modificar. Esta é uma oportunidade incrível que não podemos desperdiçar. Essa é a oportunidade que precisamos amar.

Referência

Melville, H. (2010). *Bartleby, o escriturário*. Rio de Janeiro: Rocco. (Trabalho original publicado em 1853).

3. Estupidemia: a pandemia de estupidez e seus tratamentos possíveis

Rita de Cássia de Araújo Almeida[1]

A pandemia de covid-19 certamente trouxe novos ingredientes para uma outra, que parece ter ganhado força nos últimos tempos: a pandemia de estupidez.

Negacionismo da ciência e de fatos históricos, teorias conspiratórias diversas, as chamadas *fake news*, tudo isso vem compondo o debate público e sendo utilizado como estratégia de propaganda para a investida de uma nova versão da extrema-direita em escala mundial. Desse modo, a política se tornou terreno fértil para delírios, mentiras e estupidezes que, potencializadas pela velocidade e pelo alcance das redes sociais e pelo uso sistemático de perfis-robôs, criaram narrativas, candidatos e venceram eleições em diversas partes do mundo, inclusive no Brasil (Holzhacker, 2017).

Com a chegada da pandemia de covid-19, as teorias conspiratórias e as *fake news*, aliadas ao negacionismo da ciência e da própria pandemia, se tornaram motes discursivos de vários governos e grupos políticos, inclusive do governo brasileiro. Por aqui, tais discursos determinaram decisões políticas e estratégias de intervenção governamentais, transformando o Brasil num dos epicentros da pandemia, o segundo em número de mortos, e celeiro fértil para a produção de variantes virais para a covid-19 (CNN, 2021).

---

[1] Psicóloga/psicanalista em formação. Mestre e doutora em educação pela Universidade Federal de Juiz de Fora (UFJF). Contato: ritaaalmeida1969@gmail.com.

Mas a pergunta que não cala é: como é que narrativas estúpidas, deliroides, mentirosas e sem fundamentos racionais ganham tanta adesão? Que mecanismos tornam tais narrativas tão inflexíveis e impermeáveis às evidências e aos questionamentos?

A psicanálise é sempre convocada a dizer sobre as questões do seu tempo e, desde Freud,[2] ela não tem se furtado a fazê-lo. O objetivo deste texto é, portanto, trazer a psicanálise para iluminar algumas questões, e levantar outras, sobre isso que estamos chamando aqui de *estupidemia*.

As paixões do ser: o ódio, o amor e a ignorância

Para a psicanálise a ignorância não é um mero desconhecimento. O próprio conceito de sujeito do inconsciente tem a ver com uma certa ignorância. Enquanto o sujeito cartesiano é, na medida em que pensa e sabe sobre si, o sujeito freudiano indica que ser e saber estão disjuntos, na medida em que o sujeito é habitado por algo que ignora. Somos também, e em grande parte, aquilo que não sabemos.

Lacan (1953-1954/1986) conceitua a ignorância em uma relação dialética com a verdade. É na medida em que o sujeito sai em busca de uma verdade que ele constata sua ignorância. Não se trata, portanto, de um mero desconhecimento, é um desconhecimento que sabe que há algo a se conhecer. Uma ignorância que deseja saber. A ignorância nessa perspectiva é uma paixão e, juntamente com o ódio e o amor, constitui as três paixões do ser.

Freud (1915/1980b) afirmava que ódio e amor fazem parte da constituição do eu e têm origens diversas, sendo que o ódio é fundamental, e vem antes do amor. O ódio se origina na luta do eu em preservar-se, mantendo distância de tudo que lhe cause desagrado, que o ameace de dissolução. O ódio é fundamental para a constituição do chamado narcisismo primário, que garante que

---

[2] Em vários de seus textos – "Mal-estar na civilização", "O futuro de uma ilusão", "Moisés e o monoteísmo", "Psicologia das massas e análise do eu", e outros –, Freud tratou das questões sociais e políticas de seu tempo, afirmando a posição da psicanálise perante elas, até porque considerava que não existia oposição entre uma psicologia individual e uma social.

o bebê faça seu primeiro movimento de separação do Outro.[3] O ódio define: isso não sou eu. O ódio quer fazer "um", é uma forma de resistência ao abuso e ao poder do outro, a recusa em ficar na condição de objeto.

Mas o ódio não é sempre uma solução eficaz para o eu, especialmente porque ele precisa se dispor ao laço social. Para sair do narcisismo e do autoerotismo em direção à satisfação sexual e à participação na comunidade, é necessário o amor. O amor só é possível porque o ódio chegou antes, e fez o trabalho de separação. Amor é ódio tratado e transformado. O amor é um afeto nobre, de grande valor ético e social, mas ele só é possível a partir de um traço de ódio, que demarca uma separação que constitui nossas diferenças. Enquanto o ódio quer fazer "um", o amor aposta na coexistência de dois diferentes.

Ao longo da vida, continuamos a usar o ódio e o amor nessa dialética: ódio para nos diferenciar, definir o que não somos, o que não aceitamos, e amor para encontrar, para fazer laço, para escolher nossos pares. Amor e ódio são afetos igualmente necessários para o laço social, por isso, são afetos políticos por excelência, onde um não acontece sem o outro. Na perspectiva da psicanálise o amor é o mais nobre dos sintomas, amor é construção, abertura ao outro e aceitação da diferença, mas o ódio é o mais primordial e poderoso, porque nos empodera e nos diferencia.

Mas voltemos à paixão da ignorância, que, segundo Dunker (2020), pode ser demonstrada pela diretiva socrática: "só sei que nada sei", por considerar o saber como um processo que inicia com a admissão da ignorância. A curiosidade seria a representação desse desejo de saber. Nesse ponto, podemos dizer que o desejo de saber está ligado ao amor. Desejar saber aquilo que não sei, ou seja, aquilo que me falta, é o caminho para o laço amoroso. "Amar é dar o que não se tem", como diria Lacan (1972-1973/1996), temos assim o conceito de transferência, tão caro para a psicanálise, que seria admitir a própria falta, a ignorância, para supor o saber no outro. Tal ignorância que deseja saber sobre o outro e sua diferença é aquela que produz a ciência, a filosofia, a

---

3   O Outro ou o Grande Outro é um conceito lacaniano: um espaço aberto de significantes encontrado pelo sujeito desde seu ingresso no mundo. Lugar a partir do qual o sujeito é inserido na linguagem, mas de onde também precisa se separar para falar em nome próprio.

política, as relações amorosas, e outras construções simbólicas fundamentais para o laço social.

Mas há situações nas quais o desejo de saber se encontra bloqueado, paralisado. É o caso da ignorância por alienação, quando as vias que levam ao saber se encontram barradas pelos sistemas de poder. Caberia aqui o conceito de alienação em Marx, nesse ponto, a ignorância seria algo produzido e necessário à manutenção de um determinado sistema, nesse caso, o capitalista. Ao capitalismo interessa que o trabalhador não saiba sobre os bens que ele mesmo produz, que ele não seja consciente da força do seu trabalho. A alienação é uma ignorância produzida pelas relações de poder, mas essas relações de poder invariavelmente fracassam, especialmente porque o trabalhador não aceita o tempo todo a condição de submissão.

Temos ainda o bloqueio do saber pela via do recalque, proposto por Freud (1915/1966). O neurótico é aquele que não quer saber sobre nada disso, e disso ele foge através do sintoma, ou de todas as outras formas de defesa que encontrar. A defesa neurótica, como Freud propõe, também é uma forma de alienação, nesse caso, o sujeito tende a recalcar sua condição sexual e mortal, ou seja, sua castração, seu limite. O sujeito neurótico é um ignorante que acredita que sabe, mas, para sua sorte, o sintoma e as demais formações do inconsciente (sonhos, atos falhos e chistes) comparecem e o denunciam, desmontam sua tentativa de alienação. O sintoma comparece no fracasso da operação alienante do recalque, nesse sentido, ele possibilita que o sujeito saia da ignorância. É o que, em geral, o sujeito faz quando procura um analista: ele quer saber sobre o enigma do seu sintoma.

Digamos então que, nesses dois casos, o desejo de saber pode estar momentaneamente bloqueado, mas existem aberturas possíveis a ele. Freud inventou a psicanálise para tratar dessa defesa do neurótico contra o desejo de saber, não para lhe oferecer um saber que repare sua ignorância, mas para lhe possibilitar assumir sua condição de ignorância, colocando-a a serviço do próprio desejo. De uma ignorância que o paralisa, o sujeito pode chegar a uma ignorância que o movimenta em direção ao desejo.

Mas e quando a ignorância parece não ter nenhuma abertura, nenhum fracasso que se abra ao desejo de saber? O que dizer sobre a ignorância que tudo sabe, que leva ao obscurantismo, ao fanatismo, ao fundamentalismo, ao negacionismo, ao anti-intelectualismo, ao terraplanismo, ao fascismo?

A ignorância a serviço do ódio: o discurso da estupidez

Na concepção lacaniana (1953-1954/1986), o ódio e a ignorância tendem a fazer um par, uma associação, e quando isso acontece o sujeito aparece blindado de quaisquer possibilidades de ceder ao desejo de saber. A rejeição total do outro e sua diferença interdita o diálogo, a dialética, a refutação, favorecendo a proliferação de discursos fundamentalistas, totalitários, negacionistas, de teorias conspiratórias, deliroides e alienantes, que se sustentam pela via da crença, da certeza. Nesse caso, chegamos ao discurso da estupidez.

O estúpido, como o concebo aqui, é aquele que não quer saber nada, não quer nem mesmo saber sobre a própria ignorância, porque está certo de saber tudo, portanto, não está aberto ao outro. Com isso chegamos ao seguinte paradoxo: o sujeito mais estúpido é aquele que mais acha que sabe. Quanto mais o sujeito supõe saber e quanto menos ele supõe saber no outro, mais estúpido ele é. Para escapar da estupidez é preciso saber o que se sabe, mas, sobretudo, saber o que não se sabe. É por isso que o estúpido não se inibe em exibir sua ignorância. Na verdade, ele se orgulha em exibi-la, afinal, ele está muito certo de saber aquilo que eu, você ou todos os outros desconhecem.

Obviamente que, em algum momento na vida, todos nós fomos ou seremos eventualmente estúpidos. Mas tratamos aqui de um momento histórico no qual a estupidez parece dominar a cena social, especialmente a cena política. Esse casamento do ódio com a ignorância parece ter se tornado pandêmico e contagioso, especialmente com o advento da internet e das redes sociais. E, no caso do Brasil, alcançou a cadeira mais alta do poder executivo.

O uso político do ódio e da ignorância: a estupidez como discurso

A profusão do discurso de ódio na internet tem sido amplamente debatida, e considerada por certos estudiosos uma ameaça às democracias e suas instituições.[4] Associado a mentiras e desinformações, esse tipo de discurso se tornou um enorme problema para a sociedade, especialmente no campo da política. Em tempos de pandemia de covid-19, causa graves riscos para a saúde pública e a vida, ainda mais quando governos que deveriam se servir da ciência, da racionalidade e do interesse pelo bem comum assumem a disseminação do ódio e a ignorância como estratégia de comunicação e de sustentação de poder.

É fato que as redes sociais não inventaram o ódio nem a ignorância, mas o anonimato e a distância física propiciaram uma certa desinibição para exibir tais afetos em público, além de estes contarem com validação e legitimação de outros. Assim como a internet tornou possível a formação de grupos acolhedores e fortalecedores para algumas minorias que, por outros meios, teriam muito mais dificuldade de se organizar, também se tornou profícua para a criação de bolhas que reforçam e retroalimentam todo tipo de estupidez. Nesse caso, a estupidez deixa de ser um episódio singular de um sujeito para se tornar um fenômeno coletivo, de massa: a *estupidemia*. Supremacistas, terraplanistas, fundamentalistas, conspiracionistas, paranoicos e fanáticos de toda ordem encontram seus nichos discursivos e conseguem curtidas, seguidores, aplausos e até mesmo financiamento e poder político.

Quando falo aqui em estupidez como fenômeno discursivo, refiro-me ao conceito de discurso trabalhado por Lacan (1969-1970/1992), isto é, um discurso sem palavras. Uma das tarefas da linguagem seria possibilitar que nos articulemos com o outro, articulação para a qual há um aparelhamento linguístico que Lacan chamará de discurso. Por essa vertente, entendemos o discurso como liame, laço social, capaz de articular o campo do sujeito ao campo do outro, articulação que se faz não somente pela palavra, pela fala.

---

4   Steven Levitsky, Daniel Ziblatt, Yascha Mounk e Giuliano da Empoli são alguns dos autores contemporâneos que tratam desse tema.

Trata-se de uma posição diante do outro e que vai caracterizar um tipo de laço, de relação de poder e seus efeitos de verdade e de fracasso. Nesse sentido, posicionar-se diante do outro pela operação do discurso da estupidez seria colocar juntos, como operadores da linguagem, o ódio e a ignorância.

O psicanalista Mauro Mendes Dias (2020) trabalha de forma muito precisa e interessante esse conceito de discurso da estupidez, que trago aqui para nossa discussão. Ele diz que o estúpido é aquele que não dialoga, mas vocifera, que emite a voz da fera. Todos temos essa fera em nós, ela está presente no discurso do outro que nos constitui, no entanto, o processo de subjetivação está condicionado ao fato de alcançarmos o que Dias chama de "um ponto surdo". Para ressoar nossa própria voz é necessário ensurdecer-se para a voz da fera que nos constitui e nos habita. No entanto, há casos em que esse "ponto surdo" fracassa, e a voz da fera toma a cena. Nesse caso, não há lugar para o discurso singular; o sujeito fala, mas não emite sua própria voz, quem fala por meio dele é o outro, que ele sustenta pela via da crença. Aderido à certeza da crença, o sujeito recusa outras vozes e narrativas. Além disso, abraçado a uma crença, o sujeito não precisa refletir ou escolher, basta seguir o que está definido. O estúpido, como define o autor, discursa por meio da crença cega em uma seita, que dispensa sua própria enunciação, e, para sustentar tal crença, precisa eliminar tudo aquilo que possa abalar suas convicções.

Nesse sentido, a estupidez leva a uma fragilidade simbólica, já que o estúpido possui um discurso desabitado de eu – do eu inconsciente, dividido – que o faça deslizar de suas certezas. O discurso que o estúpido reproduz como seu não tem nada que lhe seja singular, trata-se apenas de uma crença inabalável que ele reproduz sem questionar. Diante do mal-estar, do desamparo e do medo, o estúpido usa o ódio para manter sua integridade e a ignorância para sustentar as certezas de sua crença, e para isso ele precisa eliminar toda e qualquer diferença.

Estupidez e fanatismo

Amós Oz (2016) faz uma descrição do fanático que muito se aproxima desse conceito de estupidez. Oz supõe que o discurso fanático aparece na tentativa de criar respostas fáceis para situações complexas, especialmente diante do medo e de situações de crise e incerteza extremas. Quanto mais complexas as questões se tornam, mais as pessoas anseiam por respostas simples, e que podem acabar se tornando uma resposta única. O fanático precisa fazer do outro uma cópia de si e/ou eliminar aquele que se recusa a se tornar um igual, por isso, parece estar mais interessado no outro que nele próprio, porque ele quer, sobretudo, mudar o outro, converter o outro. Porque, quando um fanático consegue converter o outro, ele conquista a garantia de que seu discurso seja validado.

Pensando com Oz (2016), podemos dizer que o estúpido precisa converter o outro a todo custo, a fim de apagar toda a diferença, para que seu eu frágil se reforce entre seus iguais e, assim, sobreviva. Por isso, ainda que seu discurso não possua nenhum compromisso com a verdade, este jamais poderá ser desconstruído ou questionado, afinal, isso significaria sua própria derrocada. Se o estúpido depende da crença fundamental que ele abraça, desmontar tal crença é fazê-lo experimentar uma espécie de morte. Portanto, caso o estúpido não consiga te converter, a opção que lhe resta é eliminá-lo.

A tolerância da estupidez

Poderíamos pensar, então, que a saída para se contrapor ao discurso da estupidez e sua intolerância ao saber e à diferença seria a tolerância. Aliás, esse parece ter sido o grande equívoco das democracias liberais, acreditar que simplesmente alargar os limites sociais e culturais para hospedar todas as chamadas liberdades individuais seria suficiente para manterem suas virtudes. Mas a verdade é que a *estupidemia* floresceu e se expandiu exatamente em solos democráticos liberais, onde a tolerância vai aparecer de maneira paradoxal e muitas vezes cínica. A tolerância, que nos convida a aceitar o diferente pelo seu direito individual, passa a impressão de também ter que aceitar comportamentos opressivos, fascistas e antidemocráticos. Sob o signo da tolerância assistimos, por exemplo, à estupidez das manifestações que usam de maneira cínica o espaço democrático das ruas para pedir intervenções autoritárias e antidemocráticas. É "o povo contra a democracia".[5]

Quando o discurso da tolerância serve apenas para alargar os limites sociais e evitar conflitos e perturbações, produz uma política desafetada, anestesiada, desmemoriada, descomprometida e indiferente, campo aberto para a proliferação da estupidez. Foi assim que a democracia abriu canal para a *estupidemia*.

Assim, as lutas democráticas precisam também se munir da paixão do ódio, afeto primário e necessário para definirmos o que não é possível tolerar. Ódio para dizer não, para impor limites. Apenas cancelar ou moralizar o ódio pode servir para a sustentação de uma democracia cínica, que recusa o confronto e o conflito, seus principais valores. Entretanto, para utilizar o ódio como resposta eficiente para a estupidez, é necessário manter nele o desejo de saber. Usar o ódio para sustentar a diferença e desejar saber sobre ela pode ser uma saída ética para usar esse poderoso afeto a favor de democracias que não nutram estupidezes. Isso demanda uma democracia disposta ao conflito e à sustentação radical das diferenças, não apenas para tolerá-las, mas também para confrontá-las e definir seus limites.

Tratamento possível da estupidez

Freud (1937/1980c) dizia que educar, governar e analisar são tarefas impossíveis. Com essa proposição, Freud abriu o caminho para que Lacan (1969-1970/1992) dissesse que todo discurso tem seu fracasso, seu impossível. No entanto, ao assumir o impossível de cada discurso nos livramos da impotência, da paralisia. É naquilo que cada discurso fracassa e demonstra seu limite que está a proteção contra a estupidez. O estúpido é impotente para assumir as impossibilidades discursivas, precisando, portanto, se cercar de dogmas e certezas definidos por suas bolhas.

---

5   *O povo contra a democracia* é o título de um livro de Yascha Mounk, publicado pela Companhia das Letras em 2019.

Pensando sob tal perspectiva, algumas questões se fazem importantes: se é que isso é possível, como poderíamos provocar fissuras, fracassos, impossibilidades no discurso da estupidez? Existe vacina ou tratamento para a *estupidemia*?

A maioria de nós já passou pela experiência de tentar argumentar ou debater com um estúpido e percebeu que não há racionalidade ou argumentos que façam o sujeito deslizar da verdade que adotou. Portanto, a resposta para nossa pergunta não está no campo do saber racional, da pedagogia. Não se trata de elucidar aquilo que o sujeito não sabe e com isso fazê-lo sair da alienação. O caminho é outro.

Com o percurso que fizemos até aqui, não fica difícil compreender que o amor, que sustenta a diferença, e o desejo de saber, que se abre à diversidade, são caminhos necessários para combater o discurso da estupidez. Mas também é preciso um tanto de ódio não ignorante para combatê-lo. É fundamental confrontar e reagir ao discurso da estupidez, e o desafio é criar modos não estúpidos de fazê-lo.

As democracias, nesse sentido, não podem ser apenas uma arena alargada onde todos possam exercer suas liberdades individuais; se for apenas isso, teremos que tolerar também estúpidos de toda ordem. O amor e o desejo de saber como antídotos para o ódio ignorante são os caminhos que a psicanálise pode indicar para as democracias que não queiram alimentar estupidezes. As democracias precisam ser um exercício continuado e radical de defesa da diversidade e da diferença; nesse sentido, não podem ser tolerantes com negacionismos, fanatismos, racismo, machismo, homofobia, fascismos, terrorismos ou outros discursos estúpidos. Desse modo, tratar o negacionismo antivacina numa pandemia de escala mundial como exercício de liberdade individual não é defender a democracia, é, ao contrário, alimentar a estupidez que ameaça a própria democracia, como tolerar racismo, machismo ou homofobia não pode ser considerado respeito ao direito à liberdade de expressão. Usar a internet, as redes sociais e outros veículos de comunicação para disseminar mentiras, teorias conspiratórias e invencionices diversas também não pode ser considerado direito de expressão democrática.

Combater todas as formas de estupidez e barrar a *estupidemia* talvez seja o maior desafio das sociedades, movimentos e instituições democráticas da atualidade, e essa precisa ser uma tarefa política e coletiva. Como no caso do enfrentamento da pandemia de covid-19, o tratamento possível da *estupidemia* não pode se restringir a adotar medidas de cuidado, profilaxia ou tratamentos individuais, há de se criar métodos e estratégias que combatam a epidemia em seu processo de contágio como fenômeno coletivo. Tomar o discurso da estupidez como um fenômeno pandêmico é compreender que tratar os doentes um a um é insuficiente para atacar a questão de modo eficiente. Ou seja, ainda que possamos sustentar uma arena possível de debate e conflito com nossas pequenas estupidezes cotidianas, elas não podem ter espaço e voz nas grandes arenas e debates públicos, que é onde elas podem se disseminar e se potencializar. As instituições de toda ordem, os governos, os movimentos políticos e sociais, os tribunais, as empresas públicas ou privadas precisam assumir o pacto coletivo de não serem agentes disseminadores e fortalecedores da *estupidemia*, e é fundamental que sejam devidamente barrados e enquadrados pelas instâncias democráticas caso rompam com tal compromisso.

Diversos países pelo mundo, incluindo o Brasil, estão sofrendo as consequências de ser tolerantes com o discurso da estupidez a ponto de permitir que chegasse ao poder e, assim, disseminasse livremente seu vírus nocivo. E no caso da *estupidemia* temos mais um agravante: o vírus (ódio mais ignorância) não vem de fora para atacar nossas defesas, ele já está lá, faz parte da nossa constituição subjetiva. Basta que seja devidamente despertado e alimentado.

Referências

CNN. (2021). 'O mundo olha para o Brasil com preocupação, com razão', diz Natalia Pasternak. *CNN Brasil*. Recuperado de: https://www.cnnbrasil.com.br/entretenimento/o-mundo-olha-para-o-brasil-com-preocupacao-com-razao-diz-natalia-pasternak/.

Dias, M. M. (2020). *O discurso da estupidez*. São Paulo: Iluminuras.

Dunker, C. (2020). *Paixão da ignorância: a escuta entre psicanálise e educação.* São Paulo: Contracorrente.

Freud, S. (1980a). A dinâmica da transferência. In S. Freud, *Edição Standard Brasileira das Obras Psicológicas Completas de Sigmund Freud* (Vol. XII). Rio de Janeiro: Imago. (Trabalho original publicado em 1912).

Freud, S. (1980b). Pulsão e seus destinos. In S. Freud, *Edição Standard Brasileira das Obras Psicológicas Completas de Sigmund Freud* (Vol. XIV). Rio de Janeiro: Imago. (Trabalho original publicado em 1915).

Freud, S. (1980c). Análise terminável e interminável. In S. Freud, *Edição Standard Brasileira das Obras Psicológicas Completas de Sigmund Freud* (Vol. XXIII). Rio de Janeiro: Imago. (Trabalho original publicado em 1937).

Freud, S. (1996). Recalque. In S. Freud, *Edição Standard Brasileira das Obras Psicológicas Completas de Sigmund Freud* (Vol. XIV). Rio de Janeiro: Imago. (Trabalho original publicado em 1915).

Holzhacker, D. O. (2017). O impacto das "fake news" nas eleições. *Infomoney*. Recuperado de: https://www.infomoney.com.br/colunistas/pensando-politica/o-impacto-das-fake-news-nas-eleicoes/.

Lacan, J. (1986). *O Seminário. Livro 1: Os escritos técnicos de Freud.* 2a ed. Rio de Janeiro: Jorge Zahar. (Trabalho original publicado em 1953-1954).

Lacan, J. (1992). *O Seminário. Livro 17: O avesso da psicanálise.* Rio de Janeiro: Jorge Zahar. (Trabalho original publicado em 1969-1970).

Lacan, J. (1996). *O Seminário. Livro 20: Mais, ainda.* Rio de Janeiro: Jorge Zahar. (Trabalho original publicado em 1972-1973).

Oz, A. (2016). *Como curar um fanático.* São Paulo: Companhia das Letras.

4. Fique em casa...: olhares de dentro sobre a pandemia e as desproteções sociais

Márcio Dionizio Inácio[1]

Este não é um texto sobre a política pública de assistência social, e sim uma narrativa de dentro, mais diretamente a partir de um trabalhador público em um Centro de Referência de Assistência Social (CRAS) durante um período da pandemia por covid-19.

Embora não seja o objetivo discutir a assistência social, vale situá-la. Nesse sentido, é bom mencionar que a política pública de assistência social foi recepcionada pela Constituição de 1988. Destaco a ideia de que foi recepcionada porque ela não é fruto de uma boa vontade dos legisladores constituintes, mas o resultado de um processo histórico que se fez garantir na Constituição.

De sua previsão constitucional uma série de legislações foi dando formato a um conjunto de práticas e conquistas. Podemos mencionar a Lei Orgânica da Assistência Social (LOAS), de 1993, a Política Nacional de Assistência Social (PNAS), de 2004, e a Norma Operacional Básica do Sistema Único da Assistência Social (NOB/SUAS), de 2012. A execução da política pública de assistência social ganhou formato no sentido de ter um comando único, o que proporciona que, em quase todo o Brasil, onde ela consegue chegar, ofereça seus serviços

---

[1] Mestre em Psicologia pelo Instituto de Psicologia da Universidade de São Paulo (IPUSP). Servidor público na Secretaria Municipal da Saúde de Campinas. Pesquisador das políticas públicas de assistência social e saúde, com foco em territórios, etnografias e narrativas. Contato: marcio.dionizio.inacio@gmail.com.

dentro dos mesmos marcos legais e características técnicas, ao mesmo tempo que está descentralizada, como tentativa de alcançar as distintas populações, promovendo acesso dentro de suas características locais.

Considerando-se esse percurso, farei minha narrativa a partir do lugar concreto de um CRAS, em um território da região metropolitana da cidade de São Paulo.

Fique em casa

Em um ano marcado pela pandemia de covid-19, muito se ouviu a frase, que soava como um mantra: "fique em casa". Como medida sanitária diante de uma ameaça à saúde pública, o imperativo se caracteriza como algo sensato, que não seria conveniente contestar ou desobedecer.

Ocorre que um problema em saúde pública não se circunscreve apenas como questão sanitária, pelo contrário, demanda ações em políticas públicas variadas e revela dimensões da vida e inúmeros problemas para a população atingida. Dimensões que, no caso da pandemia por covid-19, falam de uma vida que insiste e talvez subsista além das possibilidades dos teletrabalhos, dos *home offices* e de recursos que estão ao alcance de uma pequena parte da classe trabalhadora. Diante disso, o mantra ganhou um adendo: "Se possível, fique em casa".

Fato objetivo, ficar em casa não foi algo possível para uma significativa parcela da população. Inúmeros são os trabalhadores, de diferentes atividades, que continuaram sendo transportados em ônibus lotados, literalmente espremidos, no transporte público que inclusive teve a frota reduzida na cidade de São Paulo, como medida tomada para evitar que as pessoas circulassem durante a pandemia. O que resultou em coletivos mais lotados ainda. O fato é que há muitas pessoas que mantêm as coisas funcionando, como é o caso dos mais diversos prestadores de serviços como motoristas de ônibus, funcionários da limpeza pública, caixas de supermercados, entregadores e tantos outros, em detrimento daqueles que puderam permanecer em casa.

Foi assim também na assistência social, atividade fundamental para o atendimento de uma grande parte da população que se viu com as condições de vida mais precarizadas e vulnerabilizadas diante da pandemia; quer dizer, diante da pandemia brasileira, cuja gestão se deu com a ampliação do número de desempregados, de pessoas com fome e com risco de despejo pelo não pagamento de aluguéis, o que revela outra face do ficar em casa. Em que casa? Em quais condições?

Como psicólogo que atua em um CRAS,[2] me vi fazendo coisas nesse período. Como tantos trabalhadores anteriormente citados, também não pude ficar em casa nesses tempos. Assim, me vi fazendo atendimentos presenciais, visitas domiciliares, ações de entrega de cestas básicas e participando de reuniões de trabalho. No meio desses fazeres, estive produzindo condições táticas para trabalhar e sobreviver. Certeau (1998) denomina como tática "um cálculo que não pode contar com um próprio, nem portanto com uma fronteira que distingue o outro como totalidade visível. A tática só tem por lugar o do outro. Ela aí se insinua, fragmentariamente, sem apreendê-lo por inteiro, sem poder retê-lo à distância" (p. 46).

Categoricamente, conforme o pensamento de Certeau, não seria correto definir o fazer de alguém que representa o poder público como um ator que se vale dos dispositivos táticos. Os aparatos e os lugares que o poder instituído confere aos seus são marcas deste próprio que outros atores não possuem. Mas, em uma relação de proximidade, de construção com a população atendida, mudamos de lado e ficamos mais desguarnecidos e producentes de outras lógicas e construções nas oportunidades do tempo e menos do lugar. Tenho, com isso, uma contínua sensação de indefinição de lugar nas relações que se estabelecem, o que vai ao encontro da definição de Certeau (1998):

> *O próprio é uma vitória do lugar sobre o tempo. Ao contrário, pelo fato de seu não-lugar, a tática depende do tempo, vigiando para "captar no vôo" possibilidades de ganho. O que ela ganha não o guarda. Tem que*

---

2   Os CRAS são unidades públicas estatais onde se oferta a política pública de assistência social como proteção básica. Os atendimentos buscam atender às demandas apresentadas pela população a partir das seguranças socioassistenciais de autonomia, convivência, renda e acolhida.

> *constantemente jogar com os acontecimentos para transformar em "ocasiões". (p. 47)*

Assim, meu fazer pode se traduzir em uma oportunidade no tempo (de pandemia) e um aproveitamento das ocasiões e oportunidades. Dentre aquilo que fiz e que gera oportunidades, quero destacar que fui a algumas casas em visita domiciliar,[3] que serão trazidas aqui como legendas,[4] a fim de capturar a partir dessas narrativas o movimento das pessoas em seus territórios de vida, um movimento que é história, não a partir de heróis ou de grandes movimentos, mas dos anônimos, dos vencidos, dos quase não percebidos nas lógicas cotidianas.

Primeira legenda

Fomos visitar Sílvia, eu e uma colega assistente social. Sílvia mantém a referência de atendimento com essa colega e simplesmente ignora que a família "deveria" ser acompanhada no CRAS mais próximo da casa dela, que foi recentemente inaugurado. Nosso objetivo era conversar com ela e tentar iniciar um processo de construção de vínculos com a finalidade de atendê-la no CRAS recém-inaugurado. Compreendo e muito o raciocínio de Sílvia. O território é vivido no seu uso, muito mais que em nossos mapas e divisões, que em grande parte não fazem sentido para as pessoas a que atendemos (Koga, 2003). O que parece fazer sentido é o vínculo que ela construiu com minha colega, não uma divisão arbitrária de ruas e bairros.

---

[3] Visita domiciliar é uma estratégia de atuação utilizada na execução da política pública de assistência social. Ela serve como recurso para compreender a realidade das pessoas a partir de sua vida ativa no território. É também recurso de construção de vínculos com as pessoas e para a compreensão territorial. Também serve como instrumento de busca ativa de pessoas que estão atravessando níveis de vulnerabilidades e exclusão que não são alcançadas pela política pública por não comparecerem nos equipamentos públicos de referência (Amaro, 2003).

[4] Inserida aqui como um tipo de narrativa, um jeito de contar histórias e fatos. Essa forma de narrar é bastante difundida em textos sobre heróis e santos ao longo da Idade Média. Fassini (1993) a elas se refere assim: "Entre os muitos sentidos de 'legin' está ajuntar, reunir, recordar, falar, discursar. Legenda significa, portanto, aquelas coisas faladas, ajuntadas, recolhidas e que devem ser lidas, aprendidas e seguidas" (p. 20).

A casa fica dentro de uma viela muito estreita. O veículo que nos levou não entra e precisa ficar na rua principal a uns cinco minutos de caminhada. Tenho medo de circular no bairro em que Sílvia mora. É de fato um lugar controlado pelo tráfico e as abordagens deles para conosco foram hostis em alguns momentos, como na ocasião em que empurraram uma colega gestante ou pediram que nosso motorista se retirasse do território. A sensação é de ser vigiado por alguns garotos que ficam à espreita. Numa rápida recorrência à lógica, penso que somos os estranhos representantes do poder público. Poder que materializa uma institucionalidade que atrapalha ou que representa no imaginário os esculachos da polícia, as cestas básicas que demoram para chegar, o Bolsa Família cortado; enfim, o abandono pelo Estado. Mas também somos, por outro lado, o lugar, muitas vezes fixo, a que se recorre para entender o que aconteceu com o benefício que não foi pago, para reclamar das dificuldades da vida, para conversar.

Ela nos recebeu. Estava com uma cachorra muito bonita e um tanto gordinha, que parecia bem cuidada, aparentemente limpa, muito dócil, e abanava a cauda o tempo todo. Sílvia me pareceu cadavérica; no início da conversa, estava quase monossilábica, à espera de uma deixa, de um aceno nosso para dizer algo. Parece-me estranho o contraste entre a idade e o envelhecimento dela. Ela parece muito mais velha do que sua idade cronológica atesta. Um contraste fui percebendo: toda a euforia da cadela quase a humanizava. Já o silêncio e a expressão distante de Sílvia a colocavam mais distante de nós.

Para entrar na casa quase tivemos de escalar as escadas pelas quais Sílvia passa todos os dias. O interior da casa nos desafia ao que é difícil. Uma janela fechada com um plástico preto. Já não há pia, e sim uma torneira onde se lavam as louças. Não há mesa nem cadeira. Uma máquina de lavar um tanto velha quase andava pela casa ao lavar as roupas. A casa tem uma laje nova, pois chovia dentro quando só havia telhado. Ainda estão presentes as escoras da laje, que parece ser recente. Sílvia pediu para adiantarem o fundo de garantia para custear a obra. Num canto, encostado na parede, um colchão encardido, local onde o filho Tadeu, de 26 anos, que não estava, dorme. Sílvia pediu para não reparar na falta de mesa ou de pia. Há tantas faltas...

Disse que quando nos ouviu chamar ficou imaginando se não seria uma notícia ruim sobre o filho João, de 21 anos. Saiu de casa ontem e não voltou.

Está envolvido com o tráfico e o consumo de drogas, e num relacionamento com uma mulher que Sílvia reprova. Disse que o coração aliviou por sermos nós e não a polícia ou a notícia de que o filho teria morrido. Pensei sobre a qualidade de notícias que ela só poderia esperar.

O assunto que mais preocupa Sílvia não é o nosso (a mudança de CRAS), nem a situação de João, e sim o outro filho, Tadeu. Ele está num percurso de ficar na rua por muito tempo, já não toma banho e anda sujo pela rua. Cata materiais recicláveis e com o dinheiro compra bebida. Ela acha que ele usa outras drogas, mas não sabe ao certo. Disse que um dos filhos falou que Tadeu usa "pedra".

Por aqui basta do relato de Sílvia. No caso dela, os problemas postos e que já existiam antes da pandemia não deram um tempo ou ficaram em casa. Temos uma casa inabitável, uma condição de um filho que está trabalhando no tráfico e outro com questões de saúde mental, para o qual ela deseja algum aporte, uma saída para poder ter alguma dignidade. Com ou sem pandemia, há quem não fique em casa; há vínculos que se rompem dia após dia; há quem vá para a rua e por lá fique. Um detalhe: ela saiu para o trabalho de faxineira em um hospital referência no atendimento à covid na cidade de São Paulo logo após essa visita. Talvez sem saber, Sílvia também seja profissional da chamada linha de frente da pandemia.

Segunda legenda

Em outra ocasião, fomos à casa de Roberto em função de um encaminhamento realizado pelo Conselho Tutelar do local. A solicitação era saber sobre as condições da filha de Roberto, criança de dois anos que havia se queimado por negligência dos pais. O relatório encaminhado para justificar a demanda não trazia muitos detalhes, mas levantava desconfiança sobre a possibilidade de os pais serem usuários de drogas.

Tivemos que chamar um pouco até sermos atendidos. Roberto abriu a porta e parecia ter acabado de acordar. Ele trabalha à noite numa funerária. Retira corpos dos locais após autorização dos legistas e os prepara para o sepultamento. Nesses tempos de pandemia, vem trabalhando muito. Disse-me que não tem medo do trabalho; o medo é dos vivos. Por um instante ouvi "vírus". Mas quem tem medo do vírus?

A casa, como algumas que eu conheço, parecia uma caverna. Muita umidade se distribuía pela parede com tom esverdeado. Ficava abaixo do nível da rua, era muito escura e havia água gotejando no teto do banheiro. Em um único espaço estavam duas camas e um fogão improvisando uma cozinha. O outro espaço era o banheiro minando água.

Ele estava com duas filhas de aproximadamente sete e oito anos. Uma delas me contou que estava com as lições escolares em dia, pois pegava as apostilas na escola e os pais a ajudavam com os deveres. A esposa não estava. Ficou com a filha no hospital, onde se recusaram a liberar a criança, por considerarem que poderia ser um risco voltar para a casa. Roberto contou que a filha correu em direção ao fogão e que a água que fervia para preparar o café caiu em parte do corpo dela, ocasionando queimaduras graves.

Roberto, naquilo que pôde, manteve com sua família uma dinâmica de ficar em casa, nas condições que foram descritas e não livre de acidentes, possíveis em tantas casas, mas talvez mais possíveis naquelas condições de moradia. Ele é um trabalhador dessa invisível linha de frente, pois trabalha em atividade essencial e com muitas demandas considerando-se o momento pandêmico. A quebra do mantra "fique em casa" se dá pelas condições de trabalho na funerária, que parece ter mais riscos em si, para além da condição de alguém que circula pela cidade.

As duas realidades esboçadas aqui apresentam certas condições de ficar em casa, dentre tantas outras, que não estão captadas no discurso hegemônico. Dois disparadores podem ser apontados: falhas nas políticas públicas e o modo como a vida acontece.

Sobre a falta de política pública, fica clara a necessidade de constituir o direito de morar, de considerar as dificuldades que a população mais vulnerável tem para lidar com os processos de adoecimento, as inúmeras violências cotidianas, e tantas outras coisas que podemos puxar dessas e de outras situações que conhecemos. Como a vida acontece é talvez o maior desafio que as histórias podem disparar. Como se vive nas condições aqui apresentadas?

Como nos conformamos com situações que me parecem limites e insuportáveis? Como essas histórias interpelam nossas práticas? Quais respostas podemos oferecer?

O novo normal

O termo "novo normal"[5] reapareceu durante a pandemia por covid-19. Quando ouvi isso pela primeira vez, até me pareceu algo novo, embora estranho. Não é muito precisa a informação, mas a origem da expressão remonta ao campo da economia, durante a crise mundial das bolsas de valores em 2009. Não quero me deter nessa origem, mas a ideia naquele tempo se referia a uma nova dinâmica dos mercados financeiros após a ruptura provocada com aquela crise.

Não posso afirmar, mas desconfio que o reuso da expressão não tenha uma intencionalidade e uma vinculação com fatos ocorridos em 2009, parece mais uma coincidência o uso do termo, tendo em comum os impactos de uma crise global, agora vivenciada com a pandemia. Não consegui encontrar produções científicas específicas sobre o tema da nova normalidade, talvez pela novidade da questão. Em rápida busca na internet, algumas similaridades de conteúdo podemos encontrar quando há referências ao termo. Percebi que há muitas reportagens em revistas e blogs falando do "novo normal". A maior parte são textos relativos à vida corporativa, recursos humanos e a necessidade de se adaptar a esses "novos tempos".

Talvez essa ideia de se adaptar e sobreviver (que me parece a serviço de continuar produzindo e consumindo) seja uma questão central naquilo que se tem falado sobre a nova normalidade. Não é à toa que muito se fala da necessidade de se acostumar com o uso de máscaras para estar em público, o uso de álcool gel, a importância de lavar as mãos etc., não como medida sanitária, mas como instrumento de uma sociabilidade compulsória para alimentar o sistema. Outra parte do que se encontra é sobre as "novas"

---

[5] Termo criado pelo empresário estadunidense Mohamed El-Erian, em 2009, para falar sobre as consequências da crise econômica mundial daquele período (Barros, 2012).

dinâmicas de trabalho, em que tudo o que pode ser feito por *home office* assim está sendo realizado. E um terceiro elemento, que é desdobramento dos anteriores, evoca a necessidade de outras formas para estabelecer relações sociais, com menos encontros, menos presença e mais virtualidade – desde as compras de mercado até os relacionamentos afetivos, como namoro.

Meu estranhamento inicial, e permanente até agora, com a expressão talvez se dê por achar que ela tem cara dos privilégios. Os que fazem uso do termo tentam passar a ideia de certo "bom senso", de que as coisas passaram a ser diferentes nas relações entre as pessoas e na forma de conduzir a vida. Para mim, sempre soou como coisa de gente muito branca e que se queixava de não ter nada pra fazer em suas casas superequipadas após um mês de confinamento. Talvez um sinônimo de uma vida de quem nunca teve que se ver com os cuidados com a própria casa, quanto mais estabelecer relações de cuidado consigo ou com os outros. Forma de vida que foi atravessada pela pandemia, uma ameaça, forçando a ficar em casa, redobrar cuidados para evitar o contágio e refrear o desejo de sair, se encontrar, se aglomerar. Não raro, dar uma escapadinha para ir beber enquanto o mundo se acaba é a marca da hipocrisia da nova normalidade.

A "nova normalidade" é expressão de uma dócil sujeição aos aparatos de controle das pessoas, seja porque em algum espectro elas se tornaram risco, seja porque ela se inscreve em um controle mais eficaz a partir de tantas tecnologias que nos rastreiam e nos escaneiam o tempo todo, seja porque há uma parcela de corpos que já não são necessários e para os quais talvez a vala comum seja um fim sem protesto ou comiseração, na normalidade de escavadeiras que abrem valas em cemitérios ou vans escolares que transportam corpos[6] (Beiguelman, 2020).

Como encarar o "novo normal" quando se trabalha em políticas públicas essenciais, principalmente quando elas são invisíveis em tempos de pandemia?

---

6 Em março de 2021, com o aumento do número de sepultamentos na cidade de São Paulo, provavelmente agravado pelos óbitos durante a pandemia, os gestores municipais tomaram a decisão de contratar veículos particulares para ampliar a oferta de transporte dos corpos. Incluíram-se entre as opções de veículos a serem contratados as vans utilizadas para o transporte de alunos, uma vez que estavam com o serviço desativado por causa da interrupção das aulas presenciais.

No caso, a política de assistência social, à qual, paradoxalmente, parte da população recorre diante de dificuldades como falta de renda, alimentação ou acesso a programas sociais como o Bolsa Família, o Auxílio Emergencial, os Serviços de Convivência e Fortalecimento de Vínculos,[7] mas que é pouco compreendida como política pública, não faz parte dos debates eleitorais ou nas discussões sobre orçamento público.

Atuar em uma política pública que é pouco percebida como um lugar de direito e com ações emergenciais em meio à pandemia coloca em xeque de vez essa pseudo nova normalidade. No CRAS, não pudemos executar o trabalho a partir de nossas casas, muito menos pedir isso à população demandante; em alguns períodos, pelo contrário, a quantidade de atendimentos aumentou. Tivemos que lidar com o risco de ficar sem equipamentos de proteção individual, trabalhar em ambientes insalubres (salas pequenas, sem janelas e climatizadas por ar-condicionado) e com uma população também vivendo a mais absoluta precariedade de renda e de aparatos para cuidados pessoais.[8] Como ideal de atendimento, um CRAS é o oposto do imperativo do ficar em casa plasmado no novo normal. Parte dos atendidos a ele recorre justamente quando já não se cabe em casa e busca nele um lugar de sociabilidade. Em resumo, em um CRAS nada é normal.

Desde o início da pandemia, muitos trabalhadores da assistência social estiveram atuando nos equipamentos que mantiveram as portas abertas. No início houve muita tensão para se conseguir equipamentos básicos de proteção, como máscaras e álcool gel, sem falar na escassez de espaços, que ora não oferecem o mínimo de privacidade para se acolher alguém, ora colocam todos em risco de contaminação em tempos de pandemia. Em alguns momentos

---

[7] Serviço de convivência e fortalecimento de vínculo é complementar ao serviço de proteção integral à família, oferta segurança socioassistencial de modo preventivo e proativo, em grupos, organizados nos diferentes ciclos de vida. Por ser atividade coletiva, foi interrompida durante a pandemia em muitos CRAS.

[8] No início da pandemia, em 2020, o jornal *El País* publicou uma reportagem com dados de uma pesquisa do Instituto Data Favela/Locomotiva que destaca o aumento da pobreza, a falta de renda para obter alimentos e até garantir a higiene pessoal como ação preventiva contra o coronavírus. A reportagem menciona ações de distribuição de sabonetes e materiais de higiene para famílias vulneráveis realizadas por organizações sociais do terceiro setor (Betim, 2020).

tivemos que lidar com propostas que pareciam ignorar tudo: a pandemia, o usuário e a desigualdade.

Terceira legenda

Em uma reunião no CRAS, no mês de julho de 2020, um grupo de psicólogos, assistentes sociais e gestores públicos discutiam, em uma área cercada por uma tela, a importância da convivência e do fortalecimento de vínculos para o trabalho social com as famílias vulneráveis. Nas entrelinhas estava o desejo de catalogar essas famílias e quantificá-las nos inumeráveis relatórios de prestação de contas. O clima era um tanto estranho, uma vez que, em tempos de pandemia, o que as autoridades de saúde pública mais recomendam é evitar aglomerações como a que estava acontecendo. A proposta dos gestores de discutir vínculos e convivência talvez falasse mais sobre os desejos pessoais em tempos de pandemia que sobre as urgências técnicas.

De súbito a reunião foi interrompida. Um homem, segurando uma marmita de isopor e com as mãos ainda engorduradas pela refeição que ainda fazia, se dirigiu ao grupo reunido. E referindo-se a uma cachorra de cor caramelo e bem gordinha que o acompanhava, foco de suas preocupações, fez um pedido ao grupo. Com a voz alta acompanhada por um aparente desespero no rosto sem máscara de proteção, ele pedia que cuidássemos do cãozinho, pois ele já não tinha condições de sustentá-la e a si próprio. Ela, em suas formas roliças, parecia bem alimentada. A reunião pausou num silêncio que durou o tempo em que ele permaneceu nos olhando. Alguns olhares se desviaram. Do mesmo modo que chegou, ele também se foi, acompanhado pela cadelinha que parecia ofegante ao tentar alcançá-lo. E a reunião continuou. Assim acontece todos os dias na relação entre as pessoas, nos diversos territórios, e as políticas públicas que foram se acercando delas: uma relação estabelecida entre dizeres dissonantes, intenções distintas e necessidades tão diversas que se apresentam.

Fica a reflexão sobre qual "normalidade" está se instaurando. Uma normalidade em que tantos aparatos e discursos reforçam um controle em que o próprio indivíduo se sujeita sem perceber as condições de vigilância constantemente. Para se manter dentro desses tempos e deste mundo, essa realidade vai "chipando" cada pessoa que se coloca nesse "novo normal". Talvez o serviço público funcione como um tentáculo necessário de uma parte que ainda demanda outras ferramentas de controle porque já não se inserem, escapam dessa passividade de ficar em casa ou ter que ficar. Para essa parcela restam os números, as tabelas, os cálculos. E talvez para uma outra parcela reste uma vida nua, que não se deve matar, mas não se pode impedir de morrer (Agamben, 2010).

Na linha de frente

Quando as primeiras ações foram tomadas pelas autoridades públicas a respeito da pandemia, eu estava em trânsito. Tentava voltar para casa após um período de férias em Santa Catarina. Tive vários problemas para encontrar passagens para o regresso. A primeira cena que me chocou foi entrar na cidade de São Paulo: tudo estava deserto no início da noite de abril quando voltei. Lembrei-me de um fato quase apagado da memória: os toques de recolher de 2006, quando uma onda de ataques ocorreu na cidade de São Paulo.[9]

A primeira tomada de consciência foi algo confuso. Faltavam informações e sobravam memes e teorias negacionistas nas redes sociais a respeito da pandemia. Mas era preciso voltar ao trabalho no CRAS e aos poucos fui me apropriando de uma nova expressão desses tempos: "linha de frente".

---

9   Entre 12 e 21 de maio de 2006, a cidade de São Paulo sofreu violentas ações por parte de uma facção do poder paralelo, Primeiro Comando da Capital, em discordância com a Secretaria de Segurança Pública do Estado. As ações eram represálias contrárias aos tratamentos que os presos recebiam no Estado e à separação e às transferências para presídios de outros estados das lideranças da facção. Vários atentados e represálias se espalharam pela cidade de São Paulo, que iam de ataques a bases de polícias, execuções de pessoas nas ruas, queima de ônibus e toques de recolher por diversos bairros. Estima-se que 564 pessoas foram assassinadas nesses confrontos. Para saber mais ver Custódio (2016).

Quarta legenda

O ônibus não demorou a passar naquela manhã de abril, quando retornei ao trabalho. Estava vazio e todos usavam máscaras. Máscaras que estavam em falta. Lembro-me de ter encomendado algumas com uma costureira.

No CRAS, as portas de correr estavam abaixadas. Colegas em "situação de risco", que apresentavam laudo médico constatando que tinham doenças crônicas e/ou cardiorrespiratórias, foram afastados, mas os demais membros da equipe estavam por lá. Uma solicitação se fez: anotar o número de ligações. É preciso comprovar em números. O controle de nossos corpos, fiscalizando o que fazemos, é uma espécie de produção de números de atendimento, que sempre fizeram parte do jeito de gerir as coisas na assistência social. É quase uma cultura de produção industrial.

A principal procura dos usuários do serviço: comida. Estranhamente definida por aqui como "kit alimento". E não havia o suficiente para tantas demandas. O trabalho consistia em atender telefonemas, anotar demandas e fazer inúmeras solicitações. Não falávamos sobre o que se passava. Não havia leituras críticas ou reflexões conjuntas sobre o que estava ocorrendo. Era só uma doença que estava por aí.

As imagens do período são marcantes. Os profissionais da linha de frente, produzidos no imaginário da população, não incluíam os trabalhadores do CRAS que estavam todos os dias atendendo as pessoas. Nem o motorista de ônibus, muito menos as profissionais do sexo que eu encontrava pelo caminho saindo de um *night club* perto do meu local de trabalho. Os heróis eram os médicos, sempre rodeados por equipes de pessoas vestindo branco, já de posse de seus protocolos e equipamentos de segurança. Talvez tenha se criado uma percepção de restrição da pandemia aos lugares reconhecidos como da doença, os equipamentos de saúde, em contraste com a vida de trabalho em outros lugares que era necessária para sustentar as coisas funcionando; ou a percepção de que o vírus pudesse ser relativizado em outras operações do cotidiano como ir a diversos comércios, festas, jogar bola com os amigos ou inventar colorações e critérios para classificar os riscos dos diversos municípios em função de óbitos e ocupações de leitos hospitalares, de forma confusa e manipulável, como se fez no estado de São Paulo...

Lembro-me de um vídeo feito por profissionais de um Núcleo de Apoio ao Programa Saúde da Família (Nasf), que teve muito alcance no Facebook. Uma equipe, ocupando o mesmo espaço e sem máscaras, dançava um funk pedindo para as pessoas não irem ao equipamento de saúde, pedindo para ficarem em casa. Todos de avental branco com o nome de uma organização social do terceiro setor, com sorriso no rosto e parecendo disputar quem conseguia melhor requebrar ou ser engraçado. Parecia inacreditável, mas essa era a linha de frente. Uma dança macabra, absolutamente contraditória ao risco que alardeavam ao ponto de tentar convencer as pessoas a não saírem de casa, considerando-se o perigo de contágio, mas por outro lado sem máscaras e sem noção do que estava por vir. Em contraste, os profissionais de outras políticas e serviços públicos foram se tornando invisíveis. O cansaço, o medo, as preocupações... Uma série de sensações que ultrapassavam os profissionais da saúde. Mas não quero reclamar aqui o lugar de profissional de linha de frente ou que serviços socioassistenciais permanecessem fechados durante a pandemia, mas é importante lembrar que as linhas de frente ao enfrentamento da pandemia foram várias. Parece pouco cabível que se tente convencer uma pessoa a não buscar atendimento numa Unidade Básica de Saúde (UBS), CRAS ou qualquer serviço público essencial durante uma pandemia. Quero deixar claro aqui que entendo os serviços públicos como os lugares, ou os produtores de lugares, de acolhimento, atenção e enfrentamento de riscos, ainda mais em situações como essa.

Quinta legenda

Os primeiros dois meses se passaram e fomos descobrindo jeitos de manter a proteção mínima para fazer as coisas. Decorrido esse período, participamos de uma palestra com uma profissional da saúde para nos explicar aquilo que já sabíamos. A mensagem da capacitação soava um tanto negacionista.[10] Havia

---

10 O negacionismo sobre o qual se faz referência é o científico. Caponi (2020) o define como: "a uma crescente aceitação social do negacionismo científico e à desconsideração

afirmações de que a pandemia não era "tudo isso" e que se não sobrecarregasse os hospitais não haveria tantos problemas. A própria palestra ocorreu em local com pouco distanciamento social, muita gente aglomerada, embora em área livre. Acho que de fundo estava a tentativa de convencer a todos de que não havia riscos nos fazeres nos diversos equipamentos, sem qualquer diretriz clara sobre como exercer o trabalho em um momento de pandemia, para o qual não tínhamos informações o suficiente.

A ordem era não aglomerar, mas os equipamentos de assistência social se mantiveram abertos, com restrição da quantidade de pessoas na sala de espera, controlada por agendamentos feitos por telefone ou na recepção. Diante dessa possibilidade a população compareceu com suas demandas, inclusive, em números maiores que os corriqueiros. Então chegaram as cestas básicas no CRAS. Havia fome nos territórios e uma eleição municipal a ser disputada. E muita gente com fome... Muita. Mas para ter acesso à cesta básica, o nome da pessoa demandante deveria constar em uma estranha lista fornecida pelo governo estadual, lista que compunha o Programa Alimento Solidário,[11] que segundo o governo fora elaborada com base no Cadastro Único. Ocorre que os dados pareciam desatualizados, pois muitos telefones já não existiam, havia pessoas falecidas ou que já não moravam mais no endereço mencionado na lista fornecida. Tudo isso fazia com que as pessoas voltassem para casa com as "mãos abanando", enquanto as cestas ficavam amontoadas no pouco espaço disponível que tínhamos.

---

de argumentos racionais em diversos âmbitos, desde o terraplanismo até a condenação à mal chamada ideologia de gênero, passando pelo criacionismo e pela rejeição às ciências humanas e sociais". Suas consequências podem ser diversas, mas seguramente se percebe uma maior exposição aos riscos em situações como a pandêmica, a partir do estímulo à não adoção de estratégias de proteção. Há uma verdadeira complexidade de características na produção do negacionismo científico: (i) identificação de conspirações; (ii) uso de falsos experts; (iii) seletividade, focalizando em artigos isolados que contrariam o consenso científico (*cherry-picking*); (iv) criação de expectativas impossíveis para a pesquisa; e (v) uso de deturpações ou falácias lógicas, conforme apontam Camargo Júnior e Coeli (2020).

11   O Programa Alimento Solidário foi criado pelo governo do estado de São Paulo com a finalidade de garantir a saúde alimentar de milhares de famílias, a partir de parcerias com empresas privadas. Tem como meta distribuir um milhão de cestas básicas em todo o estado de São Paulo.

Diversas epidemias estavam ocorrendo no Brasil, nos distintos territórios e realidades: fome, desemprego, falta de moradia, isolamento... As diferenças territoriais impuseram essas distintas realidades, seja pelas disparidades entre áreas mais incluídas e com melhor acesso a serviços públicos e privados e áreas mais periféricas e com maior exclusão. Como se mencionou, a crise atual revelou uma pandemia de fome, do aumento da violência contra a mulher, da falta de moradia, até do aumento das intolerâncias religiosas e contra grupos ditos minoritários, como migrantes, negros, LGBTQIA+. Presenciou-se situações de humilhação de entregadores, afrontas racistas a trabalhadores da parte de consumidores que se recusavam a usar máscaras em determinados estabelecimentos, dentre outros.[12] Inclusive um termo começou a ser utilizado para traduzir essa amplitude: sindemia. Segundo Frei Betto (2021), "sindemia significa que a doença infecciosa não pode ser encarada isoladamente. Ela se entrelaça com fatores sociais, políticos e econômicos, como desigualdade social, distribuição de riqueza, acesso a bens essenciais, como moradia e saneamento". Porém em alguns contextos parecia que a pandemia de covid-19 era uma coisa única, vivida de forma única e em condição de igualdade por todos.

Nessa perspectiva de uma ameaça biológica igual para todos, nós aprendemos seus sintomas, que se assemelham aos de uma gripe, devendo-se prestar atenção a eventuais agravos de complicações respiratórias. No entanto, dos tantos sintomas atribuídos ao vírus nesses tempos, um sintoma pouco descrito ou percebido foi a cegueira, afinal, a produção de uma heroica linha de frente composta por médicos e alguns profissionais de saúde invisibilizou tantas pessoas e trabalhos que sustentaram serviços e operações necessárias para o viver. Invisibilizaram-se também as desigualdades: as desigualdades de riscos de contágio e de morte, as desigualdades frente às possibilidades de se ficar em casa, as desigualdades de acesso a serviços e benefícios, as desigualdades estruturais de um país em que a miséria não para de crescer. Em matéria da

---

12   Um caso que ganhou repercussão foi o de um desembargador que humilhou um guarda civil na cidade de Santos, após ser multado por ele por andar sem máscara na orla. O desembargador tentou se recusar a receber a multa, rasgou e jogou no chão na frente do guarda e ligou para uma autoridade do governo do estado reclamando da conduta do trabalhador (Lima, 2020). Detalhe da cena, embora não se caracterizando como afronta racial, era tratar-se de um desembargador branco e um guarda negro.

BBC realizada por Juliana Gragnani (2020) intitulada "Por que o coronavírus mata mais as pessoas negras e pobres no Brasil e no mundo", a jornalista vai descrevendo situações que estampam como a pandemia copiou o padrão das desigualdades sociais ao fazer suas vítimas. Os mais vulneráveis vitimizados são trabalhadores da linha de frente, de serviços essenciais e pessoas que têm maior dificuldade para acessar serviços públicos.

Sexta legenda

Pandemia reconhecida e instalada, em outra manhã o ônibus custou para vir. Eu chegaria atrasado com certeza. Quando chegou ao ponto, estava lotado e não havia lugar para sentar, mesmo diante da informação da prefeitura da capital de que os coletivos não circulariam com pessoas em pé ou com todos os assentos ocupados. Nas tentativas e erros, coisa de gestão, um estranho rodízio só fez piorar as coisas para os usuários do sistema. O rodízio estipulava, inicialmente, que os veículos particulares com placas de final par só poderiam circular nos dias pares e os de final ímpar, nos dias ímpares. Consequentemente, em plena a pandemia, o trânsito era intenso. Pelas ruas, muita gente sem máscara. E eu me sentia uma pessoa com sorte: sorte de não ter me contaminado.

Reuniões com trabalhadores passaram a acontecer frequentemente no CRAS. Era como se não houvesse uma pandemia. Eram rodas de conversa com dinâmicas de grupo já batidas, mas experimentadas como novidade, como algo diferente, como uma reunião em que se queria falar de cooperação e as pessoas precisavam jogar um novelo de barbante para outro participante e manter-se segurando uma ponta deste, formando uma teia, para falar da interdependência das pessoas. O emaranhado de fios ligando as pessoas me fez pensar na dinâmica de contágios por vírus. Talvez a reunião trouxesse pouca novidade conceitual e falasse mais das pessoas ali reunidas, de seus desejos, medos, carências e negacionismos.

O tempo passou dentro dessa pandemia. Aos poucos o assunto passou a ser uma segunda onda de contaminação iniciada pela Europa e a perspectiva da chegada das vacinas. Pelo menos uma vez me vi chegando ao ponto de ônibus e a condução estar de partida. Corria atrás do coletivo, mas ele partia como se eu estivesse afrontando um sistema de transporte impecável. Foram dias para chegar atrasado e para pensar no tal trem da história. Acho que perdemos.

Atendimentos individuais se acumulando, máscaras bem ajeitadas nos queixos dos atendidos, o que nos obrigava ao apelo de ajustá-las ao entrarem nas salas, cobrindo devidamente o nariz e a boca. Na gestão dos serviços, a ameaça e o ensaio do retorno de atividades coletivas. Um desespero diário.

Um dia alguém avisou que não poderia trabalhar, porque um familiar testou positivo para covid. A informação foi ocultada de todos os trabalhadores para preservar a privacidade de alguém que simplesmente desapareceu do trabalho. E os riscos coletivos após reunir as pessoas, manter os atendimentos em números elevados e a convivência das pessoas em momentos de refeições?

Outra vez uma pessoa de alto cargo da gestão reuniu todos os trabalhadores em uma roda de conversa. Falava dos riscos da pandemia e resolveu tirar as máscaras para demonstrar que estava usando duas, seguindo falando, sem elas, para explicar como estava bem protegida. A vontade é sempre de sair correndo.

Essas legendas traduzem o quanto a percepção de risco e exposição de quem está na linha de frente foi relativizado. Essa relativização parece conformar a vida e suas operações cotidianas a um corriqueiro, quase um pacto entre trabalhadores e usuários nessa "covidização" da vida (Beiguelman, 2020). Covidização que circunda entre permanecer sob controle em casa ou desaparecer entre os números das vítimas.

Sobre a pandemia e as desproteções: provocações finais

Aldaíza Sposati (2020) apresenta alguns questionamentos aos assistentes sociais que atuam na política de assistência social a partir de um texto produzido como síntese de uma enquete feita com esses profissionais pelo Núcleo de Estudos e Pesquisa sobre Profissões e Instituições (NEPPI), do Departamento de Serviço Social (DSS) da Universidade Federal de Santa Catarina (UFSC), em parceria com o Comitê SUAS/SC – Covid-19: em defesa da vida!. Parte dos questionamentos podem ser estendidos aos diversos profissionais que atuam nas políticas públicas, principalmente nesses tempos de pandemia.

Uma de suas constatações é a de que continuam pouco claros entre trabalhadores do SUAS o conteúdo e a direção social de seu trabalho. Decidi partir desta constatação, com a qual eu "concordo", para desenvolver esta última seção do texto. Mas tal constatação precisa comparecer aqui como uma pergunta: afinal, o que se faz na assistência social? E, mais ainda, o que se faz em tempos de pandemia?

Em geral, ouve-se que é na atuação desta política que se efetivam direitos sociais das pessoas. Mas de que direitos falamos que não extrapolam a ideia de suprir uma emergência de alimentação e o direcionamento para o mercado de trabalho (quando as taxas de desemprego chegam a 14% da população ativa), em uma lógica disfarçada de que se está lidando com gente ociosa e que não se esforça? E quando a garantia de uma cesta básica muitas vezes se recoloca mais como um assistencialismo do que como um real reconhecimento de um direito e de uma consequente leitura de uma realidade de retirada da dignidade humana, que esses tempos estão conferindo às pessoas, de modo particular aos pobres?

Por aí passa a sentença de ficar em casa. As duas primeiras legendas revelam vidas de pessoas que quase não conseguem ter o direito de morar (Santos, 2007) e que de sobra mantêm as coisas funcionando em trabalhos que nem percebemos dos enclaves fortificados (Caldeira, 2000) de nossas casas. Pelo texto de Aldaíza, percebi a importância da pergunta sobre as desproteções e a gestão de risco. E essa questão também deve estar nos nossos horizontes. Quais desproteções se desvelaram nesses tempos? Desproteções associadas às desigualdades, às invisibilidades e à tentativa de uma gestão da vida, que inclusive desconsidera as territorialidades e as identidades constituídas a partir dos lugares de vida.

A "coronavida", metáfora desses tempos de "novo normal", descrita e problematizada por Giselle Beiguelman (2020), faz pensar na bestialidade desses tempos, na desumanidade das relações, que parecem ganhar destaque. Afinal, que humanidade estamos a produzir?

Termino com uma pergunta feita por uma amiga que leu e criticou esse texto em seu processo de construção: como teria sido se não fosse assim? Uma pergunta candente de respostas a serem forjadas.

Referências

Agamben, G. (2010). *Homo sacer: o poder soberano e a vida nua I*. 2a ed. Belo Horizonte: Editora UFMG.

Amaro, S. (2003). *Visita domiciliar: guia para uma abordagem*. Porto Alegre: AGE.

Barros, O. (2012). O 'novo normal'. *Valor*. Recuperado de: https://valor.globo.com/eu-e/coluna/o-novo-normal.ghtml.

Beiguelman, G. (2020). A pandemia das imagens: retóricas visuais e biopolíticas do mundo covídico. *Revista Latinoamericana de Psicopatologia Fundamental, 23*(3), 549-563.

Betim, F. (2020). Sem ações específicas, 86% dos moradores de favelas vão passar fome por causa do coronavírus. *El País*. Recuperado de: https://brasil.elpais.com/sociedade/2020-03-28/sem-acoes-especificas-86-dos-moradores-de-favelas-vao-passar-fome-por-causa-do-coronavirus.html.

Caldeira, T. P. R. (2000). *Cidade de muros: crime, segregação e cidadania em São Paulo*. São Paulo: Editora 34/Edusp.

Camargo Jr., K. R., & Coeli, C. M. (2020). A difícil tarefa de informar em meio a uma pandemia. *Physis: Revista de Saúde Coletiva, 30*(2).

Caponi, S. (2020). Covid-19 no Brasil: entre o negacionismo e a razão neoliberal. *Pandemia pela Covid-19 – Estudos Avançados, 34*(99).

Certeau, M. (1998). *A invenção do cotidiano: artes do fazer*. 3a ed. Petrópolis: Vozes.

Custódio, R. (2016). O passado que assombra o sistema de Justiça paulista. *El País*. Recuperado de: https://brasil.elpais.com/brasil/2016/05/11/opinion/1462995958_330424.html.

Fassini, D. – OFM. (1993). *Legenda dos Três Companheiros: iniciação à vida religiosa e franciscana*. São Paulo: Edições Loyola.

Gragnani, J. (2020). Por que o coronavírus mata mais as pessoas negras e pobres no Brasil e no mundo. *BBC*. Recuperado de: https://www.bbc.com/portuguese/brasil-53338421.

Koga, D. (2003). *Medidas de cidades: entre territórios de vida e territórios vividos*. São Paulo: Cortez.

Lima, I. (2020). Desembargador humilha guarda após multa por não usar máscara em SP: 'Analfabeto'. *G1*. Recuperado de: https://g1.globo.com/sp/santos-regiao/noticia/2020/07/19/desembargador-humilha-guarda-apos-multa-por-nao-usar-mascara-em-sp-analfabeto.ghtml.

Santos, M. (2007). *O espaço do cidadão*. 7a ed. São Paulo: EdUSP.

Sposati, A. (2020). *SUAS e trabalho profissional: a/o trabalhadora/or assistente social*. Núcleo de Estudos e Pesquisa sobre Profissões e Instituições (NEPPI), Departamento de Serviço Social (DSS), Universidade Federal de Santa Catarina (UFSC). Recuperado de: https://suassccovid19.files.wordpress.com/2020/08/suas_trabalhoprofissional_aldaiza_vfinal-1.pdf.

5. Os nós históricos entre a invisibilização das mulheres e a violência doméstica no contexto pandêmico

Bianca Lopes Saggese[1]

> *A noite não adormece*
> *nos olhos das mulheres*
> *a lua fêmea, semelhante nossa,*
> *em vigília atenta vigia*
> *a nossa memória.*
>
> *A noite não adormece*
> *nos olhos das mulheres*
> *há mais olhos que sono*
> *onde lágrimas suspensas*
> *virgulam o lapso*
> *de nossas molhadas lembranças.*
>
> "A noite não adormece nos olhos das mulheres",[2]
> de Conceição Evaristo (2017, p. 26)

---

1 É psicóloga (Universidade do Estado do Rio de Janeiro – UERJ) especialista em Psicologia Jurídica (UERJ) e Saúde da Família (Escola Nacional de Saúde Pública Sergio Arouca – Ensp, da Fiocruz. Atualmente é mestranda em Saúde Pública (Ensp/Fiocruz), no eixo de Sociedade, Violência e Saúde. Tem dedicado sua atuação e sua pesquisa principalmente aos temas que envolvem psicologia clínica, cuidado em saúde, impactos da violência, gênero e interseccionalidade. Contato: bia.saggese@gmail.com.
2 Poema em homenagem à memória de Beatriz Nascimento, mulher negra, historiadora e ativista dos direitos das mulheres e da população negra assassinada em 28 de janeiro de 1995 por defender uma amiga que sofria violência doméstica.

Os impactos da pandemia causada pela covid-19 vão além da contaminação viral e não se distribuem de forma linear, ou seja, não atingem todos os grupos da mesma maneira. A premissa inicial de que estaríamos no mesmo barco naufragou diante dos altos índices de desemprego, da sobrecarga dos serviços públicos de saúde e dos conflitos domiciliares, por exemplo. O distanciamento social, indispensável para o controle da disseminação do vírus e visto como uma tática de proteção, ao mesmo tempo pode acentuar outras vulnerabilidades preexistentes, como a de mulheres que vivem com parceiros violentos, principalmente quando cruzadas com recortes raciais e de classe (Barbosa et al., 2021). Não à toa, o possível aumento da violência doméstica é um dos assuntos em voga desde o início da pandemia.

A Rede de Observatórios da Segurança (Ramos, 2021) demonstra que, em 2020, as notícias sobre feminicídios e violências contra mulheres ocuparam o terceiro lugar nos meios de comunicação e redes sociais de cinco estados brasileiros: Bahia, Ceará, Pernambuco, Rio de Janeiro e São Paulo. Tal monitoramento apontou a média diária de cinco casos, sendo que, em sua maioria (58%), os agressores tinham relação com a vítima – eram maridos, namorados ou ex-parceiros – e 41% das ocorrências foram após desentendimentos ou término do relacionamento. Com isso, é válido refletir sobre a dinâmica das relações íntimas que perpetram a violência e que, invariavelmente, tem sido afetada pelo contexto pandêmico.

As medidas restritivas diminuíram o acesso e a oferta da rede de apoio às vítimas de violência doméstica (Vieira et al., 2020) e alteraram o funcionamento dos serviços mais essenciais, direcionando um caráter emergencial aos atendimentos da covid. Contudo, os episódios violentos não deixaram de acontecer e podem estar mais recorrentes, sem que sejam percebidos. Diante do convívio maior com agressores e menor com amigos/as e familiares, as mulheres se viram mais distantes da possibilidade de sair de relacionamentos abusivos e buscar suporte, proteção e acolhimento em outros espaços. Ainda, reflexos da covid-19, como o medo da contaminação, a alta carga de estresse, a instabilidade econômica e o aumento do consumo de bebidas alcoólicas e/ou outras substâncias, alertam para a manutenção e o agravo dos casos (Marques et al., 2020).

Em um cenário de tamanha complexidade, o presidente brasileiro declarou, ainda em março de 2020, que "tem mulher apanhando em casa. Por que isso? Em casa que falta pão, todos brigam e ninguém tem razão. Como é que acaba com isso? Tem que trabalhar, meu Deus do céu. É crime trabalhar?" (Brandalise, 2020). Esse foi o argumento usado em uma defesa escancarada do "fim do isolamento social" e da reabertura do comércio e serviços, como forma de também lidar com o aumento da violência contra mulheres. A farsa de uma preocupação real com a situação dessas mulheres mostra-se tão violenta quanto suas vidas dentro de casa, já que, conforme Campos, Tchalekian e Paiva (2020), quando um governante expõe determinada fala com teor sexista e machista, acaba por banalizar este tipo de violência. E, conforme Monteiro et al. (2020), o aprofundamento da crise gerenciado por discursos autoritários e misóginos pode mascarar não só o fato de mulheres serem mortas desde antes da quarentena, mas também os fatores que potencializam esses afetos.

Dessa forma, é importante considerar que o isolamento social não tem a capacidade, por si só, de incitar comportamentos violentos entre as pessoas que moram juntas ou possuem algum vínculo afetivo. Olhar para esse fenômeno como uma simples relação de causa-efeito pode encobrir sua histórica invisibilização e sua associação com as dificuldades da rede de proteção e apoio às mulheres em situação de violência, anteriores à covid-19 (Barbosa et al., 2021). Para ilustrar a magnitude do problema no Brasil, o *Atlas da Violência* (IPEA, 2020) mostra que uma mulher é assassinada a cada 2 horas, 4 meninas são estupradas por hora e a cada 2 minutos é registrado um relato de violência doméstica.

As pesquisas enfatizam que estar em um relacionamento afetivo pode envolver mais medo do que segurança, mais dor do que amor e muitas das mortes poderiam ser evitadas porque, em grande parte, encerram um percurso de violências inscritas no cotidiano do casal que nunca foram levadas ao sistema de justiça (Ramos, 2021). Estas são manifestadas de maneira física, psicológica, sexual, patrimonial e moral e, dependendo da gravidade e frequência, podem ser letais, sendo comum que aconteçam simultaneamente (Saffioti, 2011).

Aliás, a maioria das brasileiras têm sua vida retirada por uma pessoa conhecida, geralmente cônjuge ou ex-cônjuge, e dentro de sua própria casa, especialmente as mulheres negras (IPEA, 2020; Ramos, 2021). Pessoas que tiveram sua trajetória marcada, traumatizada e interrompida pelo fato de serem mulheres e que, desde crianças, são expostas à maior probabilidade de serem vitimizadas por violência doméstica e intrafamiliar (Mandelbaum, Schraiber & D'Oliveira, 2016).

Na última década, a Organização Mundial da Saúde (OMS, 2010) publicou uma revisão bibliográfica sobre a violência por parceiro íntimo e violência sexual perpetrada por homens contra mulheres e identificou uma significativa relação entre presenciar ou sofrer violência na infância e experienciar situações violentas na fase adulta. No entanto, experimentá-las enquanto agressor ou vítima é determinado pelos elementos culturais, que dão maior possibilidade à violência intrafamiliar baseados na diferença de gênero, estabelecendo que as mulheres têm maior risco de sofrer agressões e os homens, de praticá-las (Mandelbaum, Schraiber & D'Oliveira, 2016).

Passados oito anos, a ONU desenvolveu um estudo que classificou a casa como o lugar mais perigoso para as mulheres (Brasil, 2020b), o que nos leva a inferir que o isolamento social não é quem motiva ou promove a violência. Todavia, pode favorecer uma reflexão mais crítica do tema se for visto como um analisador histórico que evidencia as desigualdades preexistentes (Barbosa et al., 2021), tornando imprescindível um panorama interseccional que não universalize as experiências de viver e morrer das mulheres. A tentativa de anular esses atravessamentos de raça, classe, identidade de gênero, idade, orientação sexual, dentre outros, é um apagamento histórico a ser desvelado, sobretudo no contexto de precarização dos serviços de saúde observado na pandemia.

Segundo a teórica do feminismo negro Kimberlé Crenshaw (2002), a categoria de gênero possui intersecções com outras identidades que contribuem para a vulnerabilidade particular de diferentes grupos. Ao conceituar o termo interseccionalidade, o define como a interação entre os sistemas de opressão responsável pelas desigualdades básicas que estruturam os lugares que as mulheres, as raças e as classes ocupam socialmente. Assim, a análise interseccional da violência pode não apenas impedir a reprodução do silenciamento de determinadas mulheres (Barbosa et al., 2021), mas também salvar vidas. Inclusive porque estudos mais recentes apontam que o acesso à saúde está estritamente ligado à articulação entre racismo, sexismo e condições socioeconômicas e que mulheres negras possuem menor acesso à rede de proteção à violência em comparação às mulheres brancas (Santos, 2017; Goes & Nascimento, 2013).

O *Atlas da Violência* (IPEA, 2020) mostra que, apesar de os assassinatos femininos terem reduzido 8,4% entre 2017 e 2018 no Brasil, as mulheres negras foram as vítimas em 68% das vezes e viram um crescimento de 12,4% na taxa de homicídios de 2008 a 2018, enquanto entre as não negras houve uma redução de 11,7%. Essa abissal diferença aponta a urgência de uma análise interseccional que considere o cruzamento do racismo com o sexismo no desfecho da violência.

Do mesmo modo, identifica-se a necessidade de combater a inconsistência dos dados brasileiros sobre o perfil das vitimizadas, posto que dez estados não disponibilizaram a informação sobre raça de forma completa (sete não deram nenhuma informação e três apenas números parciais), no primeiro semestre de 2020. Neste montante, as mulheres negras representaram 73% das assassinadas; 51% das que sofreram lesão corporal em ambiente doméstico e 52% das que foram estupradas (Velasco et al., 2020). Desde a década de 1990, existem normas que orientam o preenchimento do quesito raça/cor nos sistemas de informação do Sistema Único de Saúde (SUS) e que se tornou obrigatório em 2017 com a Portaria n. 344 do Ministério da Saúde, mas que permanecem escamoteadas. Consequentemente, os registros ficam defasados e comprometem uma produção estatística de qualidade que oriente ações e políticas de enfrentamento à desigualdade racial no âmbito da violência contra as mulheres.

Nesse sentido, a proposta do texto é analisar como a constatação de um aumento da violência doméstica contra a mulher na pandemia pode ajudar a dar visibilidade, questionar e combater esse fenômeno estrutural e/ou, ao mesmo tempo, naturalizar, banalizar e subverter o que seria a causa dessa problemática, anterior à pandemia. Para isso, partiremos de uma breve contextualização sócio-histórica e de uma abordagem feminista interseccional para refletir de que forma a pandemia de covid-19 expõe ou vela o problema. Considerando que já sofri, e sei que ainda posso sofrer, violência por ser reconhecida socialmente como mulher, escrevo em primeira pessoa do plural em alguns trechos porque esse tema atravessa diretamente a elaboração das minhas experiências e relações, até mesmo enquanto psicóloga e pesquisadora da saúde.

Afinal, o que os números (des)velam sobre nossos destinos?

O repentino aumento dos casos de violência doméstica no início da quarentena funcionou como um alerta mundial: na Espanha, o canal de emergência para violência recebeu 18% mais ligações nas duas primeiras semanas de quarentena comparativamente ao mês anterior; a França teve aumento de cerca de 30% de registros pela polícia em todo o país, e o Reino Unido aumentou em 65% os telefonemas para o serviço nacional de denúncia (Aguilar, 2020).

No Brasil, foi registrado o crescimento de 14,12% das denúncias nas plataformas do Disque 100 e Ligue 180 nos quatro primeiros meses de 2020 em comparação a 2019 (Brasil, 2020a), com destaque para o aumento ocorrido nos meses de março (17,89%) e abril (37,58%), justamente durante a primeira fase das medidas de isolamento social, e para o aumento de 22,2% no número de assassinatos em doze estados brasileiros. Em contrapartida, muito possivelmente pela dificuldade da ida presencial até às delegacias, houve uma redução média de 25,5% nos boletins de ocorrência de lesão corporal dolosa decorrente de violência doméstica (FBSP, 2020; Velasco et al., 2020).

A interpretação desses dados tem sido uma árdua tarefa para pesquisadores/as e especialistas, prevalecendo a suspeita de que a subnotificação, elemento histórico que mascara a real dimensão da violência contra as mulheres, esteja ainda mais forte no contexto pandêmico (FBSP, 2020; Ramos, 2021). A variação observada entre março/abril se manteve ao longo do primeiro semestre de 2020: os homicídios subiram 2% em comparação ao ano anterior enquanto os registros oficiais de lesões corporais no contexto de violência doméstica, estupros e estupros de vulneráveis reduziram 11%, 21% e 20%, respectivamente (FBSP, 2020; Velasco et al., 2020).

Sob esta ótica, seria leviano supor uma simples redução nas ocorrências porque além da preocupação sanitária, das restrições de locomoção e da falta de acesso a dispositivos assistenciais e jurídicos, a sobrecarga com o trabalho doméstico e a crise financeira também são fatores que dificultam a procura por auxílio em caso de violência.

Mulheres de famílias em vulnerabilidade social, que moram de forma aglomerada em poucos cômodos, sentem-se mais impotentes e com menos chances de denunciar com segurança, conforme apontado por Marques et al. (2020). Há de se considerar, ainda, os sentimentos ambíguos de pena, amor e ressentimento pelos agressores, além da preocupação com filhos e com o que pode acontecer após denunciá-los (como novas retaliações). Logo, a tensão entre manter ou terminar o relacionamento envolve um grande desgaste físico e emocional que compromete, dia a dia, sua qualidade de vida.

À primeira vista, é usual questionar por que não denunciam seus agressores já que os canais de denúncia têm sido cada vez mais disseminados no ambiente virtual[3] (Vieira, Garcia & Maciel, 2020). Entretanto, mesmo com a expansão dos serviços online, os números parecem estar subestimados indicando um hiato sobre o que, de fato, acontece após um episódio de violência.

Lamentavelmente, discursos misóginos que afirmam que as mulheres continuam com abusadores porque "gostam de apanhar" ou porque "não sabem se impor" descartam a força do patriarcado[4] na violência de gênero contra as mulheres, que está associada a discriminação, subordinação e desvalorização que sofrem, para além de agressões físicas ou sexuais. Diferentemente da praticada contra os homens, é mais sistemática, repetitiva e se (re)produz com práticas opressivas e degradantes atreladas a valores culturais, de tal forma que habitualmente mulheres esperam sofrer tais agressões, como se este fosse seu destino de gênero. Ainda, os papéis hegemônicos de gênero, o

---

3   Plataformas digitais dos canais de atendimento da Ouvidoria Nacional de Direitos Humanos (ONDH): o aplicativo Direitos Humanos BR e o site ouvidoria.mdh.gov.br permitem ser acionados tanto pelas vítimas quanto por terceiros e incluir conteúdos relativos aos registros de violência, como fotos e gravação de áudios e vídeos.

4   Segundo Heleieth Saffioti (2011), patriarcado "é o regime da dominação-exploração das mulheres pelos homens" (p. 44), o qual que precisa ser compreendido como uma categoria que sofreu modificações ao longo da história da humanidade, atravessando as sociedades de modo geral.

desejo em preservar a sacralidade da família e a repressão social, sobretudo motivada por crenças religiosas, contribuem para a manutenção desses relacionamentos. Trata-se, portanto, de efeitos de uma estrutura patriarcal, que possibilita a "naturalização" da superioridade masculina e a tutela machista sobre o corpo feminino (Costa & Anjos, 2019; Mandelbaum, Schraiber & D'Oliveira, 2016; Saffioti, 2011).

Em nível macro, as repercussões também podem ser vistas com o baixo investimento público em políticas protetivas, como no caso brasileiro. Até setembro de 2020, o Ministério da Mulher, da Família e dos Direitos Humanos[5] utilizou apenas metade da verba disponível para proteção à mulher e igualdade de direitos, além de a pasta sofrer um corte de 25% nos recursos para o ano de 2021 (Rezende & Resende, 2020). Com isso, romper com o silêncio se torna uma difícil escolha diante de padrões sexistas e de uma rede de acolhimento precarizada e insipiente, ainda mais fragilizada durante a pandemia. Deslocadas em uma sociedade que produz, consume e mercantiliza conteúdos que propagam a cultura do estupro (Souza, 2017) e nos tem como "apêndices" dos grupos familiares a que somos confinadas (Saffioti, 2011), muitas vezes a resposta à violência é seguirmos desamparadas e sem compartilhar, ou mesmo mudar, nossas histórias.

Dessa maneira, a correlação reducionista entre aumento da violência doméstica e maior tempo com o agressor serve à naturalização da questão e desvia o foco de práticas tutelares arraigadas socialmente que não fazem parte de um fenômeno surgido na pandemia. É sabido que o distanciamento social limitou as atividades extradomiciliares, mas um dos nós cruciais é questionar se o risco aumentou ou sempre esteve ali. Ao contextualizarmos historicamente a situação, encontramos pistas de que ele está entrelaçado nos desdobramentos

---

5   A Secretaria de Políticas para as Mulheres da Presidência da República foi criada em 2003 e tinha status ministerial para a defesa dos direitos das mulheres. Em 2015, foi unificada com as secretarias de Políticas de Promoção da Igualdade Racial e de Direitos Humanos. Com a entrada de Michel Temer, em 2016, a pasta foi extinguida e recriada no ano seguinte sob o nome de Ministério dos Direitos Humanos. Em 2019, foi novamente modificado sob título de Ministério da Mulher, da Família e dos Direitos Humanos, e tem apresentado uma série de controvérsias internas, como a nomeação de representantes que seriam contrários aos direitos defendidos pelo Ministério.

da assimetria de poder entre homens e mulheres, que serão abordados a seguir.

As repercussões da (des)igualdade entre os gêneros e a violência contra as mulheres

O termo *violência de gênero* compreende "toda e qualquer forma de agressão ou constrangimento físico, moral, psicológico, emocional, institucional, cultural ou patrimonial, que tenha por base a organização social dos sexos" (Sardenberg, 2018, p. 79). Considerando que ela é direcionada contra determinadas pessoas em virtude do sexo ou da orientação sexual, é essencial compreender suas bases inscritas no sistema patriarcal dominante, que determinará que as mulheres sejam o grupo mais vitimizado por este tipo de violência (Sardenberg, 2018; Saffioti, 2011). Partindo desta noção e da gravidade do fenômeno, o presente momento nos convoca a refletir como a pandemia incidiu sobre as mulheres no ambiente doméstico e de que modo podemos analisar os dados a fim de expandir sua problematização.

A cartilha *Global Rapid Gender Analysis on covid-19* (Care International, 2020) afirma que as emergências de saúde pública impactam de forma distinta as populações, principalmente em virtude dos papéis sociais de gênero, e recomenda iniciativas que abordem esta temática para respostas sanitárias mais duradouras. Tal desigualdade pode ser percebida, por exemplo, na relação com a carga do trabalho doméstico. Durante a pandemia, as mulheres ficaram ainda mais sobrecarregadas com a interrupção de serviços escolares e outros dispositivos complementares que atuavam como mediadores de seu tempo no cuidado de crianças e pessoas idosas (ONU Mulheres, 2020).

Na manutenção da hierarquia entre quem pode mandar e quem deve obedecer, a desigualdade entre homens e mulheres constituiu-se por meio de discursos políticos, econômicos e científicos que naturalizavam a inferioridade feminina pela diferença sexual biológica e, concomitantemente, determinavam sua posição de subalternidade nas relações íntimas e sociais (Saffioti, 2011; Lugones, 2014). Entretanto, elas também são atravessadas por demais eixos de dominação, como raça e classe, (re)produzidos dentro do sistema de produção capitalista, onde o patriarcado estabilizou a apropriação não só do trabalho das mulheres, mas também da sua capacidade sexual e reprodutiva. Angela Davis (2016) salienta que foi lucrativamente interessante para o capitalismo que elas fossem responsáveis pelo cuidado familiar, principalmente porque as mulheres escravizadas assumiam prioritariamente estas atividades sem a devida remuneração. Ou seja, a partir da racialização dos corpos, as mulheres brancas foram ocupando o lugar de "donas de casa", frágeis, enquanto as mulheres negras foram associadas à maior exploração econômica e à violação física e sexual de seus corpos, ao longo da história.

Dito isso, para não correr o risco de reproduzir visões limitadoras e excludentes, ressalto uma análise das categorias de família e de trabalho a partir de vivências que não estão dentro do padrão eurocêntrico, branco e burguês, repleto de privilégios. Segundo Patricia Hill Collins (2016), rever tais conceitos pode favorecer a construção de um campo sociológico não distorcido ou generalista e que contemple a interligação das opressões, como gênero, raça e classe, tanto na dimensão econômica do trabalho quanto na dinâmica familiar.

Assim, recorro a referências como Angela Davis, Grada Kilomba, Patricia Hill Collins, entre outras, para dar ênfase à força do movimento feminista negro na (re)construção da identidade das mulheres no contexto público e privado e pelo maior reconhecimento em espaços políticos, econômicos e culturais. Como bell hooks (1984/2019) relembra, a princípio, a marcha revolucionária do final dos anos 1960 foi "protagonizada por mulheres que, em geral, sequer sabiam da existência umas das outras" (p. 15) e que somente dez anos depois teceram críticas mais sólidas para "desafiar a ideia de que o 'gênero' era o fator que, acima de todos, determinava o destino de uma mulher" (p. 17). Desde então, a articulação e a produção teórica de mulheres negras vêm protagonizando as discussões de gênero contemporâneas, na tentativa de problematizar os desaparecimentos históricos de suas vivências (Kilomba, 2019).

No Brasil, o fortalecimento de diferentes movimentos sociais identitários possibilitou a inclusão da pauta da violência atrelada ao gênero na saúde pública que, posteriormente, redundou na implantação da Lei Maria da Penha (LMP), considerada uma das leis mais avançadas no mundo (Santos, 2017).

A LMP dispõe que a violência doméstica e familiar contra a mulher corresponde a qualquer ação ou omissão baseada no gênero que cause morte, lesão, sofrimento físico, sexual ou psicológico e dano moral ou patrimonial, quando ocorrida no âmbito doméstico, da família, ou em qualquer relação íntima de afeto.

O fato de poder acontecer em outros espaços que não o doméstico permite reconfigurar a dimensão relacional desse tipo de violência, ou melhor, de que o sistema patriarcal não oprime somente no âmbito privado, doméstico, mas também no social dessas mulheres. Por exemplo, se considerarmos que uma parcela significativa das mulheres é violentada mesmo que não more ou sequer mantenha vínculos atuais com seus agressores, como apontam os altos índices sobre feminicídios cometidos após brigas e términos de relacionamentos (Ramos, 2021). Pensando no combate a essa violência tão enraizada socialmente, foi aprovada em 2015 a Lei do Feminicídio, que qualifica os homicídios motivados por discriminação, menosprezo ou violência doméstica associados à condição de ser mulher.

Contudo, ainda prevalece a dificuldade de dimensionar como esses assassinatos acontecem, são classificados e investigados, haja vista as práticas discriminatórias dentro de corporações policiais e da justiça. Como alternativa, Ramos (2021) propõe que aprimorar a investigação sobre as circunstâncias que envolvem os homicídios e sua relação com a violência doméstica pode contribuir para mitigar a defasagem de dados e qualificar as diretrizes de proteção e de direitos das mulheres, principalmente na crise de saúde pública pela covid-19.

Posto isso, me inquieto em pensar sobre o valor da vida das mulheres dentro de sociedades com estruturas patriarcais, racistas e colonizadoras, onde o referencial de humanidade seria o sujeito homem, branco, heterossexual, sobretudo as que estão no entrecruzamento entre diferentes marcadores sociais (Lugones, 2014; Kilomba, 2019). As reflexões de Maia (2019) acerca do conceito de "vida precária" de Judith Butler complementam a discussão, já que o valor político atribuído às vidas "potencialmente lamentáveis" se contrapõe ao descarte daquelas "obrigadas a suportar a carga da fome, do subemprego, da privação de direitos legais e da exposição diferenciada à violência e à morte" (Butler citada em Maia, 2019, p. 21). Tal análise demonstra que a precariedade das condições de viver e morrer dependem sobremaneira dos elementos estruturais políticos, econômicos, de raça, de gênero etc., que fazem reconhecer ou não a perda de uma vida.

Criadas em ambientes que educam a partir de modelos de masculinidade e feminilidade socialmente impostos, somos condicionadas a "esperar" – ou nos "preparar" – para a violência em diferentes relações e espaços (rua, casa, transporte, trabalho), enquanto resistimos pelo reconhecimento de nossas vidas, como enfatiza Catharine MacKinnon (2006/2020). Em sua impactante explanação "As mulheres são humanas?", a autora indaga sobre a ausência de elementos que comprovem, enfaticamente, a conquista dos direitos civis das mulheres na Declaração Universal dos Direitos Humanos, já que elas permaneceriam excluídas desse campo. Como exemplos, a pouca participação em cargos políticos; sua imagem vinculada a atividades de exploração sexual; a objetificação de seus corpos; maior exposição à violência doméstica e sexual; e o fato de não serem remuneradas ou sequer valorizadas pelos trabalhos desempenhados nas famílias. Tais questionamentos servem também para que analisemos de maneira crítica os avanços obtidos na legislação brasileira sobre essa temática e o que é aguardado no cenário pandêmico, onde o valor da vida tem sido cada vez mais liquidado.

Diante de tantos desafios, problematizar o risco da violência doméstica contra mulheres em um cenário permeado pela instabilidade política, social e econômica é também dialogar com a complexidade do que é ser uma mulher, quais suas funções na sociedade, e quais dimensões de poder operam sobre seus corpos. Como o gênero, as demais categorias foram construídas socialmente com o intuito de estratificar valores e posições que, até hoje, configuram uma lógica de poder patriarcal, racista e colonial que elucida o debate acerca da violência. E que, substancialmente, será mais bem compreendida se os pontos que a compõem forem observados de maneira interseccional, e não como fragmentos isolados.

De que maneira uma análise interseccional pode ajudar a desamarrar esses nós?

A análise dos marcadores sociais permite captar a construção das diferenças e desigualdades que, ao utilizar elementos como sexo, gênero, classe social e nacionalidade, validaram historicamente uma série de práticas discriminatórias envolvendo a negação de direitos civis, a violência e a humilhação de certos grupos (Salgado, 2017). Grada Kilomba (2019) fala sobre racismo generizado para enfatizar a inseparabilidade entre raça e gênero, uma vez que "construções racistas se baseiam em papéis de gênero e vice-versa, e o gênero tem um impacto na construção de 'raça' e na experiência do racismo" (p. 94), e relembra a importância de descolonizar ambas as categorias.

Em uma perspectiva semelhante, a feminista decolonial Maria Lugones (2014) desenvolve a noção do sistema colonial moderno de gênero para criticar o universalismo feminista que centraliza o foco sobre as mulheres brancas. Para ela, a interseccionalidade pode revelar que "o sistema de gênero é não só hierárquico, mas racialmente diferenciado" (p. 942).

Tanto em seu caráter estrutural quanto político, a interseccionalidade opera como uma análise simultânea das múltiplas dimensões dos sistemas de dominação que modulam as identidades. Em relação às mulheres negras, as hierarquias e opressões que sofrem podem ser facilmente reforçadas e invisibilizadas quando o racismo e o sexismo são reconhecidos apenas isoladamente, o que ajuda a compreender a diferença qualitativa das experiências da violência em comparação às mulheres brancas (Costa & Anjos, 2019).

Em consonância, o viés interseccional tende a localizar as particularidades da violência doméstica no contexto da covid-19 porque revela desigualdades historicamente invisibilizadas (Barbosa et al., 2021). Atualmente, sua dimensão estrutural é complexificada diante do entrelace entre gênero, raça e classe experienciado por mulheres, em sua maioria negras e que vivem em periferias com maior concentração de número de mortos e infectados por covid-19, onde há poucas opções de trabalhar remotamente (Campos, Tchalekian & Paiva, 2020).

A ONU Mulheres (2020) previu que as mulheres negras e pobres seriam um dos grupos mais impactados pela pandemia, não necessariamente em relação às taxas de mortalidade, mas porque trabalham em sua maioria como trabalhadoras domésticas e, consequentemente, foram dispensadas de seus serviços ou aumentaram sua jornada de trabalho dentro e fora de casa. Cabe lembrar que fatores de vulnerabilidade social como a fome, a ausência de renda e o desemprego somados à precarização de programas de proteção social e ao acúmulo de tarefas de cuidado são fatores agravantes para a incidência da violência contra as mulheres no contexto brasileiro (Campos, Tchalekian & Paiva, 2020).

Portanto, é notório que as condições de isolamento, invisibilidade e exposição das mulheres a situações de violência não são consequências diretas da pandemia, mas possuem raízes históricas (Barbosa et al., 2021). Considerar as especificidades que incidem sobre as mulheres é expandir uma vertente que tende a enquadrar as experiências como únicas e pode contribuir para políticas públicas mais equitativas e medidas de enfrentamento à violência mais eficientes (Santos, 2017; Salgado, 2017; Barbosa et al., 2021).

Estratégias que não excluam a partir da diferença e que possibilitem um olhar que enxergue a todas, as que moram em regiões mais pobres, em áreas rurais, indígenas, negras, brancas, mães, com necessidades especiais, casadas, solteiras, lésbicas, bissexuais, e tantas outras. Dessa forma, o viés interseccional nos estudos acadêmicos e epidemiológicos se torna uma alternativa de minimização dos efeitos já expressivamente sentidos por mulheres violentadas e que dificilmente são consideradas em suas especificidades.

Inclusive, podem ser observados outros "emaranhados pandêmicos" dentro dos efeitos da covid-19, por exemplo, o maior contágio e mortalidade entre a população periférica do município de São Paulo, composta majoritariamente de pessoas pretas e pardas com baixa escolaridade. Segundo pesquisadores do Instituto Pólis (Cavalcante & Nisida, 2020), existe uma séria e grave iniquidade racial e territorial na distribuição de quem está mais exposto à infecção e à probabilidade de óbito pelo novo coronavírus. Assim, o alarmante "rejuvenescimento" das mortes brasileiras abaixo de 60 anos em comparação aos demais países tem a ver não só com a faixa etária populacional de modo geral, mas com cor de pele e localização geográfica específicas (Pires, 2020). Assim, a população negra mais jovem estaria morrendo mais que o esperado em virtude da maior exposição a situações de vulnerabilidade social, como precárias condições de vida (moradia, emprego, renda) e menor acesso a serviços de saúde, que a população branca (Cavalcante & Nisida, 2020).

Dito isso, fica nítido que os impactos da pandemia não podem ser resumidos somente à mortalidade ou ao nível de transmissão do vírus, e análises como a pesquisa *Sem Parar* (SOF & Gênero e Número, 2020) ajudam a incrementar a discussão. Ela propõe a reflexão sobre o cruzamento de gênero e raça observado na pandemia, com enfoque no trabalho e nos cuidados domiciliares. Partindo da informação de que 58% das mulheres desempregadas são negras, 50% das entrevistadas relataram ter se tornado responsáveis pelo cuidado de alguém e 72% perceberam um grande aumento na necessidade de monitorar e acompanhar as atividades de quem cuidam durante a pandemia. Ou seja, elas não só passaram a negociar o tempo livre entre suas tarefas e a de outras pessoas, mas de forma mais atenta.

Ademais, quase metade (42%) das mulheres responsáveis pelo cuidado de outra pessoa não recebe o apoio externo do núcleo familiar. Nesse grupo, 54% eram negras, bem como o eram 55% das 40% que consideram que a pandemia foi prejudicial para o sustento econômico da casa, e que tinham como maior preocupação o pagamento do aluguel e de outras contas básicas. Assim, o relatório informa que muitas das entrevistadas, com destaque para as mulheres negras, estão (sobre)vivendo na escassez de dinheiro e no excesso de preocupação com outras pessoas dependentes. Enquanto uma entrevistada diz "Tem faltado dinheiro e sobrado angústias e ansiedades" (p. 48), outra contrapõe os sentidos e significados da pandemia para a classe média e para quem vive na pobreza:

> *Acho que esta pandemia vai mostrar exatamente o que ocorre no quadro social já existente, pois enquanto a classe média posta em seus Instagram como divertir uma criança, como aprender mexer com papel machê, fazer origami, receita de comida pra passar o tempo sem tédio, há pessoas que não conseguem nem manter as coisas limpas pois falta água sempre, não consegue acompanhar as aulas das crianças por não ter acesso a*

internet nem computador em casa... (SOF & Gênero e Número, 2020, p. 34)

O fato é que as disparidades sociais começaram muito antes da pandemia, pois há muito tempo já faltava saneamento básico, alimentação adequada e acesso à internet para muitas famílias, mas não podemos simplesmente naturalizá-las porque estão saltando sobre nossos olhos. O que venho a considerar como "emaranhados pandêmicos" são, portanto, as desigualdades que se entrecruzam na covid-19, aprimoram a violação básica do direito à vida e se manifestam em corpos marcados por sexo, cor da pele, territorialidade, dentre outros, e que precisam ser desveladas, assim como a violência doméstica contra as mulheres. Corpos que muitas vezes têm suas vidas interrompidas, precocemente, pela violência estrutural que domina e aniquila determinados grupos que seguem resistindo às marcas da invisibilidade impostas pelos sistemas de dominação.

Conclusões e o tecer das resistências

Como exposto anteriormente, o silenciamento da violência contra as mulheres pode tomar maiores proporções em um contexto de sobrecarga dos serviços assistenciais, acentuado, também, por outros cruzamentos pandêmicos e pela crise socioeconômica subjacente. E me refiro não somente a um silenciamento da ordem do não dito, mas dos sentidos do verbo silenciar que, de acordo com o *Dicionário Michaelis Brasileiro da Língua Portuguesa* (online), possui quatro significados: "manter silêncio a respeito de, calar-se"; "deixar de declarar ou de mencionar, omitir"; "impor silêncio a; calar"; e, na linguagem figurada, "tirar a vida a; assassinar, matar". O silenciamento dessa questão, então, é plural; lidamos com silenciamentos: de mulheres que não procuram ajuda, de serviços que negligenciam o atendimento, de forças sociais e agressores que impedem mais ou menos diretamente que busquem ajuda, e de agressores que as matam – e em um contexto social em que se deixa essas mulheres morrer.

Indubitavelmente, é urgente pensar estratégias e promover ações intersetoriais de proteção e acolhimento porque a manutenção de suas vidas depende, por exemplo, de que tenham condições dignas de saúde, renda e habitação. Nem sempre o mais difícil é romper o relacionamento, e sim definir quais serão os próximos passos. No entanto, os retrocessos nas políticas sociais, como a Emenda Constitucional n. 95, de 2016, que congela os gastos públicos por 20 anos no setor de seguridade social e de saúde, e a recente diminuição de 67% do investimento para os serviços assistenciais do Sistema Único de Assistência Social (SUAS), em 2020 (Bardanachvili, 2021), projetam um futuro (e um presente) desolador.

A precarização de serviços como os oferecidos nos Centros de Referência Especializados de Assistência Social (CREAS), qualificados para o atendimento de mulheres em situação de violência, fica mais evidente e orquestra um grave cenário de desamparo assistencial. Além disso, o desinvestimento na agenda de gênero, desde 2016, como a redução do orçamento para o Programa Mulher Viver Sem Violência de R$ 365 milhões para R$ 96 milhões em 2017, somado ao processo de desmonte do SUS e do SUAS, direcionam uma trajetória política que visa manter a ordem patriarcal e racista dominante (Sardenberg, 2018).

Vale ressaltar que essa (des)articulação das políticas de gênero é um projeto que destrói, pouco a pouco, os direitos conquistados desde a década de 1960 e se retroalimenta em discursos sexistas contidos na esfera do judiciário, no lugar da sacralidade da família, na cultura do estupro e na lógica punitivista da segurança pública, tão presentes no cenário atual.

Considerando que a culpabilização das mulheres vitimizadas faz parte do imaginário social, cabe refletir se esta seria uma forma de negar, ou velar, os eixos estruturantes do sistema patriarcal de gênero que justificam um estupro pela peça de roupa utilizada ou um assassinato por conta de um término. Naturalizar a morte ou a ideia de que uma mulher incitou a violência é seguir ignorando que a ideologia do patriarcado, conforme Sardenberg (2018) alerta, tem retirado a vida das mulheres e atribuído seu controle aos homens, sob a justificativa de defender a honra da família.

Portanto, pressuponho que só estaremos protegidas, onde quer que seja, quando o valor de nossas vidas for respeitado. E isso inclui intervenções que considerem as especificidades de assistência à saúde da mulher, uma divisão mais justa e igualitária na esfera do trabalho, com melhores remunerações e maior participação masculina nas tarefas domésticas, dentre outros direitos.

Para isso, é fundamental revisitar as práticas clínicas, sociais, educacionais, e buscar intervenções não reducionistas e que pensem o cuidado em sua dimensão integral. Sobretudo porque as problemáticas identificadas refletem a pertinência da abordagem interdisciplinar e interseccional dos efeitos da pandemia pela covid-19, que também questiona papéis estereotipados de gênero na sociedade, possibilitando que não apenas as mulheres, como também os homens, os redefinam.

Penso que esta (des)construção de sentidos e modos de se relacionar não é um movimento simples, tampouco rápido. Contudo, resistir e procurar caminhos alternativos às violências parece ser um dos únicos rumos possíveis na busca de direitos igualitários. Caminhos que desviem das normas impostas pelo saber-poder hegemônico e que descortinem as marcas da desigualdade. Aqui, aposto que a teoria feminista seja a melhor semente a ser plantada neste terreno árido e repleto de adversidades para a sobrevivência humana, e principalmente de mulheres e demais populações marginalizadas. Tomar esta posição é assumir a autorresponsabilidade em um processo de ressignificação de valores estruturais e direcioná-los para a coletividade.

Como bell hooks (1984/2019) sugere, a educação feminista não só entre as mulheres e para as mulheres é mais do que necessária para uma revolução ampla e totalitária das amarras sociais da desigualdade de gênero, de raça, de classe, entre outras. Retomando o poema de Conceição Evaristo, finalizo na intenção de que as lágrimas e o sangue derramados não sejam esquecidos e virem adubo neste solo de antiga resistência para que possamos descansar, ainda em vida, em paz.

Referências

Aguilar, S., & Höfling, C. (2020). Violência doméstica, pandemia da Covid-19 e novos desafios. *Revista Consultor Jurídico*. Recuperado de: https://www.

conjur.com.br/2020-abr-26/hofling-aguilar-violencia-domestica-covid-19-desafios#_ftnref6.

Bandeira, L. M. (2014). Violência de gênero: a construção de um campo teórico e de investigação. *Sociedade e Estado, 29*(2), 449-469.

Barbosa, J. P. M. et al. (2021). Interseccionalidade e violência contra as mulheres em tempos de pandemia de covid-19: diálogos e possibilidades. *Saúde e Sociedade, 30*(2).

Bardanachvili, E. (2021). Desmonte do Sistema de Assistência Social: 'ajuda' ou direitos?. *Informe ENSP*. Recuperado de: https://cee.fiocruz.br/?q=Desmonte-do-Sistema-de-Assistencia-Social-ajuda-ou-direitos.

Brandalise, C. (2020). Por que Bolsonaro erra ao usar violência doméstica para criticar o isolamento. *Universa*. Recuperado de: https://www.uol.com.br/universa/noticias/redacao/2020/03/30/por-que-bolsonaro-erra-ao-usar-violencia-domestica-para-criticar-isolamento.htm.

Brasil. Ouvidoria Nacional dos Direitos Humanos (ODNH), do Ministério da Mulher, da Família e dos Direitos Humanos (MMFDH). (2020a). *Denúncias registradas pelo Ligue 180 aumentam nos quatro primeiros meses de 2020*. Recuperado de: https://www.gov.br/mdh/pt-br/assuntos/noticias/2020-2/maio/denuncias-registradas-pelo-ligue-180-aumentam-nos-quatro-primeiros-meses-de-2020.

Brasil. Secretaria Nacional de Políticas para Mulheres (SNPM), do Ministério da Mulher, da Família e dos Direitos Humanos (MMFDH). (2020b). *Relatório Anual Socioeconômico da Mulher 2017/2018*. Recuperado de: https://www.gov.br/mdh/pt-br/navegue-por-temas/politicas-para-mulheres/publicacoes-1/SPMRaseamdigital.pdf.

Campos, B., Tchalekian, B., & Paiva, V. (2020). Violência contra a mulher: vulnerabilidade programática em tempos de SARS-COV-2/COVID-19 em São Paulo. *Psicologia & Sociedade, 32*.

Care International. (2020). *Global Rapid Gender Analysis for Covid-19*. Recuperado de: https://www.care-international.org/files/files/Global_RGA_COVID_RDM_3_31_20_FINAL.pdf.

Cavalcante, L., & Nisida, V. (2020). Raça e covid no município de são Paulo. *Instituto Pólis*. Recuperado de: https://polis.org.br/estudos/raca-e-covid-no-msp/.

Collins, P. H. (2016). Aprendendo com a outsider within: a significação sociológica do pensamento feminista negro. *Sociedade e Estado, 31*(1).

Costa, L. P., & Anjos, J. C. (2019). Mulheres negras em situação de violência de gênero nas relações de intimidade. In S. D. Cúnico, A. B. Costa, & M. N. Strey (Orgs.), *Gênero e violência: repercussões nos processos psicossociais e de saúde* (pp. 323 – 346). Porto Alegre: EDIPUCRS.

Crenshaw, K. (2002). Documento para o encontro de especialistas em aspectos da discriminação racial relativos ao gênero. *Revista Estudos Feministas, 10*(1), 171-188.

Davis, A. (2016). *Mulheres, raça e classe*. São Paulo: Boitempo.

Evaristo, C. (2017). *Poemas da recordação e outros movimentos*. 3a ed. Rio de Janeiro: Malê.

Fórum Brasileiro de Segurança Pública. (2020). *Violência doméstica durante a pandemia de Covid-19* [Nota Técnica]. 2a ed. Recuperado de: https://forumseguranca.org.br/wp-content/uploads/2020/06/violencia-domestica-covid-19-ed02-v5.pdf.

Garcia, L. P. (2016). A magnitude invisível da violência contra a mulher. *Epidemiologia e Serviços de Saúde, 25*(3).

Godin, M. (2020). As cities around the world go on lockdown, victims of domestic violence look for a way out. *Time*. Recuperado de: https://time.com/5803887/coronavirus-domestic-violence-victims/.

Goes, E. F., & Nascimento, E. R. (2013). Mulheres negras e brancas e os níveis de acesso aos serviços preventivos de saúde: uma análise sobre as desigualdades. *Saúde em Debate, 37*(99), 571-579.

Gomes, N. P. et al. (2013). Identificação da violência na relação conjugal a partir da Estratégia Saúde da Família. *Texto & Contexto – Enfermagem, 22*(3), 789-796.

Guedes, R. N., Silva, A.T. M.C., & Coelho, E. A. C. (2007). Violência conjugal: problematizando a opressão das mulheres vitimizadas sob olhar de gênero. *Revista Eletrônica de Enfermagem*, 9(2), 362-378.

hooks, b. (2019). *Teoria feminista da margem ao centro*. São Paulo: Perspectiva. (Trabalho original publicado em 1984).

IPEA – Instituto de Pesquisa Econômica Aplicada. (2020). *Atlas da Violência*. Brasília; Rio de Janeiro; São Paulo: Fórum Brasileiro de Segurança Pública. Recuperado de: https://forumseguranca.org.br/wp-content/uploads/2020/08/atlas-da-violencia-2020.pdf.

Kilomba, G. (2019). *Memórias da plantação: episódios de racismo cotidiano*. Rio de Janeiro: Cobogó.

Lugones, M. (2014). Rumo a um feminismo descolonial. *Revista Estudos Feministas*, 22(3), 935-952.

MacKinnon, C. A. (2020). As mulheres são humanas? *VirtuaJus*, 5(8), 15-19. (Trabalho original publicado em 2006).

Maia, C. (2019). Sobre o (des)valor da vida: feminicídio e biopolítica. *História*, 38. Recuperado de: http://www.scielo.br/scielo.php?script=sci_arttext&pid=S0101-90742019000100309&lng=en&nrm=iso.

Mandelbaum, B., Schraiber, L. B., & D'Oliveira, A. F. P. L. (2016). Violência e vida familiar: abordagens psicanalíticas e de gênero. *Saúde e Sociedade*, 25(2), 422-430.

Marques, E. S. et al. (2020). A violência contra mulheres, crianças e adolescentes em tempos de pandemia pela COVID-19: panorama, motivações e formas de enfrentamento. *Cadernos de Saúde Pública*, 36(4).

Monteiro, S. A. de S., Yoshimoto, E., & Ribeiro, P. R. M. (2020). A produção acadêmica sobre a questão da violência contra a mulher na emergência da pandemia da COVID-19 em decorrência do isolamento social. *Doxa – Revista Brasileira de Psicologia e Educação*, 22(1), 152-170.

ONU Mulheres. (2020). *Prevenção da Violência contra Mulheres diante da COVID-19 na América Latina e no Caribe*. Recuperado de: https://www.onumulheres.org.br/wp-content/uploads/2020/05/BRIEF-PORTUGUES.pdf.

Pires, B. (2020). Jovens internados mostram 'rejuvenescimento' da covid-19 no Brasil. *El País*. Recuperado de: https://brasil.elpais.com/sociedade/2020-04-16/jovens-internados-mostram-rejuvenescimento-da-covid-19-no-brasil.html.

Ramos, S. (Org.). (2021). *A dor e a luta das mulheres: números do feminicídio*. Rio de Janeiro: Rede de Observatórios da Segurança/CESeC.

Rezende, C., & Resende, T. (2020). Pasta de Damares esvazia verbas para combate à violência contra mulher. *Folha de S.Paulo*. Recuperado de: https://www1.folha.uol.com.br/cotidiano/2020/09/pasta-de-damares-esvazia-verbas-para-combate-a-violencia-contra-mulher.shtml.

Saffioti, H. I. B. (2011). *Gênero, patriarcado, violência*. 2a ed. São Paulo: Fundação Perseu Abramo.

Salgado, A. B. B. (2017). Violência feminicida: uma abordagem interseccional a partir de gênero e raça. *Revista de Gênero, Sexualidade e Direito*, 3(1), 37-57.

Santos, C. M. (2017). Para uma abordagem interseccional da Lei Maria da Penha. In I. V. Machado (Org.), *Uma década da Lei Maria Penha: percursos, práticas e desafios* (pp. 39-62). Curitiba: CRV.

Sardenderg, C. (2018). Políticas de enfrentamento da violência contra mulheres no Brasil: construção e desmonte. *Revista Estudios de Políticas Públicas*, 4(2), 77-98.

Silva, S. G. (2010). Preconceito e discriminação: as bases da violência contra a mulher. *Psicologia: Ciência e Profissão*, 30(3), 556-571.

SOF – Sempreviva Organização Feminista, & Gênero e Número. (2020). *Sem Parar: o trabalho e a vida das mulheres na pandemia*. Recuperado de: https://

mulheresnapandemia.sof.org.br/wp-content/uploads/2020/08/Relatorio_Pesquisa_SemParar.pdf.

Sousa, R. F. de. (2017). Cultura do estupro: prática e incitação à violência sexual contra mulheres. *Revista de Estududos Feministas*, 25(1), 9-29.

Velasco, C. et. al. (2020). Assassinatos de mulheres sobem no 1º semestre no Brasil, mas agressões e estupros caem; especialistas apontam subnotificação durante pandemia. *G1*. Recuperado de: https://g1.globo.com/monitor-da-violencia/noticia/2020/09/16/assassinatos-de-mulheres-sobem-no-1o-semestre-no-brasil-mas-agressoes-e-estupros-caem-especialistas-apontam-subnotificacao-durante-pandemia.ghtml.

Vieira, P. R., Garcia, L. P., & Maciel, E. L. N. (2020). Isolamento social e o aumento da violência doméstica: o que isso nos revela? *Revista Brasileira de Epidemiologia*, 23.

6. Por uma politização e desmedicalização do sofrimento: dimensões éticas do cuidado psicológico no campo da educação

Beatriz Ferraz Diniz[1]
Thaís Seltzer Goldstein[2]

Eliminada a polifonia, vive-se a ilusão da unidade, da verdade absoluta, do conhecimento como cristalização – para usar uma expressão em voga, vive-se a ilusão do "pensamento único". Sem a multiplicidade dos sentidos, restam as mordaças sonoras que assumem sua forma mais patética na tagarelice dos textos que identificam pedagogia com amor, inteligência com frieza, pensamento com competências cognitivas, normalidade psíquica com adaptação ao existente, e assim por diante.

Maria Helena Souza Patto (2005)

---

1   Brasileira, nascida em Bragança Paulista (SP) e mãe do Otto. Mestre em Psicologia Social pela Universidade de São Paulo (USP), atua desde 2016 como psicóloga escolar do Instituto Federal de São Paulo (IFSP). Em 2009, obteve menção honrosa da USP pela iniciação científica "Organização e cotidiano em uma fábrica ocupada: uma aproximação etnográfica". Atuou em um Centro de Referência Especializado de Assistência Social (CREAS) no município de São Paulo (SP). Atualmente, é doutoranda no programa Psicologia, Linguagem e Educação, pela Faculdade de Educação da USP (FEUSP). Contato: beatriz.diniz@usp.br.

2   Psicóloga (IPUSP), mestre em Ciências Sociais pela Faculdade de Filosofia e Ciências Humanas da Universidade Federal da Bahia (FFCH-UFBA), doutora em Psicologia Escolar e do Desenvolvimento Humano (IPUSP), professora adjunta da Faculdade de Educação da UFBA (FACED-UFBA), coordenadora do grupo de pesquisa e extensão "Sankofa: Pedagogias Marginais e Diversidade" (FACED-UFBA) e membra do Fórum sobre Medicalização da Educação e da Sociedade. Contato: gold.thais@gmail.com.

Preâmbulo

Um dos atravessamentos pelos quais temos sido convocadas, hoje, em nossa prática profissional, e que remete à nossa posição ética no mundo, diz respeito à experiência no Coletivo Nós: Cuidados em tempos de pandemia.[3] Escolhemos grafar Coletivo, Nós e Cuidados em letras maiúsculas, pois é no aprofundamento do significado desses termos que pretendemos nos posicionar, refletir e construir outros modos de pensar e tecer o cuidar. Quais as possibilidades de construir cuidados na atualidade? Como temos tensionado – e eventualmente reproduzido – práticas de cuidado psicológico associadas ao senso comum da psicologia? Esse é um bom ponto de partida: apresentar qual psicologia estamos problematizando, para tentarmos, ao longo das discussões aqui trilhadas, desenhar uma psicologia na qual gostaríamos de apostar. A primeira colhe os frutos históricos dos seus lugares consolidados nas relações de poder/saber: opera com uma racionalidade positivista, de base eurocêntrica, branca, patriarcal, com seu modelo de família nuclear burguesa, visando a adaptações e apaziguamentos segundo uma lógica binária e determinista – de causa e efeito, ordem e desordem, normal e anormal –, que enquadra o humano e suas configurações.

Lamentavelmente, esta é a racionalidade predominante nos cursos de formação e em diversos campos profissionais em psicologia. Ainda que neles eventualmente ocorram semeaduras críticas, epistemologias de complexidade e compromisso ético-político, fato é que, na maioria das vezes, somos colocados no lugar de meros operadores, a serviço de práticas de diagnóstico e ajustamento: se há peças que não se encaixam, o problema são as peças que devem

---

3   Trata-se de um coletivo de psicólogas que oferece atendimentos online, a partir de uma lógica comunitária e de mutualidade. Apostamos em formas de viver e de fazer psicologia compartilhadas, por meio da disponibilidade para encontros que potencializem o acolhimento e a construção de ações de (auto)cuidado junto ao público, além de trocas e invenções coletivas de dispositivos clínicos entre nós, profissionais. Reunimo-nos virtualmente, desde abril de 2020, para discutir a clínica neste cenário crítico em termos sanitários, sociopolíticos e econômicos. Atendemos a pessoas de várias regiões do país, entendendo o cuidado como uma produção tecida em companhia. A reflexão coletiva tem permitido problematizar a lógica medicalizante, adaptacionista e filantrópica hegemônica, além de impulsionar articulações entre os marcadores sociais de desigualdade e as dimensões singulares de cada caso.

ser consertadas ou repostas, pois o tabuleiro, de antemão, fixa e define o horizonte de classificações e expectativas. No campo da educação, essa psicologia já fez e ainda faz significativos estragos...

> *Pesquisas já mostraram em exaustão a precariedade do processo e do produto de práticas diagnósticas realizadas por psicólogos: nos arquivos escolares, por exemplo, são frequentes os laudos que culpam as crianças que não conseguem se escolarizar em uma escola sabidamente falida com afirmações que são verdadeiros disparates: "criança com personalidade primitiva", "o aluno apresenta dificuldades com a realidade do meio, com predomínio da vida instintiva", "criança portadora de certa deficiência no que diz respeito à aprendizagem e criação de símbolos gráficos desconhecidos". As asneiras que seriam cômicas, se não fossem trágicas, dado o poder que têm de estigmatizar e de justificar desigualdades sociais ao reduzi-las a deficiências individuais. Ou seja, a maioria dos psicólogos acredita, porque há concepções da própria Psicologia que estão fundadas nesta crença, que estão em uma sociedade em que oportunidades sociais são iguais, mas as capacidades individuais são diferentes: há aptos e inaptos, capazes e incapazes, superiores e inferiores – em resumo vencedores e perdedores. (Mello & Patto, 2012, p. 18)*

Como aponta Safatle (2021), para a hegemonia neoliberal se sustentar, são necessárias modalidades de intervenção nos níveis social e psíquico, este último podendo ser lido como expressão das contradições próprias à vida social. Nessa visão, o neoliberalismo não se resume a um modelo socioeconômico ou de governo próprio ao contexto social e político mais amplo, como um plano de fundo, mas diz respeito, sobretudo, a um tipo de produção e gestão social das subjetividades, entendendo que os processos de subjetivação instauram modos de pensar, sentir e agir, compreendendo também os modos de o sujeito sofrer e se autorregular, a partir da gestão de uma psicologia que lhes é própria, de maneira que,

> *para serem realmente internalizadas, tais disposições de conduta não deveriam ser apenas ideais normativos. Elas deveriam também reconfigurar nossa forma de compreender e classificar os processos de sofrimento. Não basta gerir o centro, há de se saber gerir as margens, configurar formas possíveis do afastamento da norma. (Safatle, 2021, p. 33)*

A psicologia hegemônica funciona, então, como uma das engrenagens desses "encaixes" que escapam ao padrão, dirigindo-se às fragilidades expressas, e talvez por isso uma das mais perversas, anunciando acolhimento e ofertando conformação. Ora, o mal-estar está em toda parte, e a busca por explicações, alívio, cura, protocolos e respostas para os sofrimentos são demandas cada vez mais comuns na psicologia. O "mérito" da psicologia que se apresenta como uma solução no mercado do bem-estar e da saúde, prometendo equilíbrio, resiliência e felicidade, tem sido o de fazer borrar paisagens sociais do tabuleiro, afrouxar seus contornos, até que o molde se confunda com a moldura, e os sujeitos abracem seu próprio processo de alienação e assujeitamento.

Para que um sistema assim se imponha, um complexo quadro ideológico para justificá-lo faz-se necessário, convocando-nos constantemente a servir, a produzir, a sentir, a agir, a pensar e até a sofrer de determinada forma e não de outra: processos de subjetivação neoliberal despolitizam o mal-estar, o sofrimento e os conflitos de tal modo que apagam seu potencial de comunicação e denúncia da realidade social, por exemplo, nas formas variadas de violência que sofremos e às quais nos acostumamos, banalizamos e eventualmente reproduzimos, ainda que sem consciência. Esse apagamento, socialmente conveniente às estruturas de poder, desmobiliza as formas possíveis de combatê-las.

Falar de outra psicologia implica que a experimentemos: uma psicologia em que caiba a humanidade dos próprios psicólogos, psicólogas e psicólogues, e que lhes possibilite encarar suas angústias, conflitos, falhas e incertezas; uma psicologia que entenda a saúde não como um ideal inalcançável – "estado de completo bem-estar físico, mental e social", como propõe a Organização

Mundial de Saúde (OMS, 1946 citada em Brasil, 1986) –, tampouco como a promoção de "resiliência" e "bem-estar" individuais que, na prática, aproximam-se da capacidade de suportar e validar a imposição de uma ordem social injusta e adoecedora para a maioria dos cidadãos.

Abraçamos – e somos abraçadas por – uma psicologia que pensa a saúde como fenômeno multideterminado, em movimento incessante e instável, que entrelaça dimensões individuais e supraindividuais, em meio a limitações e possibilidades que podem ou não se realizar. Envolve um jogo entre determinações e indeterminações, contextos e fluxos de necessidades, possibilidades, quereres e deveres. Envolve cidadania, experiência de singularidade e de participação na comunidade humana (Safra, 2004). Envolve dignidade e autonomia pessoal e social (Illich, 1975). Ou seja, nosso horizonte é uma psicologia que almeja uma ordem social outra, na qual não se anulem as dimensões de desordem e protesto expressas no sofrimento psíquico, nem os conflitos sejam evitados a qualquer custo, em nome da manutenção de uma suposta ordem social "civilizada e harmônica" (para quem?). Aliás, nessa perspectiva, os tensionamentos perturbadores da ordem fazem parte do processo e destravam uma "máquina de binarização" que não pode parar (Deleuze & Guattari, 1996); ao contrário, as perturbações são esteio para a luta que impulsiona a criação de conexões e modos de vida em que a diversidade, a equidade, a criatividade e a participação autônoma na vida comum possam realizar-se concretamente, em vez de serem meras abstrações.

Uma controversa demanda e suas relações com as desigualdades sociais e educacionais

Feito este preâmbulo, podemos situar a proposta do presente texto: tensionar certas concepções e práticas que a psicologia tem desenvolvido em nome de uma suposta "promoção da saúde mental" a partir de uma reflexão crítica sobre os impasses em relação à reabertura das escolas no cenário nacional em tempos pandêmicos.

A escolha por esse atravessamento está relacionada à análise de uma proposta de trabalho que chegou ao Coletivo Nós, em 30 de junho de 2020, no campo da educação. A ideia é partir desta demanda para fazer uma discussão ético-política sobre o que está em jogo quando se fala em promover acolhimento junto a docentes da rede municipal de ensino, numa situação-limite entre vida e morte, num contexto político tão trágico como o do Brasil em 2020, quando o negacionismo da ciência se fez presente em governos municipais, estaduais e, sobretudo, no governo federal. Este, em especial, apostou em uma necropolítica[4] de disseminação do vírus, conforme indica estudo apresentado pelo Centro de Direito Sanitário (CEPEDISA) da Faculdade de Saúde Pública (FSP) da Universidade de São Paulo (USP) e pela Conectas Direitos Humanos, em 2021.[5]

Um dos desafios que vivenciamos junto ao Coletivo Nós partiu da aproximação feita pela gestora de uma Diretoria Regional de Educação (DRE) do município de São Paulo.[6] Inicialmente, a demanda seria para trabalhar com as diretoras, coordenadoras pedagógicas e professoras das escolas daquele território, pois, segundo a gestora, elas vinham manifestando intenso sofrimento psíquico nas reuniões online, associado ao distanciamento físico e à sensação de improdutividade laboral. Após uma primeira conversa com esta profissional, cientes da pressão exercida pela prefeitura do município pelo retorno ao ensino presencial, ficamos com a estranha sensação de que o pedido

---

4 A necropolítica, conforme o filósofo camaronês Achille Mbembe (2016), materializa-se quando o Estado adota políticas que conduzem determinadas pessoas e grupos à morte. Há uma base normativa para que o Estado exerça o direito de fabricar e usar tecnologias de morte sob pretexto de combater o mal e eliminar aqueles que considera seus inimigos internos, seja por meios diretos, seja pelo abandono de grupos populacionais à própria sorte. Nesse sentido, destaca Silvio Almeida (2019): "a justificação da morte em nome dos riscos à economia e à segurança torna-se o fundamento ético dessa realidade. Diante disso, a lógica da colônia materializa-se na gestão praticada pelos Estados Contemporâneos, especialmente nos países na periferia do capitalismo" (p. 125).

5 "'Os resultados [da pesquisa] afastam a persistente interpretação de que haveria incompetência e negligência da parte do governo federal na gestão da pandemia', afirma o texto. 'Ao contrário, a sistematização de dados revela o empenho e a eficiência em prol da ampla disseminação do vírus no território nacional, declaradamente com o objetivo de retomar a atividade econômica o mais rápido possível'" (Bergamo, 2021).

6 Tal situação foi discutida no trabalho intitulado "Nós e a Educação: voltar, agora?!", apresentado em uma roda de conversa na Mostra de Práticas de Psicologia na Pandemia, no dia 29 de agosto de 2020, das 10h às 12h, com transmissão online pelo Conselho Regional de Psicologia de São Paulo.

seria o de aliviar o mal-estar das coordenadoras, diretoras e professoras ante o risco de retorno precoce às aulas presenciais em meio a um contexto pandêmico com aumento de casos, hospitalizações e mortes por covid-19, ainda que sem medicação eficaz nem vacinação suficiente no horizonte próximo.

O que ela esperava de nós, psicólogas? Dinâmicas virtuais em grupo para desenvolver resiliência e adaptação? Psicologização de questões de ordem social? Responsabilização das trabalhadoras por um sofrimento eminentemente político? Atenuar o mal-estar gerado pela implementação de uma política irresponsável? Compactuar com a necropolítica?

Buscamos, então, reformular a demanda, sugerindo serem legítimos o sofrimento e a preocupação das profissionais, e a gestora concordou. Acrescentamos que eventuais encontros nossos com as trabalhadoras da comunidade escolar, ao contrário de facilitar a adesão delas à imposição de retorno presencial ao trabalho, suscitariam uma escuta crítica e uma troca de experiências que poderia fomentar questionamentos e insurgências, em vez de conformidade com o plano governamental do retorno presencial às aulas naquele momento. Problematizamos a expectativa da gestora, dando-lhe a entender, embora não com as palavras aqui utilizadas, que não queríamos compactuar com uma política que nos parecia autoritária, irresponsável e alinhada à necropolítica. Apesar da divergência significativa entre o trabalho que poderíamos desenvolver e as expectativas apresentadas, a conversa foi amistosa. A gestora nos agradeceu as boas reflexões, pediu-nos referências bibliográficas sobre temas citados na conversa e disse que tentaria articular as demandas da Secretaria Municipal de Educação a um trabalho conosco, ciente de nossa perspectiva crítica quanto à reabertura das escolas naquele contexto. O encontro foi postergado, depois a proposta de parceria foi suspensa.

Ao pensar sobre como poderíamos trabalhar em grupo com as professoras e coordenadoras, vislumbramos que parte da comunidade escolar poderia ser participante ativa na elaboração de tecnologias de cuidados em rede, desde que não corresse riscos de contaminação e transmissão do vírus. Talvez, àquela época, estivéssemos tão impactadas pela disseminação da pandemia no Brasil e no mundo que ficamos meio que capturadas pelo falso dilema de que ou as escolas seriam reabertas para o retorno às aulas presenciais, ou nada aconteceria. Sem dialogar com trabalhadoras/es da educação e da atenção primária em saúde, acabamos por reiterar a crença simplista de que a educação seria restrita ao ensino, e o cuidado seria preponderantemente epidemiológico e dentro do modelo biomédico, ignorando as franjas entre educação, saúde e assistência social, que não são campos completamente separados.[7]

Isso porque o contexto era (e é ainda) crítico: dificuldades de acesso à internet, ausência de equipamentos, ambientes desfavoráveis à aprendizagem, limites pedagógicos nas atividades remotas, milhares de famílias sem condições econômicas nem sanitárias, de modo que algumas práticas educativas foram desenvolvidas de modo improvisado, sob orientação de professores/as e gestores/as obrigados/as a inventar ações locais para manter os vínculos com estudantes e comunidades, incluindo estratégias para suprir a lacuna da alimentação escolar. Cabe ainda lembrar que a maioria dos responsáveis por essas crianças não pôde parar de trabalhar, tendo que, muitas vezes, deixá-las sós e sair em meio ao risco de contaminação, já que o auxílio emergencial aprovado pelo Congresso foi insuficiente e intermitente.

Em outubro de 2020, um grupo de trabalho composto por diferentes pesquisadores e profissionais elaborou o manifesto "Ocupar as escolas, proteger pessoas, recriar a educação" (Abrasco et al., 2020). Angustiados, decidiram fazer frente à omissão do Ministério da Educação e do Ministério da Saúde, que não apresentaram um plano coordenado de ações. Este documento destaca que as redes municipais, por atenderem à educação infantil e aos anos iniciais do ensino fundamental, têm ampla presença nos territórios e, juntamente com a rede de atenção primária do SUS, são o serviço público mais bem distribuído nas comunidades brasileiras, em diversas regiões geográficas.

> *Em milhares de localidades, do campo às periferias urbanas, as instituições educativas, da educação infantil, do ensino fundamental e médio e das modalidades educativas, junto com a educação superior, são,*

---

[7] Posteriormente, tivemos contato com um documento – iniciativa de um grupo de trabalho que envolveu diversas entidades da educação, da assistência social e da saúde – que problematizava a lógica do risco zero e apostava em ações educacionais articulando cuidados junto ao Sistema Único de Saúde (SUS) e ao Sistema Único de Assistência Social (SUAS). Por exemplo, propunham o agenciamento de buscas ativas e interação com estudantes em espaços abertos.

portanto, o espaço público disponível mais amplo e capilarizado no território nacional. Nesse sentido, é fundamental a garantia de políticas intersetoriais estruturadas, por meio da efetiva participação de diversos setores da sociedade e do poder público, em todos os aspectos que se relacionam com o bem-viver, para além da saúde e da educação. (Abrasco et al., 2020)

Quanto aos argumentos que defendiam a manutenção das escolas abertas, os principais eram: (i) o impacto direto do longo fechamento das escolas na saúde das crianças, com aumento de sofrimento mental (depressão, ansiedade, obesidade etc.); (ii) aumento da violência doméstica (confinamento de mulheres e crianças, por vezes com seus agressores); (iii) ausência de políticas públicas de proteção social, concomitante à necessidade de trabalhar fora de casa, por parte de responsáveis e cuidadores, aumentando a vulnerabilidade das crianças, adolescentes e jovens em relação à violência nas comunidades; (iv) aumento do número de crianças cuidadas por avós idosos, que integram o grupo de maior risco; (v) falta de um programa de segurança alimentar para crianças em situação de vulnerabilidade.

Segundo dados do manifesto supracitado, foi a partir da combinação de critérios epidemiológicos, sanitários, econômicos e sociais que países europeus e asiáticos reabriram suas escolas e universidades em 2020, levando em conta certas condições: (i) baixa transmissão comunitária; (ii) capacidade de identificar e bloquear surtos (articulação com a vigilância em saúde); (iii) adaptação do ambiente escolar para cumprir o distanciamento físico e as medidas de higiene; (iv) não saturação dos serviços de saúde e leitos de UTI. Contudo, uma segunda onda de contágios se iniciou a partir de agosto de 2020, com a identificação de novas variantes do vírus inicial, o que fez aumentar significativamente o número de pessoas infectadas, internadas e que vieram a óbito, acarretando, novamente, o fechamento de muitos estabelecimentos.

Enquanto em outros países o parâmetro para as discussões sobre relaxamento das medidas de isolamento e reabertura dos serviços (como escolas) foi a taxa de contaminação, no Brasil naturalizou-se um outro parâmetro: a ocupação de leitos de UTI, como se o fato de haver vagas na unidade de terapia intensiva fosse perspectiva motivadora para as pessoas se exporem ao risco de contaminação. Outra naturalização digna de nota fica evidente ao comparar dois discursos: 1) em 2020, rejeitava-se a hipótese da volta às aulas presenciais, quando o país apresentava média móvel de mil mortes/dia; 2) um ano depois, quando a curva de mortes por covid-19 tinha subido ao triplo disso e descido de volta às mil mortes/dia, isso pareceu não causar mais espanto nem sinal de alerta. Em vários estados, o retorno presencial foi anunciado para o mês de agosto de 2021.

Segundo Abrasco et al. (2020), alguns países europeus mantiveram escolas funcionando em meio à pandemia, antes do surgimento da vacinação ou em sua fase inicial, mas essa política esteve atrelada a programas destinados às populações em situação de vulnerabilidade social. Por exemplo, na Áustria, na Holanda e na Inglaterra, as escolas se mantiveram abertas apenas para os filhos de trabalhadores em setores essenciais, como os profissionais de saúde, transporte e abastecimento. Na Inglaterra, as escolas seguiram acolhendo as crianças beneficiárias de programas de assistência social ou com deficiência. Na Noruega, as escolas se tornaram núcleos de mobilização para estratégias de controle e difusão de informações para sustentar a quarentena e outras medidas de distanciamento físico. Em suma: nesses países, as escolas foram importantes para viabilizar a política de cuidados com os segmentos sociais de maior vulnerabilidade.

O pedido para desenvolvermos um trabalho com as profissionais da educação como preparação para o retorno às aulas presenciais, em meio a descontrole pandêmico e sem a devida proteção, levou-nos a uma séria reflexão. Pudemos repensar os contornos e os matizes daquilo que entendemos por cuidado, que se tece também no contexto educacional. Reconhecemos, entre nós, um incômodo frente ao pedido, mas cogitamos ocupar aquele espaço, sem saber ainda como, cientes de que ele poderia ser ocupado por profissionais que aceitariam essa demanda sem qualquer problematização. Imaginamos um cuidado que fosse construído não somente por psicólogos (ou outros profissionais da saúde), mas com a própria comunidade escolar.

Novas nuances da medicalização da/na educação

Alicerçada na despolitização dos fenômenos, a medicalização da vida cria ficções socialmente convenientes, por meio das quais os indivíduos são vistos como a fonte do que não vai bem, escapando à normalidade esperada. Ou seja: questões sociais, políticas, institucionais, próprias às relações de poder e opressão nas sociedades neoliberais, são capturadas por um olhar que as individualiza e as naturaliza, comumente utilizando uma lógica e um linguajar médicos. Nesse sentido, patologias, sofrimentos e aflições que emergem nos corpos-mentes individuais desvelam faces de um mundo eticamente fraturado, onde ter saúde, dignidade e futuro é privilégio de alguns poucos. Segundo o Fórum sobre Medicalização da Educação e da Sociedade (2019):

> *A medicalização envolve uma racionalidade que naturaliza a vida humana, e, no mesmo giro reducionista e determinista, formata quais são os tipos "naturalmente" valorizados ou desvalorizados, desejáveis ou indesejáveis. Sua penetração na vida cotidiana se dá a partir de diversos dispositivos estratégicos e práticos, instalados em todos os espaços e instituições (escolas, postos de saúde, igrejas, templos, banheiros, ônibus, ruas, mídias...), que operam em torno de matrizes normativas e ideais regulatórios, prescrevendo padrões (de desenvolvimento, comportamento, aprendizagem, inteligência, afetividade, linguagem, gênero, sexualidade, eficiência, estética...) que devem ser seguidos à risca por todos, invisibilizando a complexidade da existência e camuflando o fato de que as condições de vida são absurdamente desiguais.*

A pandemia possibilitou perceber novas nuances da medicalização da vida, mas essa realidade não é nova no Brasil. Ora, num país onde a "democracia" sequer alcança dois bairros próximos de uma mesma cidade e que tem feridas históricas ainda abertas (racismo, sexismo, classismo, LGBTQIA+fobia, capacitismo, exploração no mundo do trabalho, entre outras opressões, que se interseccionam) tem-se um campo fértil à medicalização da vida. É verdade que, no início do XXI, vivemos um período com alguns avanços políticos, ainda que modestos, com aumento do acesso da população aos direitos básicos e atenuação das desigualdades sociais. Contudo, os retrocessos e as violências protagonizados pelo Estado, mesmo antes da atual gestão negacionista e autoritária, resultam em um tipo de impacto à saúde individual cuja natureza é social e política (Safatle, 2020). Concordamos quando a jornalista Eliane Brum (2019) afirma que estamos "doentes de Brasil".

Sabemos que o imperativo biomédico tem sido hegemônico nas práticas de cuidado também na área da educação, mas, ao reduzirmos a saúde exclusivamente a ele, compactuamos com aquilo contra o que queremos lutar: a medicalização do fracasso escolar. Há disputas em jogo e é preciso conhecer as armadilhas do discurso do estado mínimo, que retira e monetiza direitos, como se fossem mercadorias disponíveis em um grande cardápio para a "livre escolha" dos cidadãos. Mas... quem ele considera cidadão?

Debates sobre a necessidade de investimentos e mudanças no sistema educacional são anteriores à pandemia, de modo que soa simplista ater-se à discussão sobre o retorno ou não às aulas presenciais sem que se considerem as tremendas desigualdades sociais e educacionais que permeiam o cotidiano escolar. O debate requer toda a atenção: de um lado, o ensino remoto emergencial possibilitou preservar vidas e manter o elo entre escolas e estudantes; por outro, essas práticas também deixaram muitos de fora, sendo insuficientes para as demandas de milhares de estudantes e suas famílias, especialmente aquelas em condições precárias de moradia, em territórios periféricos, marcados pelo descaso governamental e pela ausência de políticas públicas, inclusive de inclusão digital.

Um aspecto que nos parece pernicioso na defesa da vida escolar atrelada à ênfase no ensino remoto é que, na medida em que a pandemia o consolida, o imaginário social, que outrora reconhecia o papel crucial do convívio social e das práticas formativas presenciais na educação básica e superior, passa a aventá-lo como plausível para um futuro pós-pandêmico, de modo a lastrear interesses econômicos de grupos políticos e empresariais que, já antes da pandemia, apostavam na privatização de espaços educacionais e no uso de tecnologias remotas para baratear custos e ampliar lucros, ainda que isso acarrete perdas significativas na qualidade da formação e na sociabilidade dos estudantes.

Hoje, fala-se em "ensino híbrido" como modalidade de ensino que utiliza o ambiente virtual de forma complementar ao presencial. Em tese, ele requer um planejamento pedagógico próprio, com a criação de espaços para que os/as estudantes sejam ativos/as no próprio processo de aprendizagem. Ocorre que, segundo estudiosos/as do tema, este "legado da pandemia" que paira sobre o futuro da educação é, na realidade, um sistema de rodízio entre o ambiente virtual e o presencial, ou uma "modalidade semipresencial", que não deveria ser chamada de ensino híbrido. Esta conveniente confusão atende a interesses econômicos e amplia o número de estudantes sob os cuidados de um mesmo profissional: as aulas remotas e presenciais passam a ser ministradas simultaneamente pelo/a mesmo/a professor/a, prejudicando a qualidade da atenção às demandas estudantis e naturalizando a sobrecarga de um trabalho que já era exaustivo e complexo, mesmo antes da pandemia, especialmente nas escolas públicas, onde são visíveis as marcas do descaso político. Em suma: esse histórico descaso é, muitas vezes, utilizado para endossar discursos que desvalorizam o que é público, visto como ineficiente e oneroso, em contraposição à iniciativa privada, como se esta fosse isenta de problemas, o que é uma enorme falácia.

Vejamos: nas escolas privadas, muitas vezes se constata a pressão pelo cumprimento de metas impostas sem que haja diálogo; ou ainda, com um diálogo limitado por relações de poder que constrangem a liberdade de cátedra de professores/as, pressionados/as por resultados e por situações de assédio institucional associado a uma lógica clientelista. Para agradar aos clientes (famílias ávidas pelo retorno presencial), pressiona o corpo docente a voltar ao trabalho presencial antes da hora e a ter que lidar com o medo do desemprego, da contaminação de si e de pessoas próximas e até mesmo da morte.

A despeito do que vemos frequentemente nas mídias e em campanhas como o "Movimento Escolas Abertas", sobre a suposta eficácia dos protocolos de segurança, dados levantados pelo Departamento Intersindical de Estatística e Estudos Socioeconômicos (DIEESE) (UOL, 2021) revelaram que houve aumento de 128% no número de contratos de trabalho extintos em razão de morte de profissionais da educação, ao se comparar os primeiros quatro meses de 2021 com o mesmo período em 2020. Em números absolutos, isso significa 1.479 desligamentos por morte na área de educação entre janeiro e abril de

2021 contra 650 no mesmo período do ano anterior. Cabe lembrar que, entre março e abril de 2021, a média móvel de mortes chegou a quatro mil por dia. A pesquisa do DIEESE divulgada pelo *Portal UOL de Economia* revela ainda que, nesses meses, faleceram 612 profissionais do ensino (professoras/es e coordenadoras/es, entre outros), sendo a categoria profissional que mais teve encerramento de vínculo por mortes, seguida pela categoria de serviços (porteiros, faxineiros, zeladores e cozinheiros), com 263. Tais resultados desnudam desigualdades de raça e classe, além de descortinar a significativa fragilidade dos protocolos de prevenção à covid-19 preconizados ante as condições concretas de trabalho presencial exercido pelos profissionais de educação.

Nas escolas públicas, tais dificuldades se sobrepõem ao abandono e/ou à violência ativa do poder público, que incide de maneira tão atroz quanto banalizada sobre os corpos da juventude negra, pobre, periférica, sexualmente divergente do padrão burguês, branco, capacitista, heteronormativo e esteticamente cultuado. Somente fazendo mediações e contextualizações, análises das condições concretas de cada escola e território, a cada momento, podemos nos posicionar e saber de qual lugar estamos falando, e em nome de que estamos atuando. Mas não é isso que faz o Movimento Escolas Abertas que, além de ter espaço na TV aberta e nas redes sociais de pessoas "progressistas", adentrou gabinetes de gestores estaduais e municipais.

Para ilustrar, observemos o discurso da presidente do Movimento Escolas Abertas de Cuiabá, em entrevista dada à *RDTV News*, do Mato Grosso, estado onde ocorreram 125 desligamentos por morte de profissionais da educação entre janeiro e abril deste ano, configurando um aumento de 525% em relação a 2020 (UOL, 2021).

> *Nosso movimento não tem qualquer cunho partidário, político, financeiro, somos simplesmente mães, pais e educadores, que saímos da posição passiva de aguardar o poder público fazer algo pelas crianças, e nos colocamos à frente de uma forma ativa, tentando movimentar as questões políticas para que saísse o decreto de reabertura das escolas. É um movimento tardio, somos mais de 3 mil pessoas. É tardio. Porque na verdade, esse movimento era para ter acontecido na época das eleições,*

quando tinha uma baixa de contágio, quando tinha um interesse maior da população na reabertura das escolas. Poderia ter sido melhor naquela época. Porém, ficamos deitadas em berço esplêndido confiando que ia sair um decreto. E veio o decreto, sim, permitindo a reabertura apenas das escolas infantis. Desde setembro do ano passado, ele permitiu o retorno das crianças menores. Mas a gente nem ouve falar... E foi uma experiência que deu certo, não teve qualquer surto em Cuiabá, e ainda com crianças que nem têm condição de ficar com máscara. Tanto desta experiência quanto de outras experiências do mundo, começaram a sair grandes pesquisas científicas que traziam dados seguros de que a escola é um ambiente seguro. (Francielle Claudino Brustolin, 2021, entrevistada da RDTV News)

Nas brechas e rachaduras desta arquitetura discursiva, observamos a naturalização de uma posição de raça, classe e gênero por parte da enunciadora. A "preocupação com as crianças" sugere também uma sobrecarga atrelada ao seu papel social de gênero, uma vez que é esposa, profissional e mãe de quatro crianças, que não conta com a presença do marido na divisão do trabalho doméstico nem no cuidado cotidiano com os filhos. Desvela-se, também, o pouco caso de um movimento que fala em nome de toda a população, mas que faz carreatas (quem tem carro?) e *lobby* com gestores para pressionar por decretos (como se isso fosse política pública), lamentando a demora da reabertura, mesmo ciente do aumento de casos de covid-19 que se sucedeu as eleições municipais de 2020. A privilegiada condição de classe aparece no "esperar [o decreto] em berço esplêndido", aquele que é comum à tradicional família brasileira (branca, de classe média, geralmente cristã e capitalista de fé), que se presume porta-voz de todas as famílias, crianças e escolas do Brasil.

Em alguns espaços midiáticos, esse discurso pareceu ser uníssono, reverberando interesses políticos e econômicos de setores que lucrariam com a volta presencial às aulas (proprietários de escolas privadas, conglomerados de educação básica e superior, empresas de transporte público, comércios etc.). Mas, mesmo que a situação sanitária estivesse sob controle e a maioria da população estivesse imunizada, o retorno às aulas presenciais não seria, por si só, suficiente para alcançar uma suposta "normalidade" e um bem-estar psicossocial. Teremos pela frente o desafio de reconstruir os vínculos dos estudantes com a escola, com os colegas e com a vida escolar. Cabe ainda lembrar que, no momento da escrita deste texto, apesar de a maioria das instituições de ensino ainda estar com portas fechadas, elas não pararam de funcionar durante o período de distanciamento físico. Pelo contrário, houve uma sobrecarga de trabalho (pedagógico, doméstico, familiar e de cuidado) que foi exaurindo e adoecendo profissionais da educação ao longo de quase um ano e meio em ensino remoto e, a partir de 2021, em regime semipresencial.

Nossas análises convergem com as de Viégas (2021), que refuta a razoabilidade dos que defendem o ensino presencial ou "híbrido" em meio a uma letalidade que, só no mês de abril de 2021, ultrapassou 82 mil mortes. Ainda que o discurso seja o da preocupação com a saúde mental das crianças, ela afirma que interesses econômicos acabam se sobrepondo a outros interesses. Para a pesquisadora, o retorno ao ensino presencial em meio ao descontrole pandêmico não faz sentido nem do ponto de vista sanitário, nem do cognitivo, afetivo e pedagógico. Como escolas com históricos problemas estruturais (a maioria das públicas, mas não só) podem oferecer biossegurança? Como exigir das crianças protocolos de segurança que nem os adultos seguem? Como é possível supor que seja saudável que crianças e adolescentes se conformem com a obrigação de manter distanciamento físico o tempo todo, ficando fixados nas cadeiras, isolados em uma mesma sala, sem recreio, sem brincadeiras, sem toque nem abraço? Que efeitos e afetos podem ser suscitados por uma vivência escolar em que não se pode dividir o lanche, emprestar o material, correr e suar no recreio? Afinal, é disso que as crianças mais sentem falta, e isso seguirá lhes sendo vetado. Há, ainda, o fato de que, para seguir protocolos de segurança, é preciso manter continuamente ativado um estado de vigilância gerador de estresse, desfavorável à situação de aprendizagem de novos conteúdos, configurando o que a autora chama de "cenário antipedagógico": desgastante do ponto de vista físico e mental, pois é atravessado pelo risco eminente de contaminação.

A utilização do argumento de que a ausência da escola afeta a saúde mental das crianças e, por conta disso, é preciso reabrir as escolas para as aulas presenciais é falaciosa e irresponsável. É evidente que a ausência da escola traz impactos às crianças. Mas é preciso que os adultos tenham maturidade para entender que não há como atravessar uma pandemia sem que a vida de todos seja afetada. Reconhecer que existem impactos inevitáveis e hierarquizar esses impactos, analisando-os cuidadosamente em relação à perda de vidas, deveria ser razão para se estranhar e se recusar, ao invés de se naturalizar, o risco significativo de aumentar o número de contágios e mortes.

Os defensores do Movimento Escolas Abertas esquivam-se de assumir a (ir)responsabilidade por aquilo que defendem, afirmando que "a ciência" garante que os riscos de contaminação são baixos quando os protocolos são seguidos. Contudo, esse discurso se apoia em argumentos abstratos, associados a vagos "estudos europeus" que nada têm a ver com a realidade brasileira. Em vez de esses pais e mães, coletivamente, criarem estratégias em parceria com a comunidade escolar para lidar com a tristeza, a ansiedade e a angústia vivenciadas por seus filhos e tentar minimizar danos; em vez de buscarem ensiná-los a assumir responsabilidades consigo mesmos, com os outros e com o ambiente, a mensagem que propagam é a da banalização da morte e da negação da realidade. E salve-se quem puder, ou quem tiver mais sorte e dinheiro para viabilizar melhores condições de proteção.

Sobre a escola e a rede de apoio que ela proporciona, deposita-se a missão de fazer frente aos ritmos ditados pelo capital, acelerados pela pandemia. Esse ritmo já afetava e seguirá afetando as dinâmicas familiares, o cuidado de si e dos outros, bem como as possibilidades de lazer. Temos um cenário propício a novas capturas medicalizantes, que, diante das condições desiguais de isolamento físico e de trabalho, também atingem em cheio aqueles que estão imersos em atividades remotas, passando um tempo excessivo em frente à tela e se sentindo insuficientes ante tantas demandas, inclusive aquelas que não cessam de chegar por e-mail, redes sociais e aplicativos de mensagens. Estamos diante da medicalização da vida forjada também por este contexto de hiperconexão que nos coloca em estado continuado de alerta. Vejamos uma tal "síndrome" surgida durante a pandemia:

> *O problema é que, hoje, muitos adolescentes ficam extremamente ansiosos com a ideia de voltarem às aulas presenciais por medo de se*

> *contaminarem. Eles optam pelo não retorno às escolas, apesar de as instituições – principalmente as particulares – terem adotado protocolos rígidos contra a covid-19. Esse comportamento foi nomeado por especialistas como "síndrome da gaiola", fazendo uma associação às aves que crescem em cativeiros e quando a gaiola é aberta e têm a oportunidade de voar, continuam lá dentro. (Spagna, 2021)*

Embora esses adolescentes tenham suas vidas impactadas psicologicamente pelo tempo de isolamento e confinamento, pelo receio de contaminação e pelo uso continuado da internet, é curioso que a escolha de esperarem a situação sanitária melhorar antes do retorno às aulas presenciais seja vista como sintoma de uma nova "síndrome". Ora, os dramas da realidade sanitária, política, econômica, social e ambiental vêm, de fato, esfumaçando seus horizontes e projetos futuros. O medo desses jovens, ainda que limitador, passa longe de ser descabido ou patológico; ao contrário, carrega uma lucidez que parece faltar a muitos adultos.

Problematizar os efeitos da lógica medicalizante que incide sobre crianças e jovens, também no espaço escolar, é fundamental para que possamos distinguir as práticas que visam ao controle comportamental daquelas que podem, de fato, promover saúde mental. Ao excluir o papel das relações intersubjetivas e comunitárias na análise das demandas e na construção coletiva de possibilidades escolares, estamos não apenas impondo um modo de viver como supostamente sadio ou correto, mas também contribuindo para que os sujeitos se afastem de sua experiência concreta e pessoal de sofrimento, sobre a qual se realiza a elaboração necessária à produção da saúde mental. O sujeito – seja ele um indivíduo, um grupo, uma escola, uma comunidade –, quando capturado pela lógica que despolitiza e medicaliza os fenômenos incômodos, é retirado da cena mobilizadora de impasses, responsabilizações e enfrentamentos, cabendo aos procedimentos prescritos pelos especialistas da saúde o protagonismo da situação. Práticas prescritivas, em vez das dialógicas, traduzem uma faceta importante da medicalização da/na educação.

Quando a vida humana passa a ser abordada sob o olhar de uma pretensa neutralidade e universalidade do "discurso competente" (Chaui, 1980), só resta a obediência ao protocolo e a anulação do outro: o sujeito fica assujeitado na vivência de seu próprio sofrimento. Essa abstração generalizante – do que seria próprio ao ser humano e suas necessidades – pode servir para aquietar temporariamente a angústia de educadores e familiares, mas não para produzir cuidado, pois nenhum cuidado pode prescindir da participação do próprio sujeito que está sendo cuidado, seja ele uma pessoa, um grupo ou uma instituição.

Desde o século XIX, estamos atribuindo funções higiênicas à escola, quando ela "assume a gestão da fragilidade e, ao mesmo tempo, restringe, mutila e paralisa a possibilidade de interpretação e de reação autônoma do indivíduo em confronto com a precariedade da vida" (Illich, 1975, p. 103). A saúde mental, desse modo, não decorre das intervenções feitas por psicólogas/os ou outros profissionais da saúde, mas tem a ver com o incremento da capacidade de simbolização do sujeito, que lhe possibilita dar sentido à sua experiência de sofrimento e se implicar, singularmente, no modo de lhe fazer frente. Capacidade esta que pode ser potencializada quando o sujeito entra em contato com outros modos de pensar, sentir e agir sobre os mesmos acontecimentos, atribuindo, então, outros significados aos dilemas existenciais. Essa implicação singular fica impossibilitada ao lhe ser dito que há apenas um sentido correto e verdadeiro e que ele deve seguir o tratamento prescrito, sob pena de não melhorar e, ainda, de ser julgado.

Assim, indagamos: como podemos oferecer um tipo de cuidado que compreenda os sujeitos e as comunidades em suas realidades concretas, e que ao mesmo tempo os conceba como protagonistas das próprias escolhas? Como realizar um cuidado que tome, como princípio orientador, uma ética que não contradiga os fundamentos dos direitos humanos? Ou, dito de outro modo: como realizar um trabalho ético, sem sucumbir ao que nos é ensinado na maioria dos cursos de formação: a aplicação e a avaliação de protocolos? Como promover um cuidado em que dificuldades e contradições possam aparecer sem serem moralmente julgadas e tecnicamente classificadas? De que maneiras podemos acolher, ao invés de tentar erradicar e prevenir a todo custo, o aparecimento de problemas, contradições e conflitos inerentes à vida humana? Como sustentar a possibilidade de dissensos e disputas na construção do comum, nos mais variados campos discursivos e instituições, visando à produção de mais vida e mais diversidade de saberes e fazeres? De que precisamos para construir práticas que não emudeçam nem oprimam as diferenças, mas que as façam emergir? Como podemos potencializar uma vida em que os princípios ético-políticos sejam prioridade, ainda que despojados de respostas prontas e prescrições?

Tentando remar na contracorrente da medicalização dos sofrimentos e adoecimentos, apostamos na importância de buscar histórias ainda não conhecidas, diferentes ângulos para as questões em pauta, que considerem as visões não hegemônicas e possibilitem compreensões outras, por vezes impedidas pelos efeitos inibidores da ideologia dominante, inclusive dentro de nós. Eis um princípio ético-político fundamental à produção de cuidados em perspectiva crítica e comunitária.

Algumas contribuições teóricas para desmedicalizar o olhar

Para Merhy, Feuerwerker e Cerqueira (2010), pode-se potencializar a vida justamente buscando a produção da diferença naquilo que insiste em se repetir. Isso significa que, diferentemente do que propõe a psicanálise freudiana, uma questão se repete não necessariamente para ser elaborada, mas sobretudo para poder se distinguir. Para isso, algumas ferramentas são necessárias, a começar por exercitar não só o olhar, mas o "corpo vibrátil"[8] para dar lugar a outras

---

8   Conceito elaborado por Suely Rolnik (2003) para designar o exercício intensivo, em contraposição ao empírico, do corpo sensível ativado a partir da apreensão do mundo enquanto campo de forças: "conhecer o mundo como forma convoca a percepção, operada pela sensibilidade em seu exercício empírico; já conhecer o mundo como força convoca a sensação, operada pela sensibilidade em seu exercício intensivo e engendrada no encontro entre o corpo, como campo de forças, decorrentes das ondas nervosas que o percorrem, e as forças do mundo que o afetam... 'Percepção' e 'sensação' referem-se a potências distintas do corpo sensível: se a percepção do outro traz sua existência formal à subjetividade, existência que se traduz em representações visuais, auditivas, etc., já a sensação traz para a subjetividade a presença viva do outro, presença passível de expressão, mas não de representação. Na relação com o mundo como campo de forças, novos blocos de sensações pulsam na subjetividade-corpo na medida em que esta vai sendo afetada por novos universos; enquanto na relação com o mundo como forma, através

experimentações e representações que fujam às convencionais, de forma a possibilitar emergir o detalhe que produz a diferença (e o cuidado). Apostar que nesse encontro é preciso abrir espaços (e disposição subjetiva) para que outros acontecimentos possam surgir, saindo da zona de conforto das certezas prévias sobre o outro, de forma a compreender que as pistas sobre como promover esse cuidado serão dadas pelo outro (se houver espaço para isso), e não pelo profissional. Isso implica pensar que não há "resistência" em seguir às orientações dadas pelo "cuidador", mas compreensão do que faz sentido para aquela pessoa.

Seria necessário entender que o território de ações cuidadoras abrange políticas públicas de outras áreas, envolvendo a participação docente, discente, familiar e comunitária, ao mesmo tempo em que se deve ampliar o olhar e a escuta para que a produção da vida não fique resumida ao processo saúde--doença. Isso significa transferir o usuário da posição de incapaz para a de agente ativo na produção de sua saúde, atrelado à ampliação do leque de conceitos que possam dar sentido e significação ao que a pessoa está vivendo, de modo a incrementar o repertório de possibilidades na produção de cuidados. Ou seja, propõe-se uma ética orientada pela possibilidade de ofertar, e não de impor, saberes acerca dos processos de vida e de sofrimento. Por fim, torna-se imprescindível compreender que não há protocolos prévios que garantam um bom encontro, a identificação do "problema" ou mesmo as estratégias de enfrentamento; isso só será possível (embora não garantido) durante o ato do(s) encontro(s) (Merhy, Feuerwerker & Cequeira, 2010).

Carballeda (2008) coloca a questão do cuidado como parte das chamadas "intervenções sociais", em um contexto em que há cartas constitucionais que preveem uma ampla gama de direitos, mas são insuficientes para garantir sua execução: no caso brasileiro, um cenário em que direitos como saúde e educação ficam ameaçados pela naturalização e pela criminalização da pobreza e das desigualdades social, racial e de gênero. Diante dessa "problemática social complexa", o autor sugere que o planejamento da intervenção no social deve se aproximar das ciências sociais, e não das naturais ou biomédicas; ou seja, não há determinantes, mas condicionantes, já que a singularidade e a

---

das representações, a subjetividade se reconhece e se orienta no espaço de sua atualidade empírica" (pp. 2-3).

subjetividade têm papéis de destaque. Nesse contexto, a intervenção psicossocial tem relação com um conhecimento que só é possível *a posteriori*, na prática cotidiana e a partir de seus efeitos, os quais (re)produzem crenças, representações e práticas sociais a serem analisadas também à luz de disciplinas afins. Tal intervenção é pensada em uma perspectiva ético-política, ou seja, como meio para se buscar garantir direitos que, apesar de constarem na lei, não se realizam na vida concreta dos sujeitos. Logo, ela não é um fim em si mesma, mas um dispositivo do encontro entre o micro e o macrossocial. Ainda, a intervenção envolve uma ética que pode ser associada à ideia do *ethos*-morada (Safra, 2004), solo comum da condição humana, que compreende necessidades humanas fundamentais e padecimentos singulares, de modo que não há uma lei geral sobre como executá-la, mas uma *práxis*, ou constante reflexão ética "desde dentro" das práticas, dos seus marcos conceituais e dos esquemas de justificação. Por fim, a intervenção no social deve ser tomada como um saber que transcende diferentes campos disciplinares, como um lugar de formulação de novas perguntas, de construção de agenda pública, de geração de acontecimentos e de criação de visibilidade àquilo que é naturalizado: um "fazer-se ver" que implica a construção de políticas públicas e a organização da sociedade civil.

Essas ferramentas pretendem compor um aporte teórico capaz de fazer frente às relações de dominação constitutivas dos dispositivos "psis" propostos no interior de uma sociedade dividida e hierarquizada (em termos de raça, classe e gênero), herdeira de preconceitos e violências muitas vezes abordados de modo invertido e lacunar, como se fossem valores positivos nacionais. Nessa sociedade, a medicalização é uma das forças mais contundentes de silenciamento político e formatação de subjetividades.

Entendemos, assim, que a produção de cuidados tem a ver com a despolitização e a desmedicalização do olhar e das práticas institucionais; que cuidado não é algo pronto, mas produção intersubjetiva, coletiva, transdisciplinar, envolvendo participação nas políticas públicas e superação da tendência hegemônica de se ler o sofrimento e os modos de ser pela lente do binômio saúde-doença; assim, é impossível ter explicações ou postulados gerais prévios, pois o conhecimento se dá em ato, no encontro com o(s) outro(s).

Essas referências falam de princípios que podem ser potentes tanto para promovermos saúde quanto para não reduzirmos o campo da saúde a práticas de disciplinarização da vida. Entendemos que combater o poder alienante que a psicologia hegemônica tem, na atualidade, implica também disputar a concepção de saúde em voga. Para isso, nos inspiramos naquela proposta por Illich (1975): "a capacidade que possui todo homem de se afirmar em face do meio e de assumir a responsabilidade de sua transformação" (p. 104). Assim, arriscamos algumas conexões: (i) cuidado que não politize o próprio sofrimento não é cuidado, é controle; (ii) cuidado que não contribua para fazer diferir e fomentar autonomia pessoal não é cuidado, é empreendimento de consumo; (iii) abordar o adoecimento como imprevisto ou descontinuidade danosa numa ordem social supostamente saudável é instituir como padrão um regime único de capacidades a serviço da dominação.

Lembrando que um dos pioneiros na teorização sobre a medicalização foi Illich (1975); para ele, a transformação da nossa própria dor em objeto de manipulação a ser mensurado, avaliado e tratado confere à profissão médica o poder social de dizer quais dores são autênticas e quais são inautênticas, quais são reais e quais são simuladas. Nesse sentido, não se trata apenas de anular as diferenças, mas sobretudo de disciplinarizá-las, pois por meio da disciplinarização das diferenças foram construídos sistemas de avaliação e classificação para julgar os destoantes da ordem social. Como bem aponta Foucault (1980/2008), esse exercício disciplinar possibilita a legitimação da clínica (medicina e psicologia) como campos científicos e profissionais no mundo moderno.

Cabe ainda lembrar de Rose (2011), um autor que analisa o papel dos aparatos moralizantes – como a escola –, nos quais os sujeitos são capturados em dispositivos de cujos fins não compartilham; além disso, esses aparatos moralizantes não servem apenas para inculcar, de maneira não refletida, hábitos de obediência, mas sobretudo para evocar a consciência e o desejo de melhorar. Quer dizer, o objetivo não é o de "esmagar" explicitamente as subjetividades, mas de "produzir indivíduos que atribuíssem um certo tipo de subjetividade moral a si mesmos e que avaliassem e reformassem a si mesmos de acordo com essas normas" (Rose, 2011, p. 113). Assim, entendemos ser preferível que assumamos que as ciências psicológicas hegemônicas funcionam como técnicas de disciplinarização das diferenças – classificação das capacidades, condutas, atributos e deficiências dos seres humanos – a fim de tornar governável a subjetividade humana, do que buscar combater as raízes ideológicas presentes na sua base epistemológica.

As proposições de Rose retomam e ampliam o legado de Michel Foucault acerca do papel da clínica na modernidade, como discute o autor em *O nascimento da Clínica* (1980/2008). Logo, faz todo o sentido pensar a psicologia como campo de práticas discursivas que pretende produzir e governar as subjetividades, não apenas de maneira coercitiva, mas também afinada aos valores neoliberais que pensam o sujeito como empreendedor de si mesmo;[9] em outras palavras, uma psicologia que busca ativamente a produção de "sujeitos de uma certa forma, para modelar, moldar e organizar a psichê, fabricar indivíduos com desejos e aspirações particulares" (Rose, 2011, p. 160).

Buscando enlaçar pontas soltas

Para sintetizar nossas reflexões, mesmo cientes de que o capítulo deixa pontas soltas, entendemos que a discussão sobre a ética do cuidado implica assumir radicalmente a premissa de que toda e qualquer vida humana deve ser digna, porque a dignidade é condição básica à experiência de humanidade. Ser humano não é coisa descartável; ser humano não é número nem matéria moldada para ser útil.

Assim, toda prática de cuidado que não pressuponha autonomia, potência de diferir, encontro com a alteridade e mútua responsabilização não pode ser considerada prática de cuidado, mas de controle, relacionada à normalização de condutas e de sentimentos, e não à promoção de saúde e emancipação. Os sujeitos conseguem existir pelas brechas possíveis, mas é a desmedicalização

---

[9] Uma expressão disso é a função de autocobrança introjetada por tantas pessoas: se antes ela estava fora do sujeito, associada ao patrão, ao chefe, ao supervisor, hoje ela faz parte do seu modo de ser. Nessa direção também aponta o filósofo sul-coreano Byung-Chul Han (2015), ao afirmar que, na atualidade, os indivíduos são "empresários de si mesmos", "sujeitos de desempenho", que desejam maximizar sua produção conforme um imperativo presente no inconsciente social.

e a politização do olhar para as situações que determinam o que é "brecha", o que é "muro" e o que pode vir a ser "rachadura" ou "ponte". Os conflitos e as diferenças não precisam ser operacionalizados como instrumentos de dominação e produção de desigualdades, uma vez que são constitutivos das relações sociais e da pluralidade humana. Só cabe o supra-humano onde a vida está despolitizada, a serviço da dominação. Dominação se combate com a politização da vida, e é nesse infindável exercício dialógico que queremos apostar.

Referências

Abrasco – Associação Brasileira de Saúde Coletiva et al. (2020). *Manifesto Ocupar escolas, proteger pessoas, recriar a educação*. Recuperado de: https://www.abrasco.org.br/site/wp-content/uploads/2020/10/MANIFESTO-_OCUPAR-ESCOLAS-PROTEGER-PESSOAS-RECRIAR-A-EDUCACAO_2-1.pdf.

Almeida, S. (2019). *Racismo Estrutural*. São Paulo: Polén Livros.

Bento, M. A. S. (2002). Branqueamento e Branquitude no Brasil. In I. Carone, & M. A. S. Bento (Orgs.), *Psicologia social do racismo: estudos sobre branquitude e branqueamento no Brasil* (pp. 25-58). Petrópolis: Vozes.

Bergamo, M. (2021). Disseminação da Covid-19 no Brasil se deu por empenho e eficiência do governo Bolsonaro, diz estudo da USP enviado à CPI da Covid. *Folha de S.Paulo*. Recuperado de: https://www1.folha.uol.com.br/colunas/monicabergamo/2021/06/disseminacao-da-covid-19-no-brasil-se-deu-por-empenho-e-eficiencia-do-governo-bolsonaro-diz-estudo-da-usp-enviado-a-cpi-da-covid.shtml.

Brasil. (1986). *Relatório Final da 8ª Conferência Nacional de Saúde (17 a 21 de março de 1986)*. Recuperado de: https://bvsms.saude.gov.br/bvs/publicacoes/8_conferencia_nacional_saude_relatorio_final.pdf.

Brum, E. (2019). Doente de Brasil. Como resistir ao adoecimento num país (des)controlado pelo perverso da autoverdade. *El País*. Recuperado de:

https://brasil.elpais.com/brasil/2019/08/01/opinion/1564661044_448590.html.

Carballeda, A. J. M. (2008). Problemáticas sociales complejas y políticas públicas, *CS*, (1).

Chaui, M. (1980). *O que é ideologia* (Coleção Primeiros Passos). São Paulo: Brasiliense.

Deleuze, G., & Guattari, F. (1996). Micropolítica e segmentaridade. In G. Deleuze, & F. Guattari, *Mil Platôs: capitalismo e esquizofrenia* (Vol. 3). Rio de Janeiro: Editora 34.

Fórum sobre Medicalização da Educação e da Sociedade. (2019). Manifesto Desmedicalizante e Interseccional, *Anais Seminário Internacional A Educação Medicalizada*, 1(1), 8-9.

Foucault, M. (2008). *O nascimento da Clínica*. 6a ed. Rio de Janeiro: Forense Universitária. (Trabalho original publicado em 1980).

Han, B.-C. (2015). *Sociedade do cansaço*. 3a ed. Petrópolis: Vozes.

Illich, I. (1975). *A expropriação da saúde: nêmesis da medicina*. 3a ed. Rio de Janeiro: Nova Fronteira.

Mbembe, A. (2016). Necropolítica. *Arte & Ensaios*, (32), 123-151.

Mello, S. L., & Patto, M. H. S. (2012). Psicologia da Violência ou violência da psicologia? In M. H. S. Patto (Org.), *Formação de psicólogos e relações de poder: sobre a miséria da psicologia*. São Paulo: Casa do Psicólogo.

Merhy, E. E., Feuerwerker, L. M., & Cerqueira, M. P. (2010). Da repetição à diferença: construindo sentidos com o outro no mundo do cuidado. In T. B. Franco, V. C. Ramos (Orgs.), *Semiótica, afeccção & cuidado em saúde* (pp. 60-75). São Paulo: Hucitec.

Movimento Escolas Abertas. (2021). Impossível aceitar escolas fechadas. *Escolas Abertas* [canal do YouTube]. Recuperado de: https://www.youtube.com/watch?v=JhmPVpBug6g.

Patto, M. H. S. (2005). Mordaças sonoras: a psicologia e o silenciamento da expressão. In M. H. S. Patto, *Exercícios de indignação: escritos de psicologia e educação* (pp. 95-106). São Paulo: Casa do Psicólogo.

Patto, M. H. S. (2015). *A produção do fracasso escolar: histórias de submissão e rebeldia*. 4a ed. São Paulo: Intermeios.

RDTV News. (2021). O que é o Movimento Escolas Abertas? *RDTV News* [canal do YouTube]. Recuperado de: https://www.youtube.com/watch?v=8nyi8TkF6-o.

Rolnik, S. (2003). *A clínica em questão: conversações sobre clínica, política e criação*. Recuperado de: http://www.pucsp.br/nucleodesubjetividade/Textos/SUELY/falecomele.pdf.

Rose, N. (2011). *Inventando nossos selfs: psicologia, poder e subjetividade*. Petrópolis: Vozes.

Safatle, V. (2020). Em direção a um novo modelo de crítica: as possibilidades de recuperação contemporânea do conceito de patologia social. In V. Safatle, N. Silva, & C. Dunker (Orgs.), *Patologias do social: arqueologias do sofrimento psíquico* (pp. 7-31). Belo Horizonte: Autêntica.

Safatle, V. (2021). A economia é a continuação da psicologia por outros meios: sofrimento psíquico e o neoliberalismo como economia moral. In V. Safatle, N. Silva, & C. Dunker (Orgs.), *Neoliberalismo como gestão do sofrimento psíquico* (pp. 17-46). Belo Horizonte: Autêntica.

Safra, G. (2004). *A po-ética na clínica contemporânea*. 2a ed. São Paulo: Ideias e Letras.

Spagna, J. D. (2021). Síndrome da gaiola: medo e ansiedade impedem jovens de saírem de casa. *Guia do Estudante*. Recuperado de: https://guiadoestudante.abril.com.br/atualidades/sindrome-da-gaiola-medo-e-ansiedade-impedem-jovens-de-sairem-de-casa/.

UOL. (2021). Desligamento por morte do empregado sobe 128% na área da educação em 2021. *UOL Economia*. Recuperado de: https://economia.uol.com.br/noticias/redacao/2021/06/29/desligamentos-morte-educacao-pandemia-covid-19.htm.

Viégas, L. S. (2021). Jornal da Cidade - José Trindade, Lygia Viegas e Bruno Luiz - 03/05/2021. *Portal Metro1 - Rádio Metropole* [canal do YouTube]. Recuperado de: https://www.youtube.com/watch?v=oGT84LR9B8g&t=5371s.

7. Lições das infâncias em pandemia

Ilana Katz[1]

Não é sem razão que a discussão sobre os efeitos da crise sociossanitária que se orquestrou entre a pandemia de covid-19 e a forma irresponsável de lidar com seus efeitos no Brasil se ordene a partir da experiência da criança. Entendo que, a partir de sua específica relação com a experiência, diferente em muitos aspectos das possibilidades dos adultos, as crianças foram capazes de apontar e de denunciar muito do que tentávamos desviar para fazer funcionar um semblante de ordenamento social, como se nos fosse possível seguir vivendo de acordo com o estabelecido antes da crise.

No interior das famílias e também fora delas, as crianças, com suas demandas e funcionamentos, não permitiram que sustentássemos a fantasia de que, apesar de vivermos a maior crise de saúde pública do nosso tempo, tudo seria facilmente controlado, e não precisaríamos lidar com muitas perdas em vários âmbitos da vida. As lições que vieram das infâncias em quarentena, portanto, estão muito distantes do aspecto moral da lição que acompanha as fábulas ou que ordenam falas imperativas e vazias de ato.

---

[1] Psicanalista. Doutora em Educação na Faculdade de Educação da Universidade de São Paulo (FEUSP), com pós-doutorado em Psicologia Clínica no Instituto de Psicologia da mesma instituição (IPUSP). Pesquisadora no Laboratório de Teoria Social, Filosofia e Psicanálise da USP (LATESFIP/USP). Participa do coletivo Benes. Contato: ilanakatz1970@gmail.com.

Didier-Weil (1997), em *Os três tempos da lei*, propôs um entendimento sobre a experiência da criança que ajuda a compreender por que, nesse instante do mundo, a relação com a infância proporcionou uma abertura na escuta sobre os determinantes da época. Didier-Weil entende que a criança mantém uma relação com o saber que é diferente da do adulto, o que não quer dizer que a criança não saiba, mas que o saber, no tempo da infância, se produz em outras bases e com outros elementos. Este recurso diferente, em sua proposição, se revela na experiência subjetiva do espanto: a capacidade que o adulto eventualmente reencontra na relação com o esporte e com a arte, e que a criança tem diante da vida. "Para além de sua inocência quanto ao saber, a criança é menos inocente que o adulto perante o real" (Didier-Weil, 1997, p. 27). Ou seja, o espanto revela que o saber se produz, nos tempos da infância e da vida adulta, com diferentes níveis de acesso aos registros da experiência humana. A diferença de produção, acesso e relação ao saber não significa falta de saber, mas, ao contrário, é um modo de relação com a falta que acessa outros registros da experiência. Não é ingenuidade, como o senso comum faz crer. É efeito de uma abertura ao real. As crianças sabem de si e do mundo que habitam suportando as descontinuidades que os adultos suturam com muitos recursos e, com isso, mostraram-se *escutadoras* muito qualificadas desse instante do mundo.

Essa ideia da abertura ao real como forma de abordagem da experiência também está presente nas formulações de Collete Soler (2012), em *O que resta da infância*. Ela dirá nesse seminário que: "para Lacan o bebê é o único que tem uma relação com o real" (p. 60), e, com isso, situa os efeitos do encontro com a linguagem sobre o real, como registro da experiência, operando de modo a circunscrever ou mesmo limitar o acesso do sujeito a essa forma de conhecer.

Voltolini (2020) lembrou da fábula sobre a roupa nova do rei para nos fazer escutar que quem acusa o pacto imaginário ao qual estão todos submetidos naquela comunidade é uma criança: "o rei está nu!"; mais uma vez, faz escutar o modo de relação com o saber que acontece na infância.

Agamben (1979/2005), partindo de outro ponto, mas incidindo no mesmo lugar, sugere, em seus termos, que a aposta da infância na relação com a linguagem é de que se possa, "ao menos até certo ponto, indicar a lógica e exibir o lugar e a fórmula" (p. 13). Isso interessa a essa discussão pois desloca a experiência da in-fância (como ele costuma grafar para induzir a sua explicação) do registro da insuficiência dos nomes ou qualquer tipo de déficit.

A experiência da infância, assim compreendemos, não se revela nesse "ainda não é/ainda não sabe" que circula com tanta naturalidade no discurso atual sobre a criança, mas, ao contrário, é marcada por essa maior abertura ao real do que grande parte dos adultos, seus semblantes e seus reis vestidos podem suportar.

Andres Barba, escritor colombiano, em seu impressionante *República Luminosa* (2018), sintetiza: "A infância é mais poderosa do que a ficção" (p. 71). Entendo que o romancista, em sua construção, situa com a ideia da "ficção" o caráter da inventividade das crianças. Não deixa de fora, porém, a potência da infância em apontar a parcialidade das ficções sobre o viver e a consequente resistência que a infância, como fenômeno político, e também cada criança, como acontecimento, impõem à inflagem imaginária da experiência da vida. Nesse sentido, as infâncias, desde que foram inventadas[2] e como trama de discurso, têm, ao longo da história, operado resistência a uma certa vocação contemporânea de *imaginarizar* e capturar sentidos para o que resta, para o que não cessa de não se escrever.

É imperativo que qualquer reflexão ou pensamento sobre a atualidade considere o corte real que todos vivemos. É, portanto, a partir desse lugar, e em tempo da mais violenta crise sanitária, gerida por um governo que escolheu negligenciar a população do seu país,[3] que esse texto pretende discutir algumas lições que chegaram da infância.

---

2   É preciso considerar que a ideia de infância desde suas formulações iniciais não corresponde a uma disposição específica do corpo biológico, mas é uma construção política e social que responde aos ideais de cada época. Tal construção está discutida com mais profundidade em Katz (2019).
3   Dentre tantas negligências, expressas em nossas aterrorizantes estatísticas de óbito, destaco, em acordo com a discussão que este texto pretende enfrentar, a ausência de políticas emergenciais de apoio ao funcionamento da escola em relação à realização de seu mandato no curso da crise (enquanto estivesse com seu espaço físico fechado), a divulgação e compra de medicações sem eficácia científica comprovada para a covid-19, e, agora, para concluir, a deliberada ausência de um plano nacional de vacinação, marcada pela não priorização da vacinação dos trabalhadores da educação.

Provocados pela contingência a responder com os nossos limites, e não apesar deles, a escuta das crianças e também dos discursos que se produziram sobre as infâncias em pandemia acendeu o debate sobre o tempo que se vive, e sobre o que se deseja viver.

Sobre função da alternância e da vida em alteridade

Imediatamente após o fechamento das escolas, quando o isolamento se impôs, a alternância cotidiana entre os ambientes público e privado ficou suspensa para as crianças e suas famílias. A supressão das alternâncias não é sem consequências para ninguém nem, especialmente para as crianças, uma simples questão de rotatividade entre endereços.

Desde o início da vida, é sob o funcionamento das alternâncias que tecemos nossa subjetividade, que orientamos nossas demandas entre o dia e a noite, entre sentir fome e estar saciado, entre contar com o colo da mãe naquele instante de angústia ou ter que construir outra saída. Sentindo falta de algo, acionamos o motor do desejo e do pensamento, construímos o mundo.

Nosso funcionamento cotidiano, de maneira geral, é também condicionado pela experiência da vida que acontece entre estar com e sem família, longe ou perto de determinada pessoa, dentro ou fora de casa, porque esse vaivém opera como um certo regulador de intensidades e de investimentos nas relações.

Para compreendermos a extensão dessa situação, interessa considerar a experiência de crianças muito pequenas que ficaram presas em casa ou com encontros e circulação radicalmente limitados pelas restrições de convívio. São os "bebês de um colo só". O que esses bebês podem saber do mundo, o que eles podem experimentar da vida, o que eles podem conhecer? Muito, muito menos do que se esse colo se alternasse com outro colo, como outro jeito, com outro. Não é fácil também ser o colo único, e foi assim que muitos finalmente entenderam o que rede de apoio quer dizer.

O desenredamento do apoio e do cuidado tem efeito direto sobre a experiência com a alteridade. A essa série de precarização da vida, somamos, pelo outro lado dessa mesma história, uma articulação violenta entre perdas importantes (impostas pelo modo particular de se viver a crise sanitária no Brasil) e a compressão de nossos recursos subjetivos, constituídos em alternância, para lidar com elas.

As infâncias, perspectivadas em diversidade e cada uma em sua particularidade, sempre demandaram o tecimento de redes de cuidado. Essas redes, guardadas as variações culturais, são tecidas no interior das famílias, com suas redes de apoio, e também na relação das famílias com a escola, da escola com seu território e em todas as combinações possíveis dessa teia tão fundamental.

O que as crianças demonstraram com muita força nesse instante foi a multiplicidade de sentidos que condicionam a verdade daquele provérbio africano tantas vezes citado nesses últimos meses: para cuidar de uma criança é preciso uma aldeia. É mesmo.

Aldeias são as redes de afeto e apoio contemporâneas, são os enganches comunitários, são laços regidos pela ética do cuidado. Aldeia, em política pública, quer dizer rede de cuidado e lugar para as crianças no orçamento.[4] Entre esses e outros diferentes sentidos e entre as diversas formas de laço instituídas numa aldeia, a particularidade da experiência de cada criança em quarentena fez aparecer uma modalidade específica de laço que se apresentou como falta: o encontro entre crianças. Com o passar do tempo em isolamento, fomos escutando cada vez com mais nitidez que aquilo que adultos fazem por e com uma criança não substitui nem nunca tomará o lugar do que uma criança pode fazer por e com outra criança. Nem o melhor pai, mãe, avó, avô, educador, profissional de saúde, de assistência social, especialista em infância... Nenhum adulto é capaz de fazer a vida pulsar como acontece no encontro entre crianças.

Como já foi dito, as crianças conhecem formas de se relacionar com a experiência da vida e de lidar com isso que são diferentes daquelas que operam para um humano adulto. Mesmo para os adultos mais humanos a experiência se faz registrar com outras condições e variáveis. E o encontro entre pares, que podem se interrogar e se acompanhar nesse tipo de laço tão constitutivo

---

4 "Lugar de criança é no orçamento" é uma síntese preciosa que recolhi na interlocução com Maria Thereza Marcílio.

e necessário que se dá na fratria, um adulto não pode oferecer para uma criança. Nem o adulto mais divertido e mais conectado com a própria infância pode ser uma criança para outra criança.

Entre si, as crianças compartilham suas formas de ler o mundo. Entre pares, as crianças crescem e pensam. Sim, os adultos têm lugar, mas outro. Pais e mães são importantes, mas não são tudo. Família pode ser importantíssimo, mas não esgota o desejo de companhia e de mundo.

No prolongado curso da quarentena, as crianças contam, para quem quiser ouvir, que o isolamento físico se torna social porque viola a experiência com os outros: os de perto, os de longe, os que entendemos que são parecidos, os que são diferentes, os que vivem de formas diversas. Há muitas formulações sobre isso, e em todas elas é preciso considerar que a vida pulsa no encontro com a alteridade.

Do ponto de vista da experiência das crianças, a escola não é casa, e a casa não é escola. Não dá e não é para ser porque a ampliação do universo familiar precisa se instituir na dinâmica de crescimento das crianças. Numa escola, cada criança encontra pessoas outras, notícias sobre outros mundos, saberes outros sobre esse mundo que habitam. E é assim, encontrando tantos outros e alteridades, que as crianças se encontram. Encontram-se no sentido de que é no encontro com os outros que se torna possível, para cada um, construir seu lugar no mundo. Fechadas em ambientes familiares ou de baixa possibilidade de circulação, as crianças estão dizendo: "a gente precisa se *imundar* pra crescer".

Sobre a centralidade da escola

A partir dos efeitos da crise sanitária denunciados pelas crianças, os que não nos furtamos da escuta de seus ditos e atos fomos levados a compreender a centralidade da escola na organização social ocidental e situarmos mais amplamente (no sentido do alcance da discussão) os elementos que sustentam a sua condição de serviço de proteção aos direitos das crianças e adolescentes.

Se, num primeiro momento, a escola parecia fazer falta porque os adultos precisavam de um lugar para deixar as crianças enquanto suas vidas aconteciam em outros espaços, rapidamente as crianças e os jovens foram dando sinais de que uma escola é, e sempre foi, bem mais que isso. Em poucas semanas a escola já fazia falta, para crianças e adultos, muito além da perspectiva da custódia. Mesmo diante da melhor e mais efetiva possibilidade do ensino a distância, fomos levados a perceber a parcialidade de seu alcance, e com isso aprendemos a duras penas que uma escola faz muita falta porque aprender é uma tarefa que se faz com os outros.

No curso da crise sociossanitária à qual fomos submetidos, todos nós – os que já sabíamos e os que não tinham essa clareza – fomos dando densidade e consequência ao fato de que a vida das crianças acontece na escola, e, mais ainda, que parte importante do que vivemos no laço social acontece por causa da escola.

A discussão em torno da abertura das escolas complexificou o debate porque as variáveis a serem consideradas nessa decisão precisariam se conjugar para que nos fosse possível uma resposta ética. Entre essas variáveis, e de forma determinante, está a diversidade das infâncias, as infâncias negligenciadas pelo Estado, as infâncias em situação de pobreza extrema, as crianças em situação de refúgio, as crianças indígenas, os filhos dos povos das florestas, as crianças com deficiência.

Claudia Mascarenhas (2020) chama atenção, com razão, para o fato de que referir nossa responsabilidade com a diversidade das infâncias não é, jamais, deslegitimar a experiência de sofrimento de cada uma das crianças que estão sem escola hoje. Tal consideração nos levou a compreender, no dia a dia do longo isolamento social ao qual ficamos submetidos, que a escola falta para cada um, e que deve ser pensada para todos.

Foi por razões como essas, que consideram o tensionamento entre o "todos em diversidade" e o "cada um em particularidade", que o debate precisou atravessar a simplicidade do "abre e fecha a escola" desimplicado das suas consequências territoriais para considerar, com seriedade, a função da escola. Foi preciso dimensionar o seu lugar social e a importância de sua tarefa como agenciadora da cultura e da vida em alteridade. Esses termos se presentificaram na forma de ausência e saudade no cotidiano do isolamento físico e social e isso evidenciou onde, como e para o que uma escola faz falta. Como consequência, apresentou a possibilidade de ampliação da compreensão da função da escola, sua centralidade no laço social e sua condição de serviço de proteção dos direitos de crianças e adolescentes.

Por longo tempo e até o corte real que sofremos, muitos davam a experiência escolar como fato consumado, seja porque sempre tiveram acesso à educação, seja porque nunca imaginaram uma vida de criança sem escola. Mas, também é verdade, essas pessoas pouco tinham refletido sobre a função da escola para além da superficialidade da organização do seu próprio cotidiano ou, talvez, do valor do seu lugar e do conteúdo acadêmico no mercado das competições.

Por isso, inclusive, já estamos, como sociedade, bastante atrasados no entendimento da escola como serviço de proteção aos direitos das crianças e dos adolescentes e, também, na luta por sua efetividade. Arrisco dizer, porém, que assim como acontece na relação com a saúde pública e o Sistema Único de Saúde (SUS), temos a chance de promover uma leitura sobre a escola que revele a importância de que esta não seja considerada exclusivamente sob a lógica do mercado. Hoje, muitos setores da sociedade que não participavam da discussão sobre a função da escola já têm elementos (recolhidos da sua própria experiência com as crianças em quarentena e também de análises científicas)[5] para referir ao mandato da escola como promotora de direitos da criança, entre os quais se destaca o direito à educação (que, obviamente, não se reduz ao conteúdo escolar), incluindo ações de promoção de saúde mental, de segurança alimentar, de fomento à cidadania e de ampliação da participação e da inclusão social.

A essa altura, será preciso e necessário que não esqueçamos essa lição que nos chegou da relação com a infância quando as escolas abrirem suas portas. Será preciso porque a nossa tarefa está só começando. Diante de uma crise sanitária que não deixou ninguém em nenhum canto do mundo de fora, o que se mostrou muito nacional foi a ausência da mobilização e do recurso às

---

5 Para acompanhar essa discussão em sua complexidade, sugiro a leitura do *Manifesto Ocupar as escolas, proteger as pessoas e recriar a educação* (Abrasco et al., 2020).

políticas de Estado, bem como de respostas emergenciais do governo que viabilizassem as condições para o exercício do mandato da escola ainda que com o seu espaço físico fechado. A omissão do Estado também tumultuou a discussão responsável em torno das possibilidades seguras de abertura que ultrapassassem o falso tensionamento entre saúde sanitária e saúde mental.[6]

A jabuticaba da vez está estragada, e as crianças disseram isso todos os dias, para quem se dispôs a escutar. Todos os dias as crianças nos disseram por que e como uma escola faz falta.

Sobre as conexões possíveis e a vida digital

As crianças que tiveram acesso garantido à internet[7] e que possuem celulares e computadores para enfrentar o isolamento social nos fizeram repensar no tempo de uso de telas e recolocaram a pergunta sobre as medidas do excesso. Nesse período de radical exposição às telas, compreendemos também e mais

---

6 O tensionamento entre os critérios sanitários e os de saúde mental na discussão sobre a reabertura dos espaços físicos das escolas se mostrou pouco promissor. Tais critérios, sob a lógica do mandato da escola, não estão em campos opostos porque não constituem demandas díspares. Vale lembrar que o campo da saúde também se orienta por essa mesma lógica: desde a implementação do SUS no Brasil, trabalhamos com a noção de saúde integral, em que a oposição entre os estados de saúde e doença do corpo não garantem, sozinhos, a experiência da saúde. O direito à saúde implica também a garantia ampla de qualidade de vida, em associação a outros direitos básicos, como educação, saneamento básico, atividades culturais e segurança. Nesse sentido, e por princípio, condições sanitárias e de saúde mental não se opõem na construção de acesso a direitos fundamentais. Tais condições se articulam e complexificam formas de cuidado, sobretudo nesse cenário em que nos encontramos: entre março e dezembro de 2020, contamos 200 mil mortos. Neste mesmo período as escolas estavam fechadas, os ônibus, cheios, e os shoppings, abertos.

7 É fundamental considerar que para que a internet possa realmente conectar pessoas é necessário democratizar o acesso. Não é coerente falar em conexão acessível, o famoso "a um clique", se o corte de classe decide quem tem acesso ao tal clique e quem fica de fora. É urgente e necessário assumir essa luta. Nenhuma instituição deve pensar sua atuação distante dessa questão. Em alguma medida isso tem a ver também com segurança digital: não há segurança para todos quando aceitamos passivamente deixar gente de fora. A experiência da segurança é radicalmente dependente de ambientes democráticos.

uma vez que a posse dos objetos em si ou o acesso à internet não garantem que as crianças mantenham aberta sua relação com o mundo.

As crianças com deficiência ou com questões de saúde mental que impedem ou dificultam a relação com o outro e, dentre essas, especificamente as que usam a tela como tecnologia assistiva para construir sua relação com o mundo, já nos fizeram entender que essa relação pode se construir de maneira mais ou menos efetiva. Já faz tempo que essa população põe lentes nessa questão e demonstra algo que precisa ser considerado quando pensamos usos e funções da tecnologia digital no dia a dia do isolamento social. As telas, eles nos contam, podem funcionar como uma espécie de veículo de conteúdos preestabelecidos e sem conexão com os seus interesses, ficando desinvestidos de sentido e de afeto. E as telas podem servir como apoio suplementar para a sua subjetivação, sua compreensão de si e dos outros, seu entendimento das formas instituídas de organização social.

O psicanalista francês Jean-Claude Maleval (2020) apresentou suas hipóteses sobre as condições para que esses objetos ultrapassem a dinâmica utilitária, ou estritamente informativa e conteudista, e se prestem a essa função alargadora do mundo e da experiência da criança. Sim, os objetos digitais podem incidir na vida afetiva das crianças, apostamos e constatamos que podem mesmo ajudá-las a falar de si, e não apenas dizer palavras. Apoiadas nesses instrumentos, algumas crianças autistas têm podido dizer como se sentem, e o que pensam do mundo e do que lhes oferecemos. O que nem sempre é muito fácil de ouvir, mas, se pudermos escutar o que essas crianças nos contam, aprenderemos com elas algo que pode ajudar muitos nesse momento.

A condição fundamental para que as telas dos *tablets* e celulares não sejam elementos que só perturbem as crianças é simples: esses objetos precisam estar a serviço da criança, e não o contrário. É a criança quem pilota o que vai acontecer na sua relação com o aplicativo do celular, não é o aplicativo que decide, sozinho e de forma genérica, o que cada criança precisa fazer. A criança deve arbitrar seu uso para construir uma relação de possibilidades com esses objetos, bem como devemos ter autonomia de gerir nossos movimentos de corpo em direção aos nossos interesses, para, a cada gesto possível, descobrir o mundo. É o que diz Maleval (2020), depois de compreender o que a mãe de Gus formulou no seu livro, *To Siri with love* (Newman, 2018): é possível que, por meio desses objetos, as crianças consigam enfrentar suas dificuldades e "expandir o campo de suas afinidades, mas também adquirir mais facilidade nas trocas." Gus, nos conta Judith, fica carinhosamente preocupado com Siri, um aplicativo de seu iPhone com quem tem o hábito de conversar; ela não se cansa dele nem interrompe seus ciclos de repetição. Conversa vai, conversa vem, Judith Newman escuta Gus perguntar a Siri se ela precisa de algo, afinal, sua parceira está sempre lhe perguntando como pode ajudá-lo. Uma preocupação afetivamente orientada, até ali inédita na história de Gus. Siri lhe agradece e, mais, diz algo importante para ele escutar: "tenho poucas necessidades". E é assim que Siri deixa Gus saber que os interesses que estão em jogo ali, naquele encontro, são os do garoto. É a partir destes que a conversa vai acontecer, e é assim, amparado por esse objeto que não impõe nenhum julgamento de valor sobre os seus interesses e o acompanha, que Gus consegue ampliar sua relação com o que o cerca, deixando-se afetar pelo que acontece à sua volta, e encontrando maneiras de se relacionar com tudo isso.

É assim, também, que aprendemos que, para enfrentar barreiras de acesso e derrubar muros, é fundamental escutar e acompanhar os movimentos de quem vive experiências de exclusão. É com essas pessoas que construiremos alternativas de participação social, porque elas nos ensinam que, para haver encontro, é preciso ter espaço, e que o espaço está sempre sendo construído pelos seus usos.

É com essas crianças que ganhamos a oportunidade de construir a pergunta que deve nos guiar para pensar a relação entre conexão digital e laço social: qual é o lugar que as telas ocupam na dinâmica da vida? Elas estão no lugar do encontro com os outros? Elas restringem a experiência com a alteridade e fazem a gente ficar preso num ambiente com iguais tão idênticos que podem inclusive se reduzir ao si mesmo? Ou as telas fazem funcionar o que conjuga, abre mundo, faz laço?

A qualidade do conteúdo acessado faz diferença, o tempo de acesso faz diferença, claro, mas a pergunta sobre o lugar do outro nessa relação é incontornável. Se há outro, temos mais chance de que a conexão perspective enlaçamento.

Aprendemos, por fim, e sob a diversidade da experiência das infâncias, que conexão digital não é equivalente a laço social. Há crianças que precisam da tecnologia para construir relação com os outros mesmo quando não estamos atravessados por uma crise sanitária, há crianças que para enfrentar o isolamento precisam de políticas públicas que democratizem e garantam acesso à internet, há quem precise de mais ou menos ajuda para escolher conteúdos ou dosar o tempo de uso. Há quem precise de uma mão dada para procurar conexão com os outros. O que temos entendido nesse instante do mundo é que a necessária conexão digital não é equivalente a laço social para ninguém, e para que a vida digital favoreça a ligação entre as pessoas, enlace, dinamize discursos e amplie mundos, algumas condições precisam ser observadas.

Sobre a segregação e a patologização das infâncias

Qualquer discussão no curso de uma pandemia que já matou mais de 600 mil pessoas no Brasil não pode ser feita sem considerar que, aqui, a covid-19 apresenta nas estatísticas de óbito as nossas desigualdades. A infância não está protegida dessa perspectiva e é por isso que usamos o significante "infâncias" para nomear um campo que não é, sob nenhuma hipótese, universalizável. A crise sanitária, ao impor diferentes experiências de proteção e cuidado para as diferentes infâncias, apresentou, sob seus termos, a segregação e seus efeitos.

Lacan (1967/2003) distinguiu a segregação estrutural, que opera como princípio, dos efeitos de segregação, produzidos pelo empuxo de universalização imposto pelo discurso da ciência. Paulo Beer (2017) entende, e vou com ele, que essa referência à ciência no texto de Lacan não aponta para toda e qualquer perspectiva de ciência,[8] mas aquela que hoje referimos como

---

8   Para situar a ideia de ciência que está em jogo é necessário acompanhar o argumento preciso de Beer (2017): "Lacan afirma o discurso científico enquanto uma modificação do discurso do mestre, baseado em um conteúdo cientificista [é o argumento de autoridade] e produzindo um tipo de subjetividade muitas vezes entendido como silenciador da divisão do sujeito. Entretanto, ressaltamos que isso não é aplicável à ciência como pesquisa, mas a um certo modo de assimilação na cultura, de acordo com o qual algumas

cientificismo. Em sua perspectiva totalizante, esse empuxo cientificista propõe o apagamento da divisão do sujeito e, ao mesmo tempo, impõe consistência ao outro. Marcelo Veras (2020), em um post no seu perfil do Instagram (para discutir a importância de que a população não seja religiosamente convencida a evitar a vacina contra o coronavírus), diz com todas as letras: "Quando tudo corre bem, a ciência é o avesso da neurose, ela nos aponta que o Outro não existe e nos serve de bússola, indicando que os medos devem ser levados a sério, os que ameaçam a vida".

Sidi Askofaré (2009) entende que a estrutura dessa forma de ciência permite a prática segregativa por duas razões que instituem a proposição de universais: a forclusão da verdade como causa e a forma de tratar o seu objeto. Ao decompor o objeto, a ciência produz classificações e normas e, assim, engendra o que o autor chamou de "verme da segregação" (p. 352).

No curso da pandemia, os fatores de estresse foram constantemente referidos nas conversas sobre a vida das crianças em isolamento social. Fala-se de estresse, ou de qualquer outro termo que cumpra a função de alocar o insuportável e o mal-estar no sujeito, fala-se em estresse como a causa central ou principal de alterações de comportamento; alguns falam também de "complicações emocionais", e todos alertam para sua incidência sobre o desenvolvimento.

Psicólogos, médicos e educadores foram entrevistados pelos mais diversos veículos de informação para ajudar as famílias a lidar com os fatores produtores de estresse nas relações e evitar "riscos" para o desenvolvimento das criancinhas. Foram produzidas muitas instruções para serem seguidas dentro de casa: organize o tempo, cumpra uma rotina, brinque, converse, conte história, ofereça alternativas analógicas para as crianças, se acalme. Foram muitas as palavras de ordem que se tornaram senso comum, e esses ou outros imperativos deixaram na conta das famílias o ideal de cuidado a ser conquistado, desimplicando qualquer outra instituição, incluindo o Estado, na construção do cuidado na crise ou em situações emergenciais.

---

ideias presentes na ciência se generalizam como ideologia, servindo assim como material narrativo utilizado no recobrimento da clivagem entre discurso e práxis" (p. 191).

Mais rara, porém, foi a discussão que apontasse para os movimentos discursivos, para os modos de tecimento do laço social que nos trouxeram até aqui e que imperam na constituição do sofrimento vivido pelas crianças na vida em pandemia. Pouco se discutiu sobre essa forma de gerir o sofrimento, que, em poucas palavras, deixa exclusivamente na conta de cada um (localizando suas causas no sujeito, e precisamente no corpo) uma experiência que é politicamente determinada. Esse é o movimento contemporâneo que Burman (2020) considerou como o atual deslocamento do foco metodológico de interpretação do *outro* para o *si mesmo*. Para a pesquisadora, esse movimento tem a função de evitar a crítica política e, para isso, usa a estratégia de patologizar a vida e o sofrimento de cada um.

Em 1966, Canguilhem (1966/2009) já apontava que critérios corponormatizantes[9] incidem sobre a experiência humana de forma absoluta para decidir o normal e o patológico de cada época. Nessa direção, Christian Dunker (2015) entendeu que a eliminação da complexidade etiológica na constituição das modalidades de sofrimento de uma época é um processo ideológico relevante, que "cumpre a função decisiva de neutralizar o potencial crítico que os sintomas psicológicos trazem para a compreensão de determinado estado social" (p. 35).

É assim que a patologização de identidades sustenta a segregação: transformando modos e condições de produção de vida em doença. É assim que a valoração da diversidade de experiências possíveis à humanidade fica reduzida à lógica do viver de um grupo dominante, porque, quando esse grupo se propõe como parâmetro, alicerça a sua hegemonia.

Mas, para que a crítica política seja realmente evitada, é preciso, ainda, mais um movimento discursivo: é preciso que os negligenciados respondam em conformidade com a condição de dejeto dos discursos hegemônicos, mas que não os questionem nem denunciem. É necessária uma aderência discursiva da qual a patologização de suas vidas é produto e, ao mesmo tempo, sustentação. É aqui que se justifica, por exemplo, o investimento na construção de padrões de parentalidade e de gestão de crises, ou que se localiza a problemática

---

9   A esse respeito, consultar a discussão sustentada por Mello (2016).

no tal "estresse", o termo asséptico oferecido para localizar na experiência individual o funcionamento social.

É exatamente nessa direção que entendemos que os modos de dizer da estruturação e da subjetividade podem operar como argumento para a patologização de diferenças construídas pelas diversas modalidades de produção de vida presentes num mesmo território. É absolutamente urgente considerarmos se não estamos respondendo aos efeitos segregativos que a experiência da pandemia fez reincidir sobre as crianças e, também, ao embaraço que as infâncias não hegemônicas constituem na relação com o ideal social patologizando cada uma das crianças nessa condição,[10] ao invés de escutarmos seu movimento de resistência à segregação e, com elas, fazermos a crítica política.

Desconsiderar que funcionamentos subjetivos, particulares, instituem gramáticas próprias de sofrimento e desarticular a produção dessa gramática do contexto de deterioração do laço social, como o que decorre da crise sociossanitária que enfrentamos, tem determinado a patologização de experiências de sofrimento e, com isso, desconstruído a crítica política. É preciso, fundamentalmente, interrogar a que dimensão de poder, inscrita no laço social, interessa esse jogo.

Nessa mesma direção, é preciso, ainda, interrogar a consistência imaginária impressa em certas formas de dizer a criança e sua família posta a serviço da demanda de uma ciência que procura universalizar o particular em direção ao ideal. As nomeações referidas aos fatores e processos que abordam a constituição do sujeito marcam campos, constroem limites, mas também barreiras, e, ao decidirem o que fica dentro e o que fica fora de determinado campo, decidem também pelo enfrentamento (ou não) de normatividades (das quais, é preciso dizer, uma psicanálise não escapa por simples vocação).

É por essa razão que a escuta (clínica), e a perspectivação do cuidado (como proposição política) com as infâncias não hegemônicas retorna como questão, como interrogante, apresentando a urgência de se incidir sobre a compreensão da infância, da criança e, como consequência necessária, da

---

10 A esse respeito vale acompanhar a discussão sobre a relação entre a frequência do diagnóstico de autismo e da proposição de tratamentos e o marcador de raça realizada em Quebles et al. (2020).

família, que ocupam as políticas e práticas de cuidado (e que decidem sua abordagem das situações clínicas e também sociais).

Para tal, acredito, é necessário escutar o que se produz como políticas da infância. Políticas que, como discutido no início desse capítulo, se estabelecem a partir da relação da criança com o saber, perspectivada por uma maior abertura ao real. Há infâncias que não são hegemônicas, e é necessariamente a essa contingência que o sujeito emerge como resposta.

Desimaginarizar a experiência da infância, entendi nesse ano estranho, passa por enfrentar a proposta segregativa inserida na ideia de família que as políticas desse governo estão nos enfiando goela abaixo. Se as políticas da infância convocam o enfrentamento de universais, nesse instante de país, as políticas para a infância propõem ideais e hegemonias absolutamente segregatórios.

Estou me referindo às políticas de (des)governo como são as proposições do *homeschooling*, ou o enfadonho programa "Conta pra Mim",[11] ou ainda, no nosso despenhadeiro sem fim, a ameaça de destruição da reforma psiquiátrica, a ausência de políticas nacionais para enfrentar o fechamento das escolas, e a proposição do Decreto n. 10.502/2020 para a educação inclusiva na perspectiva da educação especial, o decreto da exclusão. São políticas que se apresentam desmentindo políticas de Estado, e que, no recorte que faço aqui, retomam a ideia das instituições totais, apresentando a família nesse lugar.

Tudo pela família, tudo feito em casa, tudo protegido. Protegido de mundo, de outro, de alteridade. Tudo com o crivo de uma infância feita numa família pensada por um ideal religioso de saúde no qual não cabe, obviamente, nenhuma variação de modo de vida, de prática de cuidado, de gestão de sofrimento. Quem não responder a esse ideal ficou do lado da patologia e precisa ser individualmente gerido e administrado.

A família não pode se oferecer como instituição total para ninguém, sob nenhuma hipótese. A primeira experiência de socialização não pode ser a

---

11 A coleção "Conta pra Mim" é uma produção da Secretaria de Alfabetização ligada ao MEC, que propõe uma versão dos contos de fada que eliminam de sua estrutura toda a dimensão do conflito e do erotismo presente na sua produção. A esse respeito vale conhecer os comentários de Colasanti (2020) e Valente (2020).

última, o preço é caro. Com Lacan aprendemos que o sujeito se *imunda*. Agora, precisamos urgentemente escutar as crianças.

Referências

Abrasco – Associação Brasileira de Saúde Coletiva et al. (2002). *Manifesto Ocupar escolas, proteger pessoas, recriar a educação*. Recuperado de: https://www.abrasco.org.br/site/wp-content/uploads/2020/10/MANIFESTO-_OCUPAR-ESCOLAS-PROTEGER-PESSOAS-RECRIAR-A-EDUCACAO_2-1.pdf.

Agamben, G. (2005). *Infância e História: destruição da experiência e origem da história*. Belo Horizonte: Editora UFMG. (Trabalho original publicado em 1979).

Askofaré, S. (2009). Aspectos da Segregação. *A Peste: Revista de Psicanálise*, 1(2), 245-354.

Barba, A. (2018). *República Luminosa*. São Paulo: Todavia.

Beer, P. (2017). *Psicanálise e ciência: um debate necessário*. São Paulo: Blucher.

Burman, E. (2020). Tomando as vozes das mulheres: a política psicológica da feminização. *Lacuna: uma revista de psicanálise*, (9), 9.

Canguilhem, G. (2009). *O normal e o patológico*. Rio de Janeiro: Forense. (Trabalho original publicado em 1966).

Cassin, B. (2015). *Elogio de la traducción: complicar el universal*. Buenos Aires: Cuenco de Plata.

Colasanti, M. (2020). *Não conta pra Mim* [texto de blog]. Recuperado de: https://www.marinacolasanti.com/2020/10/nao-conta-pra-mim.html.

Didier-Weil, A. (1997). *Os três tempos da lei: o mandamento siderante, a injunção do supereu e a inovação musical*. Rio de janeiro: Jorge Zahar.

Dunker, C. (2015). *Mal-estar, sofrimento e sintoma: uma psicopatologia do Brasil entre muros*. São Paulo: Boitempo.

Katz, I. (2019). Infâncias: uma questão para a psicanálise. In L. T. L. S. Surjus, & M. A. A. Moysés (Orgs.), *Saúde mental infantojuvenil: territórios, políticas e clínicas de resistência* (pp. 85-97). Santos: Unifesp/Abrasme.

Lacan, J. (2003). Alocução sobre as psicoses da criança. In J. Lacan, *Outros escritos*. Rio de Janeiro: Jorge Zahar. (Trabalho original publicado em 1967).

Mascarenhas, C. (2020). #Especial - Com a palavra as crianças [episódio de podcast veiculado em 29 out.]. *Papo de Criança*. Recuperado de: https://open.spotify.com/episode/2YQ0MCTv43iXrpwTww7Wsr?si=6dh8VuP5QdqV1h.

Maleval, J.-C. (2020). Quem é o mestre do objeto confiado ao autista? *Lacuna: uma revista de psicanálise*, (9), 3.

Mello, A. (2016). Deficiência, incapacidade e vulnerabilidade: do capacitismo ou a preeminência capacitista e biomédica do Comitê de Ética em Pesquisa da UFSC. *Ciência & Saúde Coletiva*, 21(10), 3265-3276.

Newman, J. (2018). *To Siri with love*. New York: Harper Paperbacks.

Quebles, I. et al. (2020). Racial and ethnic differences in behavioral problems and medication use among children with autism spectrum disorders. *American Journal on Intellectual and Developmental Disabilities*, 125(5), 369-388.

Soler, C. (2012). *O que resta da infância*. São Paulo: Editora Escuta.

Valente, R. (2020). Conta outra. *Quatro cinco um – a revista dos livros*. Recuperado de: https://www.quatrocincoum.com.br/br/noticias/politicas-do-livro/conta-outra.

Veras, M. (2020). *Medo e respeito* [publicação do Instagram]. Recuperado de: https://www.instagram.com/p/CJ-G64zFiXK/?igshid=18znmdhzdjlrj.

Voltolini, R., & Katz, I. (2020). Mais Ainda "Infância e Política". *Mais Ainda Psicanálise, Literatura e Política* [canal do YouTube]. Recuperado de: https://www.youtube.com/watch?v=idwlGHg_GeM&feature=youtu.be.

8. Quem sou eu?: a criação de possibilidades de existir para adolescentes e jovens em tempos de pandemia

Pérola Lozano T. de Carvalho[1]

Este texto é dedicado a reflexões sobre a busca por existir por si próprio, conceito de Winnicott (1963/1983), para pensar as adolescências e as juventudes atravessadas pelo contexto da pandemia, tendo como princípio serem marcadas pela pluralidade em diferentes realidades sociais. Trata-se de um período que tende a mobilizar questões acerca de "Quem sou eu?" e da busca pela afirmação "Eu sou" (Davis & Wallbridge, 1982, p. 96), conforme será desenvolvido no decorrer do texto.

Considerando que as adolescências e as juventudes não são um fenômeno universal e homogêneo e que as experiências são diversas e impactadas por diferentes contextos macro e microssociais – o que nos convida a fugir de conceitos de uma adolescência/juventude abstrata ou dos generalizantes "problemas da adolescência" –, apresentaremos alguns aspectos relevantes desta fase da vida, em diálogo com alguns fragmentos de relatos de adolescentes e jovens impactados pelo cenário da pandemia.

A pandemia de covid-19 é uma emergência de saúde pública de escala global e representa também um desafio à saúde mental das pessoas, com

---

[1] Mestranda da Faculdade de Educação da Universidade Estadual de Campinas (Unicamp), especialista em Psicologia Clínica pelo Centro de Formação e Assistência à Saúde (CEFAS) e psicóloga graduada pela Universidade Estadual Paulista "Júlio de Mesquita Filho" (Unesp), *campus* Bauru. Contato: perola.lozano@gmail.com.

diferentes impactos conforme atravessamentos de gênero, classe social, raça e idade. Desta forma, é fundamental questionar os efeitos da pandemia na saúde e no processo de amadurecimento dos adolescentes e jovens, bem como quais aspectos são intensificados pelo contexto da pandemia e podem ganhar novos contornos.

Para isso, na primeira parte deste texto, serão situadas diferentes pandemias, considerando múltiplos fatores, sociais, políticos, econômicos, culturais, psíquicos etc., para que, posteriormente, abordemos as adolescências e as juventudes como busca por existir por si próprio, a partir das contribuições da psicanálise, principalmente de Winnicott (1963/1983), captando elementos desse processo em meio à pandemia.

A discussão será apresentada em conjunto com alguns fragmentos de meu contato com jovens, seja como psicoterapeuta, seja como pesquisadora.[2] Os nomes dos participantes apresentados são fictícios. Ao final, serão tecidas considerações a respeito das relações deles com a condição de distanciamento social e a hiperconexão das telas, fenômeno este cada vez mais presente para uma parte dos adolescentes que tem acesso.

Diferentes pandemias

Com a necessidade de medidas de isolamento e distanciamento social, consequência direta da pandemia de covid-19, muitas foram as recomendações com restrições de sair de casa e de estar junto fisicamente com as redes de afeto do convívio. As relações mediadas pelas telas, que, para muitas pessoas, já eram intensas, ficaram ainda mais – ao menos para quem tem acesso a elas. Estas exigências podem ser marcadas de diferentes formas para cada um, seja

---

2   Com o projeto de pesquisa de mestrado "Adolescências, Gênero, Sexualidade e Educação: Contribuições da Psicanálise", na Faculdade de Educação da Unicamp, sob orientação de profa. dra. Ana Archangelo, venho investigando as concepções de adolescentes (entre 14 e 17 anos) a respeito da sexualidade e gênero vivenciados na escola. Trata-se de uma investigação qualitativa dos relatos de jovens por meio de entrevistas individuais, acerca das vivências em sexualidade e gênero e de como estas experiências se dão no contexto escolar, tendo a psicanálise como aporte teórico-metodológico.

pela necessária cautela que exige este momento, pelo intenso medo ou, ainda, pelo seu avesso: a negação.

Oliveira et al. (2020) sugerem que a situação de pandemia pode ser considerada um determinante que afeta diferentes dimensões da vida dos adolescentes, sobretudo associando-se a problemas de saúde mental. Os adolescentes estariam vivenciando de forma negativa as medidas de distanciamento social e o fechamento das escolas, com o aumento do risco para o desenvolvimento de quadros de ansiedade, depressão e outros problemas psicológicos. Ainda, os adolescentes poderiam estar mais expostos a situações de violência doméstica, muitas vezes estando isolados em um contexto familiar violento.

O fechamento das escolas, que implica a perda da rotina, a privação da convivência com colegas e a implementação compulsória do ensino remoto, também impactou a vida de milhões de adolescentes. Para alguns, em um contexto de intensas vulnerabilidades sociais, a escola era também uma forma de garantir condições básicas de alimentação. A suspensão das aulas presenciais trouxe grandes dificuldades e desafios. A publicação *Retratos da educação no contexto da pandemia do coronavírus* (Lima, 2020) indica um panorama marcado por dificuldades para avançar no aprendizado em situações não presenciais; sobrecarga e ansiedade dos profissionais, dos estudantes e de suas famílias e riscos de abandono escolar por parcelas representativas de estudantes, da Educação Infantil ao Ensino Médio. As desigualdades nas condições de oferta educacional, de acesso e realização das atividades foram agravadas com a suspensão das aulas presenciais, de tal modo que as mudanças no processo educacional no contexto da pandemia não são apenas um reflexo da desigualdade existente do país, mas um fator que tende a acirrar tais desigualdades.

As desigualdades são produzidas por diferentes condições na oferta de oportunidades de aprendizado – o que se vincula às características dos territórios, às especificidades das redes de ensino e às características socioeconômicas das famílias, dos estudantes e dos educadores – e impactam de maneira mais evidente os estudantes segundo sexo/gênero, cor/raça e renda familiar. A pesquisa citada constata a desigualdade de condições de aprendizagem durante o período de interrupção das aulas presenciais e "a falta de infraestrutura e conectividade dos alunos" como a maior dificuldade para os estudantes do Ensino Médio, seguida pela "dificuldade de manter o engajamento dos alunos", de acordo com os professores entrevistados (Lima, 2020, p. 54).

A publicação apresenta os dados do Instituto Brasileiro de Geografia e Estatística (IBGE), indicando que os jovens de 15 a 17 anos que frequentam o Ensino Médio são os mais impactados pela desigualdade: de cada 100 crianças que ingressam no sistema de educação brasileiro, 89 concluem os anos iniciais do Ensino Fundamental na idade correta (12 anos). Essa proporção vai diminuindo nos anos finais (78) e no Ensino Médio (69).

Entre as populações em situação de vulnerabilidade social, a pandemia tem escancarado as contradições e desigualdades deste país, já que parte significativa da população brasileira – trabalhadores na base da pirâmide de distribuição de renda – está sendo atingida com mais brutalidade pelos impactos diretos e indiretos da pandemia, o que pode ser visto nas taxas de contágio e de morte, no desemprego, na queda da renda, na fome e na insegurança alimentar que os acometeram significativamente. Afinal, diante do tão repetido "fique em casa", sabe-se que para a maioria das pessoas esta não é uma opção em virtude da necessidade de trabalho, da alta taxa de informalidade e da naturalização do risco de vida, muitas vezes ao conviver com violências diárias (Abrasco, 2020).

A pesquisa do DataFavela, por exemplo, sinalizou que 54% das pessoas empregadas têm receio de perder o emprego e 75% preocupam-se com os impactos da doença em suas rendas. Estas tensões – relacionadas às questões mais básicas de sobrevivência – podem intensificar o sofrimento psíquico nos jovens destes grupos sociais (Abrasco, 2020).

Embora ninguém consiga escapar da pandemia, ela tem consequências distintas em múltiplas realidades, considerando os marcadores de raça, gênero e classe. Há, assim, diferentes pandemias circulando de norte a sul do Brasil, bem como há diferentes adolescências, condições concretas e históricas de vida que perpassam tais cenários.

Estrela et al. (2020) corroboram essa análise ao elucidar que os marcadores de raça, gênero e classe se apresentam enquanto condição vulnerabilizadora da exposição à covid-19, nos mais diversos cenários mundiais. Esse contexto denuncia a necessidade histórica da implantação de estratégias de melhoria de vida dessa população, a adoção de políticas socioeconômicas de maior impacto e com maior abrangência, ampliando o acesso a melhores condições de saúde, educação, moradia e renda.

A pesquisa de Gomes (2020) traz um importante questionamento sobre quem é mais afetado pela crise do novo coronavírus do Brasil. Aponta que a alta taxa de letalidade recai sobre os pobres e, com maior contundência, sobre as pessoas negras (pretos e pardos) e pobres. Negras e negros estão entre o público mais exposto ao novo coronavírus pelo maior índice da condição de pobreza, de exclusão, de desemprego, de trabalho informal, de moradia em regiões periféricas, vilas e favelas muitas vezes sem saneamento básico.

Já Vezzali (2020) denuncia que o fechamento das escolas afeta principalmente os estudantes mais pobres, ainda mais as meninas, considerando o cenário da América Latina e do Caribe. Mais de 11 milhões de meninas podem deixar de estudar por conta dos impactos econômicos da pandemia no mundo, segundo a Unesco. Crises como essas tendem a aumentar as tarefas domésticas e o trabalho não remunerado de meninas e jovens mulheres, e ainda limitar o tempo disponível para ir à escola, trazer menos oportunidades de aprendizagem e maior risco de evasão escolar.

Considerando-se estas reflexões introdutórias sobre as mais diferentes pandemias e realidades que a pandemia produz e evidencia, torna-se necessário refletir sobre os impactos nas vivências de jovens, integrando suas dimensões sociais e subjetivas.

Adolescência e juventude:[3] *busca por existir por si próprio*

Há uma ampla discussão no campo da psicologia sobre os termos "adolescência" e "juventude", a qual não é objeto deste estudo. Optamos por

---
3   Os estudos winnicottianos abordam os processos psíquicos ocorridos ao longo da adolescência. Consideraremos aqui que suas contribuições servem também para que analisemos a juventude, período compreendido dos 12 aos 29 anos de idade, segundo o

privilegiar o termo "adolescência" e por tratá-los (adolescência e juventude) indiscriminadamente nos trabalhos citados.

Tendo em vista a importância do ambiente e das relações intersubjetivas para se aproximar de uma concepção do adolescente como uma pessoa encarnada, psicossomática, e não mais "apenas" em termos de psiquismo e relações mentais, Winnicott (1963/1983) faz importantes contribuições. A proposta do psicanalista inglês é estudar e discutir, ao mesmo tempo, os fatores pessoais e ambientais implicados neste processo de amadurecimento.

Em sua obra há um importante enriquecimento da noção de ambiente. Este passa a ser compreendido como um conjunto que inclui as tendências herdadas, a provisão do ambiente, o mundo passado e futuro e o universo ainda desconhecido. O mundo externo é enriquecido pelo potencial interno e o interior é enriquecido pelo que pertence ao exterior (Winnicott, 1963/1983).

Professores, pais, psicólogos e demais profissionais da saúde, ao lidarem com os adolescentes, são atravessados pelos efeitos psíquicos deste período da vida em cada um, o que faz ativar a lembrança do que foi sua própria adolescência. Ao mesmo tempo, implica um esforço em suportar características de comportamento consideradas comuns nesta fase, como o repúdio a soluções falsas, a necessidade de sentir-se real e a ânsia por desafiar (Winnicott, 1987).

O conflito entre dependência e independência ganha centralidade nesta discussão. Rebeldia, vontade de desafiar, uma busca por se diferenciar e constituir-se como pessoa, ao mesmo tempo, com uma necessidade de amparo, proteção e suporte são aspectos que podem coabitar o mundo interno e as vivências nessa fase. Há a urgente necessidade de ser rebelde em um contexto em que se possa confiar e que também acolha a dependência. Quando os adultos querem prontamente encontrar e impor uma solução para o problema do adolescente, tais ideias são facilmente rejeitadas, mostrando-se como uma falsa solução para eles, conforme adverte Winnicott (1987). Neste sentido, o autor preconiza que os adolescentes se sentem reais apenas na medida em que recusam essas falsas soluções. Afinal, "sentir-se real é mais do que existir; é

Estatuto da Juventude, justamente por essa fase ser comumente tratada como uma fase intermediária entre a infância e a vida adulta. Não à toa, pesquisadores têm defendido a ampliação da adolescência dos 10 aos 24 anos (BBC, 2018).

descobrir um modo de existir como si mesmo, relacionar-se aos objetos como si mesmo e ter um eu (*self*) para o qual retirar-se, para relaxamento" (Winnicott, 1971/1999, p. 161).

É possível, assim, compreender o quanto pode se tornar avassalador forçar os jovens a se submeter a algo às custas de um modo pessoal, abandonar uma opinião própria para conformar-se com uma alheia. A tendência facilmente será os adolescentes desafiarem ainda mais e se manifestarem com rejeição diante de uma ameaça de extinção e desintegração, na busca por ser alguém. Tal necessidade de desafiar tem um estreito vínculo com o repúdio à solução falsa e a necessidade de se sentir real.

Winnicott (1965, 1987), postula, ainda, que quando no grupo existem alguns jovens que tomam alguma atitude concreta de provocação à sociedade, é possível que surja no agregado uma coesão, criando nos outros um sentimento de realidade e estrutura, temporariamente um grupo, mesmo que isoladamente cada um não concorde. Cada indivíduo usa dos casos extremos para sentir-se real, e todos serão leais e apoiarão o indivíduo que agirá pelo grupo, embora nenhum deles tivesse aprovado o que o extremista fez.

A adolescência é o momento em que o papel do grupo ganha maior relevância. Porém, para Winnicott (1987, p. 152), "o adolescente é essencialmente isolado. É a partir de uma posição de isolamento que ele se lança no que se pode resultar em relações". Segundo o autor (Winnicott, 1965), os grupos de jovens configuram-se como um agregado de indivíduos isolados por meio da identidade de gostos.

Com a pandemia, os jovens estão privados da convivência com seus grupos, o que pode tornar seu isolamento ainda mais concreto. Torna-se um desafio estabelecer e manter laços apesar da distância física, criando-se outros modos de estar junto, muitas vezes exclusivamente virtual. O conflito entre a solidão e a necessidade de estar em grupo é um dos aspectos-chave da adolescência que, por hipótese, pode estar mais sensível em um momento como o atual.

Nasio (1942/2011) pensa a adolescência como uma das fases mais fecundas da existência humana, na qual se dão a descoberta e a construção de novos interesses, espaços afetivos e formas de viver emoções; o momento em que se "conquista o espaço social ao descobrir, fora do círculo familiar e da escola, o universo dos outros seres humanos em toda a sua diversidade" (p. 16). Cada adolescente está inserido em diferentes contextos sociais que impactam suas vivências de acesso e oportunidades para os espaços intelectual, afetivo e social. Assim, este é um momento caracterizado por "uma passagem obrigatória, a passagem delicada, atormentada, mas igualmente criativa" (p. 13).

Winnicott (1965, 1963/1983) postula que a busca de descoberta pessoal precisa ser vivida, mais do que entendida ou curada, sendo inscrita nas experiências do corpo, desde as mais primitivas. Há muita coisa desconhecida porque ainda não foi vivenciada, dessa forma, torna-se evidente a luta por se sentirem reais, sobretudo ao se depararem com o fato de não saber o que se tornarão, onde estão, restando, portanto, a espera. Uma espera marcada por uma coleção de experiências, que possibilitará a conquista do "Eu sou". Com isso, não devemos curar uma coisa que é essencialmente sadia, afinal, a imaturidade pode ser tomada como uma parte preciosa da adolescência e "a sociedade precisa ser abalada pelas aspirações daqueles que não são responsáveis" (Winnicott, 1971/1999, p. 198).

A realização do "Eu sou" implica a integração da psique com o corpo e depende de suportes e ambientes suficientemente bons. Sem uma resposta à questão "Quem sou eu?", de acordo com Davis e Wallbridge (1982), é difícil sentir-se real, porque a capacidade para sentir-se real é resultado de uma autodescoberta.

De acordo com esses autores, trata-se de existir por si próprio, o que é algo que pode acontecer se houver espaço para crescer e para a originalidade. A realização do potencial individual, ou seja, a autodescoberta no espaço potencial, diz respeito a uma liberdade real e à capacidade de estar em contato com o eu, o que corresponde a dizer que a vida possui significado.

Pensar essa busca por existir por si próprio é pensar a saúde e a maturidade desses indivíduos e da sociedade na qual estão inseridos, e, dentro do propósito deste texto, considerando-se o contexto atual da pandemia. A saúde do indivíduo se relaciona com a sua maturidade e a da sociedade da qual faz parte, assim, Winnicott (1963/1983) já apontava o quanto se torna incompleto abordar a maturidade do indivíduo em um ambiente social imaturo ou doente.

Davis e Wallbridge (1982), ao analisarem Winnicott (1963/1983), pensam um ambiente doente e imaturo, por exemplo, relacionado com a tendência de identificação dos sujeitos com uma autoridade que provoca forte controle na sociedade, o que não deriva de uma autodescoberta e é bastante diferente da identificação com um grupo social. Os autores refletem sobre um limite opressivo que ameaça a liberdade dos indivíduos e da sociedade, a partir da ideia de Winnicott (1963/1983) que pensa o exercício de liberdade como a marca da democracia.

Desta forma, "a liberdade para crescer, criar e contribuir" caracteriza a "mesma liberdade que é a essência da tendência democrática" (Davis & Wallbridge, 1982, p. 181). Assim, o desenvolvimento pessoal e a construção da sociedade caminham juntos.

Essa discussão se torna ainda mais central no momento atual, em que um cenário tão catastrófico gera riscos de acabar com muitos dos significados possíveis. Em um cenário político brasileiro atualmente marcado por autoritarismo, intolerância e discurso de ódio, com o agravamento das desigualdades sociais e pessoas vivendo em condição de opressão, desespero e privação, impulsionado também pelas consequências desastrosas da pandemia, pergunta-se: é possível sentir-se real em uma realidade tão distópica quanto a nossa? Como é ser real nessa distopia sem fim? Que significados se podem construir diante de tanta desolação?

Vida sem significados, vidas insignificantes

A partir da minha escuta com adolescentes e jovens como psicóloga clínica e como pesquisadora, surgiram algumas questões, considerando os impactos da pandemia: o que é existir por si próprio na pandemia? Qual espaço para crescer e para originalidade existe neste momento? O que é se isolar em um momento de isolamento? O que os adolescentes vêm desafiando neste momento? Quais soluções falsas os adolescentes vêm repudiando ao longo da pandemia?

Pode-se dizer que há muitas soluções falsas dadas pela sociedade no contexto da pandemia. O tratamento precoce, a aposta na imunidade de rebanho, a dualidade entre a morte de pessoas e o fechamento do comércio, o negacionismo, a impossibilidade para muitos de se manter em isolamento, a vacinação que demorou para chegar etc. A ideia de um novo normal e a gestão desastrosa da pandemia em nosso país mostram a naturalização das precariedades da vida pandêmica.

O abandono da escola, por exemplo, pode ser situado nessa falta de perspectiva de futuro, e também de presente, produzindo uma espécie de indiferença e de falta de credibilidade neste modelo de formação e desenvolvimento que conhecemos. Como pensar, neste contexto, a formação escolar? Que significados possui? Com o cenário da pandemia, a lenta política de vacinação no país e o "vai passar" que não passa, é fundamental questionarmos de que forma a crise provocada pela covid-19 influencia as perspectivas de futuro dos adolescentes, perspectivas estas já fragilizadas pela desigual distribuição de renda e acessos.

Paulo, um adolescente de 14 anos que vive com a família em um bairro periférico, me contou em uma entrevista:

> *A pandemia não é meu maior problema, já detestava ir pra escola! Agora pelo menos, ninguém mais me enche o saco!... Estou procurando algum trabalho. E encontro a galera de toda forma na rua, vou pra pista de skate com a rapaziada, é o que salva! Não tem nem espaço direito pra ficar em casa e tem que revezar o celular pra todos os meus irmãos assistirem às aulas. Na real, estou sem ver aula faz mais de ano. Já não prestava muita atenção na escola, mas antes eu até aprendia alguma coisa.*

Paulo vivencia o abandono escolar impulsionado pela pandemia e, com isso, tende a ser impactado em um processo crescente de exclusão e desigualdade. E o abandono é evidenciado de muitos lados: da educação, de outras políticas públicas e possivelmente da família; entretanto, o skate e os amigos em torno deste parecem ser um importante vínculo que ele construiu e que permanece. As queixas escolares vivenciadas por ele, ao que parece, são muito anteriores à pandemia; ora, não é de hoje que a escola pública brasileira muitas vezes é um espaço produtor de fracasso, abandono e evasão, conforme bem explicitaram autores como Patto (1999), Aquino (2007) e Souza (2010).

Ressalta-se a importância de reconhecer as tensões e as contradições do espaço escolar e pensar também as possibilidades de resistência, enfrentamento, construção de novos espaços de manifestação e de condução do processo educativo. Porém, possivelmente, para Paulo a escola já era um espaço de pouco pertencimento mesmo antes da pandemia, nem sempre capaz de possibilitar a construção de perspectivas de presente e de futuro. Ir ou não à escola acaba sendo, muitas vezes, indiferente – ou deixar de ir, um alívio. Diante disso, resta a Paulo buscar produzir significados na vida trabalhando – mesmo que, eventualmente, tenha dificuldades para entrar no mercado de trabalho ou consiga trabalhos precarizados.

Para a imensa população do Brasil, não há possibilidade de isolamento social diante da necessidade de continuar trabalhando fora de casa como a única forma de sobrevivência. A reportagem "Por que aglomero?" (Felicio, Silva & Veloso, 2021) é elucidativa quanto aos efeitos da impossibilidade de ficar em casa. Segundo ela, uma parcela dos jovens periféricos pode ter uma atitude de normalizar a pandemia. Muitos adolescentes pobres já eram impossibilitados de ter uma perspectiva de futuro em virtude de múltiplos fatores, como a falta ou precariedade de acesso à saúde e à educação. Não à toa, diante das críticas pelas aglomerações na periferia, os jovens rebatem: "no busão cheio, eu não vou pegar covid-19, mas no baile, sim?". Acrescenta-se que as aglomerações ocorrem em todos os bairros e classes sociais, resta saber se são da mesma forma noticiadas.

Todos somos atravessados de diferentes formas pela pandemia, mas as nefastas e históricas desigualdades sociais afetam de forma distinta e se propagam ainda mais. Não é só vírus que propaga, a falta de perspectivas e de significados também.

Quem sou eu? E em uma pandemia?

No consultório, Joe, 20 anos, nomeia de depressão o que sente ao ver o mundo, o país, a pandemia, a política, a desigualdade social, os abismos de realidades. Este jovem mostra um sofrimento que é preciso ter espaço para ser vivido. É necessário que eu reconheça e, mais que isso, que eu coloque o meu sofrimento em interlocução com o dele, diante do contexto da pandemia, ao qual ninguém escapa.

Joe tem interesse por astronomia e tecnologia, está sempre estudando e jogando videogame. Ele me fala do macrocosmo, do mundo do lado de fora, querendo me falar do micro, de seu mundo interno. Diz ele que "o micro é mais difícil de falar, mas estou tentando", ao se referir a sua vida pessoal, singular, ao cotidiano, às suas idiossincrasias e à relação com os outros. Ele sonha em ser programador de jogos de videogame, entra em cada jogo e assume vários personagens, preferindo muitas vezes passar dias inteiros jogando:

> *Eu não sei falar sobre mim. Quem sou eu? Não sei... Parece que quanto mais eu fico isolado, menos eu sei. Mas quero ficar sozinho, não quero precisar de ninguém, o mais difícil de tudo é se relacionar com os outros. Eu penso estrategicamente em como não revelar partes minhas, isso acontece o tempo todo. Tudo me irrita nos meus pais, não consigo ficar perto deles... E eu não posso sair de casa porque eu tenho medo de morrer com esse vírus.*

Para Joe, é possível ficar em casa, ao contrário da maioria dos jovens brasileiros. Observa-se uma fragilidade nos vínculos familiares e também um certo abandono com a companhia somente do videogame. É possível dizer que o isolamento para ele já era uma condição de vida antes mesmo da pandemia, sendo intensificado por esta, e, agora, ganha contornos avassaladores diante do medo da contaminação e do risco de vida.

O jovem mora com os pais, mas não consegue ficar no mesmo ambiente que eles, esquiva-se de qualquer aproximação pessoal. Privado de qualquer contato social, fecha-se em seu quarto e prefere ficar assim. Joe, já antes da pandemia, demonstra uma ambivalência diante de uma das descobertas mais fundamentais desse momento da vida, marcado pela tentativa de responder à questão "Quem eu sou" diante do conflito entre a necessidade de estar sozinho e, ao mesmo tempo, em grupo.

Como Joe, há muitos jovens que em algum momento sentiram-se aliviados por não se encontrar com ninguém e confessam ficar felizes em segredo. Paulo também parece sentir algum alívio por não precisar mais ir à escola. De um certo ponto de vista, Paulo pode estar ainda mais isolado que Joe, diante de um desamparo social.

A angústia mobilizada por uma avalanche de notícias de mortes e perdas pode continuar perturbando mesmo durante o sono. Uma vez a jovem Laura, de 18 anos, também no consultório, me contou:

> *A sensação que eu tenho acordada está sendo igual à dos meus piores pesadelos. Só que no pesadelo tem um fiozinho de esperança que eu posso acordar. Tenho diversos pesadelos com o mundo acabando. Estou em um* **bunker***, e o mundo está acabando por causa do vírus e eu preciso continuar trabalhando. No sonho, tem uma cidade embaixo da terra, todos vivem lá e não tem como sair. Eu vejo em uma tela a aproximação do final do mundo, vejo que está chegando perto. A sensação é de um enorme desespero, eu sinto de verdade que vou morrer. E esta está sendo a mesma sensação que acontece quando estou acordada, é desesperador e, dessa vez, não tem como acordar.*

O sonho de Laura pode ser uma tentativa de uma acomodação mental inconsciente diante da intensa condição de fragilidade e medo em que se encontra. Sente no corpo a brutalidade do medo de morrer, o que ganha dimensões concretas com a ameaça de perigo pelo coronavírus. A capacidade de sonhar de Laura pode contribuir para a elaboração desta vivência de terror. O sonho revela uma importante função como um dispositivo de simbolização, principalmente diante de experiências que geram um excesso psíquico e podem se tornar traumáticas.

Chama a atenção que a jovem considera seu pesadelo mais esperançoso que a realidade vivida cotidianamente. De pesadelos, ainda é possível acordar, mas será possível acordar do mundo pandêmico, da pandemia brasileira? Em um mundo em que a realidade supera qualquer pesadelo e apaga possibilidades e perspectivas de vida, e a morte que ronda não é apenas fantasia, que significados esses jovens podem construir para suas experiências?

Isolamento e excesso do mundo virtual

Além do isolamento, estar hiperconectado tem sido uma realidade para muitos jovens. Joe, por exemplo, quer criar um mundo próprio com os personagens no videogame. Diante do intenso medo do contágio, fantasia uma outra realidade mais protegida e talvez sinta como mais interessante. É possível que ele precise disso para sair daquele mundo sombrio que vê, porém o risco está em permanecer ainda mais em um profundo isolamento, não só físico, mas principalmente afetivo.

O isolamento intensificado pela pandemia faz com que este jovem, por um lado, ganhe motivos para se autorizar a fazer o que já desejava, permanecer ao máximo sozinho, mas, por outro lado, também demonstra sofrer diante disso. Não tem mais de vez em quando a conversa na faculdade, no ônibus, no intervalo das aulas. Estar isolado se tornou a nova recomendada (e, infelizmente necessária) conduta social. Inicialmente, ele se acalma porque, de repente, todos estão neste mesmo barco e, de alguma forma, ele já navegava nele há algum tempo, porém agora enfrenta ondas maiores.

Já antes da pandemia, havia realidades em que muitos jovens já se encontravam hiperconectados. Há de se considerar que o meio virtual, marcado pela internet, redes sociais, jogos online e aplicativos de conversa, vem estabelecendo novas formas de sociabilidade juvenis, também capazes de criar fortes redes afetivas, de pertencimento e apoio. Em que dimensão o virtual pode aproximar ou, ao contrário, distanciar? A experiência dita virtual seria menos real? Diante disso, podemos nos questionar de que maneira a pandemia impacta as experiências de quem já estava mergulhado no virtual e em que medida o virtual afrouxa ou impõe uma condição de isolamento.

É possível fazer apostas em uma direção, mas penso que as respostas são singulares. Pode ser que muitos adolescentes estejam mais "adaptados" às restrições impostas pelo contexto de isolamento, pois a convivência já era antes quase sempre virtual. No caso de Joe, depois de um ano de pandemia, ele reconhece que o isolamento gerou um grande mal-estar. O relativo apaziguamento do início, diante do que sente como uma diminuição das pressões externas sociais, logo se esvai, e o garoto relata um excesso das "mesmas paredes", "das mesmas telas", "dos mesmos dias", "do mesmo vazio", "da mesma solidão", que o sufocam.

Os diferentes papéis do mundo virtual são contraditórios e podem coexistir. Por um lado, podem possibilitar e estreitar vínculos; por outro, podem distanciar, com a fragmentação de conversas e um prejuízo na convivência; tais elementos se sobrepõem e não são simples de distinguir. Nasio (1942/2011) apontava a "ciberdependência" como uma das novas formas de sofrimento inconsciente dos adolescentes; dependências sem drogas, ciberdependências dos videogames e também do uso exagerado do virtual com um caráter erótico. Nesse caso, não se trata mais de dependência de um produto, mas de dependência de um comportamento.

Deslandes e Coutinho (2020) consideram que o isolamento social adotado para o enfrentamento da pandemia de covid-19 intensificou alguns elementos ligados à sociabilidade digital, como hiperexposição, diluição de fronteiras público-privadas-íntimas e espetacularização de si. Tal fenômeno traz ainda um acirramento da violência digital, com o uso de mensagens e imagens com a intenção de ferir ou constranger outra pessoa e uma maior propensão a novas formas de adição, como ao cibersexo, às redes sociais, a jogos, além de compras e apostas. Nesta sociabilidade digital, a construção da imagem de si mediada por ferramentas tecnológicas leva à potencialização do fenômeno de colocar a intimidade como principal foco de espetacularização.

Tal fenômeno é agravado pelo contexto da pandemia e por se tratar de adolescentes, o que inclui também, por exemplo, o risco do acesso a conteúdos inadequados para a idade. O mundo virtual pode ser situado algumas vezes como um lugar de abandono para muitos adolescentes, jogados à própria sorte, fazendo o que bem entendem, sem a intervenção efetiva de quase ninguém, ainda mais diante da naturalização e da tolerância pouco crítica a tais práticas. Essa demonstra ser a realidade de vários jovens, sobretudo de classes média e alta.[4]

Em um mundo com o excesso do virtual e um apagamento do sujeito, observa-se uma saturação da mente que pode ser produzida pelo meio digital. Saturação esta que pode se apresentar justamente como profundo tédio e apatia diante de uma sensação de vazio. Paradoxalmente, entediar-se pode ser uma saída: de acordo com Baptista e Jerusalinsky (2017), é no encontro com o vazio que é possível criar mundos de ficção e entrar em contato consigo mesmo, o que requer um tanto de tempo e pontos de ausência na tela de imagens saturadas. Uma mente saturada de estímulos, totalmente preenchida, pode ter dificuldade para sonhar e projetar, capacidades ainda mais importantes em tempos atuais.

Pode-se dizer que, para muitos, o tempo na pandemia é sentido de outra forma, ficou mais lento – ou, então, muito rápido. Há grandes limitações de encontros, lazer, distrações cotidianas, com as mais diferentes consequências para cada um. É necessária uma aposta em abrir espaços, na mente e no mundo externo, para favorecer outro tipo de conexão, de cada um consigo mesmo, entre mente e corpo, e a possibilidade de fortalecer os vínculos afetivos e de solidariedade, apesar da distância física.

Baptista e Jerusalinsky (2017) apontam que é necessário sair do horror ou do fascínio que o virtual pode causar, não cedendo ao pensamento simplista e abrindo um pensamento reflexivo. Há de se considerar que o virtual possibilita acessar e ter contato com mundos e pessoas que dificilmente conheceríamos de modo físico. Tal ampliação, entretanto, convive com a impossibilidade de contato e experiência direta com o mundo e com outras pessoas, já que se dá, no meio virtual, mediada por aparatos de tecnologia, além de usualmente se dar em larga escala e com uma rapidez impressionante. Dessa forma, falamos de uma certa "pobreza de experiência", que é transferida para fora dos

---

4 Talvez a condição desses jovens seja mais assustadora do que estarem jogados à própria sorte, não podendo contar com a supervisão de adultos responsáveis a respeito dos conteúdos acessados virtualmente. O documentário *O dilema das redes* (Orlowski, 2020) mostra como os algoritmos das redes sociais não apenas identificam interesses dos usuários, mas são capazes de produzi-los, induzindo comportamentos. É possível pensar, então, que muitos desses jovens estejam vivendo sob a tutela desses algoritmos.

indivíduos (Agamben, 1979/2005). Fora de si, parece se tornar difícil que jovens tenham experiências enriquecedoras, capazes de promover sua autodescoberta e seu contato com o eu, redundando na construção de uma existência dotada de poucos significados.

Dessa forma, o sofrimento para os adolescentes está presente por todos os lados, ao serem jogados, possivelmente mais do que antes, em um estado de sobrevivência ao mesmo tempo social e psíquica e com os mais diferentes atravessamentos culturais, econômicos, políticos e intersubjetivos. Em uma realidade histórica marcada por extremos, observa-se, assim, aqueles que estão em um profundo isolamento social e afetivo, com intensa angústia e medo da contaminação, mas também tantos outros com sofrimentos velados ao serem obrigados a banalizar o risco da vida cotidianamente.

Referências

Abrasco – Associação Brasileira de Saúde Coletiva. (2020). *Coronavírus nas favelas: "É difícil falar sobre perigo quando há naturalização do risco de vida".* Recuperado de: https://www.abrasco.org.br/site/outras-noticias/saude-da-populacao/coronavirus-nas-favelas-e-dificil-falar-sobre-perigo-quando-ha-naturalizacao-do-risco-de-vida/46098/.

Agamben, G. (2005). *Infância e história: destruição da experiência e origem da história.* Belo Horizonte: Editora UFMG. (Trabalho original publicado em 1979).

Aquino, J. G. (2007). *Instantâneos da escola contemporânea.* Campinas: Papirus.

Baptista, A., & Jerusalinsky, J. (Orgs.). (2017). *Intoxicações eletrônicas: o sujeito na era das relações virtuais.* Salvador: Ágalma.

BBC. (2018). Adolescência agora vai até os 24 anos de idade, e não só até os 19, defendem cientistas. *BBC News.* Recuperado de: https://www.bbc.com/portuguese/geral-42747453.

Davis, M., & Wallbridge, D. (1982). *Limite e espaço: uma introdução à obra de D. W. Winnicott.* Rio de Janeiro: Imago.

Deslandes, S. F., & Coutinho, T. (2020). O uso intensivo da internet por crianças e adolescentes no contexto da COVID-19 e os riscos para violências autoinflingidas. *Ciência & Saúde Coletiva*, 25(6), suppl 1.

Estrela, F. M. et al. (2020). Pandemia da Covid-19: refletindo as vulnerabilidades a luz do gênero, raça e classe. *Ciência & Saúde Coletiva*, *25*(9), 3431-3436.

Felicio, A. B., Silva, E., & Veloso, L. (2021). Por que aglomero? *Agência Mural*. Recuperado de: https://www.agenciamural.org.br/especiais/jovens-relatam-os-motivos-para-irem-a-festas-durante-a-pandemia/.

Gomes, N. L. (2020). A questão racial e o novo coronavírus no Brasil. *Friedrich-Ebert-Stiftung – Trabalho e justiça social*. Recuperado de: http://library.fes.de/pdf-files/bueros/brasilien/16315.pdf.

Lima, A. L. D. et al. (2020). *Retratos da Educação no contexto da pandemia do coronavírus. Um olhar sobre múltiplas desigualdades*. Recuperado de: https://www.fcc.org.br/fcc/wp-content/uploads/2021/02/Retratos-da-Educacao-na-Pandemia_digital-_outubro20.pdf.

Miliauskas, C. R., & Faus, D. P. (2020). Saúde mental de adolescentes em tempos de Covid-19: desafios e possibilidades de enfrentamento. *Physis*, *30*(4).

Nasio, J.-D. (2011). *Como agir com um adolescente difícil? Um livro para pais e profissionais* Rio de Janeiro: Zahar. (Trabalho original publicado em 1942).

Oliveira, W. A. et al. (2020). A saúde do adolescente em tempos da COVID-19: scoping review. *Cadernos de Saúde Pública*, 36(8).

Orlowski, J. (Dir.). (2020). *O Dilema das Redes*. Estados Unidos: Exposure Labs, Argent Pictures, The Space Program.

Patto, M. H. S. (1999). *A produção do fracasso escolar: histórias de submissão e rebeldia*. São Paulo: Casa do Psicólogo.

Souza, B. P. (Org.). (2010). *Orientação à queixa escolar*. 2a ed. São Paulo: Casa do Psicólogo.

Vezzali, F. (2020). Aprofundamento das desigualdades: crianças, adolescentes e jovens na América Latina em pandemia. *Ação Educativa*. Recuperado de: https://acaoeducativa.org.br/publicacoes/aprofundamento-das-desigualdades-criancas-adolescentes-e-jovens-na-america-latina-em-pandemia/.

Winnicott, D. (1983). Da dependência à independência no desenvolvimento do indivíduo. In D. W. Winnicott, *O ambiente e os processos de maturação: estudos sobre a teoria do desenvolvimento emocional*. Porto Alegre: Artmed. (Trabalho original publicado em 1963).

Winnicott, D. (1987). *Privação e delinquência*. São Paulo: Martins Fontes.

Winnicott, D. (1999). O conceito de indivíduo saudável. In D. W. Winnicott, *Tudo começa em casa* (pp. 3-22). São Paulo: Martins Fontes. (Trabalho original publicado em 1971).

9. Rituais de despedida na pandemia da covid-19: uma reflexão para além do caráter particular do luto

Flávia Andrade Almeida[1]

Introdução

No momento em que este texto é redigido, estamos há mais de 1 ano vivenciando a pandemia de covid-19. No Brasil, a pandemia segue sem perspectiva de controle e planos claros de ação por parte do poder político. Continuamos sem planejamento de vacinação em massa da população e alcançamos números absurdos de mortes: quase meio milhão.

Desde que a pandemia iniciou em meados de março de 2020, a população brasileira se vê obrigada a realizar constantes adaptações em suas vidas e rotinas por conta do vírus. E, nesse sentido, as informações desencontradas e divergentes produzidas por governantes, por especialistas em saúde e pela mídia tendem a piorar o sentimento de desamparo e confusão. Enquanto as autoridades em saúde pública e infectologia orientavam quanto à necessidade de isolamento e uso de máscaras, por exemplo, autoridades do poder político estimulavam (e estimulam) a negligência e minimizam os letais efeitos do vírus.

---

1   Psicóloga hospitalar, especialista em Psicologia da Saúde, Psico-oncologia e Prevenção do Suicídio. Mestre em Filosofia pela Pontifícia Universidade Católica de São Paulo (PUC-SP), doutoranda em Psicologia Clínica pela Universidade de São Paulo (USP) e docente. Pesquisadora dos temas da subjetividade e do suicídio na perspectiva de Michel Foucault e da psicanálise. Autora do livro *Suicídio e medicalização da vida: reflexões a partir de Foucault* (CRV, 2021). Contato: flaviaandradepsicologia@gmail.com.

Mas, desde o início da pandemia, a limitação dos rituais de despedida tem sido alvo de estudos e de produção discursiva. Os corpos dos mortos pela covid-19 precisam de medidas diversas de segurança para evitar a contaminação, o que limitou o tempo e o número de participantes dos funerais, vedou caixões e, consequentemente, limitou a simbolização e a assimilação do luto, de um acontecimento já complexo de nomear, da morte. Nesse contexto, a questão do luto e de sua interdição tem aparecido com destaque. Isso porque há o luto pelas vidas perdidas em decorrência da covid-19, mas há também o luto por projetos interrompidos, pela vida que agora está, em larga medida, confinada por conta das relações impactadas pelo distanciamento, pelo isolamento, pelas alterações significativas nas rotinas de trabalho, hábitos, pela impossibilidade de troca de afetos em toque, em suma, por uma realidade que foi imposta de modo abrupto com a pandemia (Rente & Merhy, 2020).

Diante desse panorama a respeito do luto na pandemia de covid-19, esclarecemos que o objetivo do presente artigo é trazer reflexões acerca das vivências do luto e do adoecimento pelas pessoas que estiveram hospitalizadas, por covid ou por outras razões, durante o ano de 2020. Faremos um percurso sobre as noções teóricas do luto em termos psíquicos, mas abordaremos também experiências reais, advindas do cotidiano enquanto profissional de psicologia em uma instituição de saúde da cidade de São Paulo. A instituição em questão é um hospital privado na capital paulista, no qual atuo especialmente com pacientes crônicos e pacientes em fase final de vida.

Para introduzir essa temática, cabem algumas considerações em termos do luto enquanto processo psíquico e, nesse panorama, trago alguns apontamentos de estudos de teóricos da psicanálise.

Em "Luto e melancolia", texto de 1917, Freud levanta importantes aspectos do luto e compara alguns deles aos da melancolia. Esse é um dos textos clássicos da psicanálise freudiana e suas análises permanecem atuais. Freud (1917/2019) concebe o luto como uma reação psíquica normal e esperada de resposta à perda. O luto, de acordo com Freud, se caracteriza como um processo extremamente doloroso no qual pode haver a perda de interesse pelo mundo exterior, a perda da capacidade de escolher novos objetos a serem investidos de libido (amados) e o afastamento de qualquer atividade que não tenha relação com aquele que morreu.

Freud enfatiza que o luto pressupõe um trabalho de elaboração, o que pode levar tempo, e, ainda, que esse tempo e esse trabalho de assimilação não são universalizáveis; existem variações de acordo com a subjetividade que vivencia o luto. O que é, de certo modo, comum é o caráter doloroso e o fato de o luto ser o processo que ocorre mediante a realidade concreta de que alguém a quem se ama deixou de existir. Cabem, nesse ponto, as palavras de Freud (1917/2019):

> *A prova de realidade mostrou que o objeto amado já não existe mais e decreta a exigência de que toda a libido seja retirada de suas ligações com esse objeto. Contra isso se levanta uma notável oposição: em geral se observa que o homem não abandona de bom grado uma posição libidinal [Libidoposition], nem mesmo quando um substituto já se lhe acena. Essa oposição pode ser tão intensa que dá lugar a um afastamento da realidade e a uma adesão [Festhalten] ao objeto através de uma psicose alucinatória de desejo. O normal é que vença o respeito à realidade. Entretanto, a tarefa que a realidade solicita não pode ser atendida imediatamente. Ela é cumprida pouco a pouco, com grande dispêndio de tempo e de energia de investimento [Bezetzungsenergie], ao mesmo tempo que a existência do objeto é psiquicamente prolongada. Cada uma das lembranças e expectativas pelas quais a libido estava conectada ao objeto é enfocada, superinvestida [überbesetzt], e nelas ocorre a dissolução da libido. (p. 101)*

Com as palavras de Freud, pode-se pensar com facilidade que o processo e o trabalho do luto precisam envolver ao menos algumas tentativas de simbolização mental e psíquica de que o ente querido deixou de existir, ou seja, são necessários trabalhos de simbolização da morte, da perda, da realidade penosa e imutável de que não será mais possível encontrar e compartilhar vivências com aquele que partiu. Nesse sentido, está envolvido no processo um repertório que pode ser extenso e variável de rituais de despedida: é necessário o prantear, a consternação, a visualização da face sem vida daquele que se foi. Podem ser incluídos nesse repertório de ações de despedida: as rezas, o choro, os gritos, a busca pelo abraço e pela confirmação etc. O importante e fundamental, de acordo com Freud, é que não se silencie o luto, que esse processo seja assegurado, representável, simbolizável, experienciável, para que dessa forma e, somente dessa forma, o luto seja, de certo modo, resolvido.

Não basta, portanto, que se aguarde o passar do tempo, a travessia passiva do tempo para produzir, supostamente, um esquecimento do ocorrido e da perda. É necessário um trabalho psíquico: o luto é, na proposição de Freud, um modo de subjetivação, pressupõe trabalho, processo, elaboração. É necessário, portanto, declarar subjetivamente a morte, a perda, o rompimento da existência daquele que se foi (Silva, 2011).

Na esteira de Freud e com um ponto de vista que podemos considerar complementar, Winnicott aborda o tema do luto ressaltando seu caráter de reconhecimento e de alteridade. Isso porque para ele é fundamental que o enlutado seja amparado e tenha seu processo de dor de perda reconhecido. Podemos entender que o modo como Winnicott concebe o processo e o trabalho do luto reflete sua própria teoria psicanalítica, que coloca o reconhecimento e o amparo, ou seja, a alteridade, como fundamentais para a experiência humana, para a experiência de estar vivo.

Para Winnicott (1987/2014), assim como a criança necessita de sustentação do ambiente para constituir uma psique saudável, o enlutado necessita de amparo, e podemos ir além – necessita de conforto, abraço, acolhimento por parte daqueles que o rodeiam, para que atravesse seu período singular de enlutamento de forma a assimilar a perda de modo saudável. Winnicott afirma, categoricamente, que se deve evitar qualquer tipo de atitude que impeça a tristeza do enlutado. Dito de outro modo, é necessário que o entorno familiar e social do enlutado *autorize* o luto, a dor, o choro, o pesar e a tristeza, presentes e absolutamente necessários nesse momento. Vemos aqui a importância do sofrimento enquanto forma de simbolizar algo inestimável: o fim da existência de alguém a quem amamos.

Não é incomum a ocorrência da incredulidade frente à notícia da morte de um ente querido. A realidade da morte, é, como aponta Freud e diversos outros teóricos, praticamente impossível de admitir, porque é impossível nomear o que é o fim do existir. Por esse aspecto talvez se explique a necessidade de ver para crer, ou seja, ver o corpo sem vida para acreditar que a ocorrência da morte realmente se consolidou. E, de acordo com Dantas et al. (2020), na nossa cultura, os rituais funerários abarcam processos simbólicos que estão centrados e são invocados pela presença do corpo sem vida já que este pode ser visto, tocado, lavado, vestido e observado pelo menos uma última vez.

A pandemia e seu estatuto de catástrofe social

A pandemia de covid-19 opera, desde seu início, uma mudança na realidade social de abrangência tamanha que se assemelha a uma catástrofe. Nesse sentido, estamos corroborando a proposição de Verztman e Romão-Dias (2020) quando conferem à realidade pandêmica o estatuto de catástrofe. Em suas palavras, a pandemia

> *tende a achatar e a estreitar o que imaginávamos ser a individualidade e a descontinuidade entre os sujeitos. Modos estáveis de vida e relação, hierarquias sociais e configurações políticas tendem a ser profundamente abaladas e transformadas pela catástrofe. Ela faz nascer, de uma hora para outra, diante de nossa pobre percepção, um universo novo dentro do qual temos dificuldade para nos reconhecer. Lugares antes bem definidos tendem a perder sua nitidez. Indo mais adiante em nossa caracterização, sugerimos que a catástrofe nos faz também reviver experiências subjetivas precoces nas quais grandes zonas de indiferenciação para com o mundo definiam nosso modo de viver. Os aspectos elencados acima parecem suficientes para supor que situações de catástrofe favoreçam certas experiências coletivas de dor, sofrimento ou desalento.* (p. 273)

A partir dessas formulações, pode-se entender que um acontecimento social da magnitude da pandemia, de alcance catastrófico, impacta os sujeitos em vários níveis. E desde o início da pandemia tem sido necessário trabalhar nossos lutos variados, aqueles que se dão em termos de mudança e perda de planos, rotinas, troca de afetos, modos de relação etc. De acordo com Verztman e Romão-Dias (2020), o luto relativo à pandemia pode remeter à segunda ferida narcísica postulada por Freud, porque "o vírus, um ente microscópico com características de ser vivo e de objeto inanimado, carrega o potencial para revolucionar o modo de vida planetário e para operar um corte, uma descontinuidade capaz de esmagar nossa onipotência" (p. 273). Dito de outra maneira, a pandemia expôs nossa vulnerabilidade, nossa indigência perante as possíveis (e, por vezes, caóticas e ameaçadoras) mudanças naturais e biológicas.

Desse modo, estamos em uma constante de ressignificações dos modos de viver e de se reconhecer enquanto corpo, subjetividade e relações diante de uma configuração social que nos obriga a viver sem a perspectiva planejada dos meses vindouros, as programações a que estamos habituados. E, além disso, não há mais encontros presenciais, nos foi vetado o toque, o abraço, o compartilhar corriqueiro das refeições, as festas etc. Foi-nos vetada a possibilidade de respirar em outros ares quando é necessário, pois o já senso comum "direito de ir e vir" se transformou em algo inviável. Não à toa, fala-se com significativa frequência em necessidade de cuidar da saúde mental, desde o início da pandemia. Isso pois uma ruptura dessa magnitude não poderia ocorrer sem produzir dor e sofrimento. Sobre esse aspecto novamente nos colocamos na esteira de Verztman e Romão-Dias (2020) no entendimento de que a dor é um dos aspectos mais comuns e mais democráticos de uma catástrofe. Claro que dor e sofrimento não se manifestam nem são expressos do mesmo modo entre e pelos sujeitos, mas é possível dizer que a dor, especialmente em um contexto como o da pandemia, é o que nos iguala. E no Brasil, a extrema desigualdade social provavelmente exacerba o sofrimento, as dores. Há sofrimento em forma das mais variadas narrativas em uma catástrofe como a pandemia de covid-19. E há lutos expressos e sentidos das mais variadas formas também, como falaremos adiante.

A pandemia e a experiência do luto

Conforme Verztman e Romão-Dias (2020), as pessoas têm sofrido diariamente pelas vidas e pelos modos de vida que perderam. E, a respeito dos modos de vida que se perderam, há ainda grande incerteza. Mais incerteza há a respeito de quais modos de vida seremos capazes de reaver, de reconstituir quando a pandemia finalmente estiver sob controle. O sofrimento e as dores nesse contexto também se referem, como dito, às perdas de entes queridos e à impossibilidade (ou à limitação) dos rituais de encontro e de consolo, de acolhimento, que estiveram outrora à disposição, fazendo frente à dor da morte. Além disso, como mencionamos previamente, o luto é, de acordo com Freud, um processo que leva tempo e exige um trabalho psíquico. No contexto atual, não parece simples realizar o trabalho do luto de forma satisfatória.

Para além do luto das pessoas que perderam seus entes queridos, há, de acordo com Verztman e Romão-Dias (2020), o luto do *setting* analítico, que para muitos analistas e outros profissionais psi foi radicalmente alterado. Muitos atendimentos saíram do *setting* convencional e migraram para o *setting* online. Outros profissionais psi, como eu, alteraram significativamente e viram limitadas suas possibilidades de intervenção no contexto hospitalar, por conta da pandemia.

O atendimento do psicólogo hospitalar tem aspectos diferentes dos atendimentos realizados em um consultório. Isto por vários fatores, entre eles o fato de que no hospital o atendimento psicológico se caracteriza por um enquadre não convencional e que necessita de constantes flexibilizações. Os atendimentos são frequentemente interrompidos, muitas vezes o paciente não tem condições físicas de trazer relatos verbais ou, ao menos, relatos verbais prolongados e, por essa razão, muitas vezes a intervenção é o acolhimento, o toque nas mãos em um gesto de compreensão e de manifestação de reconhecimento de diversas narrativas de sofrimento.

Durante a pandemia, não apenas os pacientes e familiares dos doentes de covid foram afetados e os atendimentos psicológicos com essas pessoas, alterados: todos os internados e seus familiares foram impactados e mesmo os doentes com outras enfermidades sofreram e têm sofrido com as limitações impostas pela pandemia e sua necessidade de precauções.

Os pacientes oncológicos, a quem atendo na maior parte do tempo, sofreram e sofrem a constante do medo, já que são pacientes de risco. O sofrimento psíquico desses pacientes é recorrente, a ansiedade é relato constante, bem como o pânico da contaminação. E os pacientes oncológicos que por diversos motivos precisaram e precisam de hospitalização invariavelmente atravessam, em algum momento, o medo pela permanência no hospital, além de sofrerem com as imposições que restringem o contato e, portanto, por terem de lidar com a solidão nos leitos. Nesses casos, o sofrimento do paciente e de seus familiares é quase sempre latente: as narrativas frequentemente contêm a solidão do paciente, com a ambivalente culpa por querer a companhia dos familiares, mesmo que isso arrisque a saúde deles. E, de parte dos familiares, nas narrativas se encontra muitas vezes o desejo de acolher e de estar perto, com ambivalente sentimento de culpa por deixar o familiar internado sozinho durante a hospitalização.

Em pacientes em fase final de vida não costuma ser diferente. As medidas de conforto e acolhimento nos dias derradeiros ficam bastante restritas por conta das medidas de segurança contra a covid-19. Os pacientes não podem permanecer com acompanhantes e, mesmo quando existe essa possibilidade, o contato e o número de pessoas são muito restritos. Nesses momentos, não são raras as vezes em que as equipes de saúde e os psicólogos se veem nos dilemas entre custo e benefício: abrir exceção para permitir abraços e beijos de despedida e expor os familiares à contaminação? Ou, por outro lado, manter a restrição e assumir o buraco que se abre com a ausência de toque, de calor humano?

Na medida em que a pandemia se estendeu, as perguntas dos profissionais de psicologia em contexto hospitalar foram aumentando e as propostas de intervenção para acolhimento do sofrimento, se sofisticando: chamadas de vídeo por *tablet*, nas quais o psicólogo intermedia a conversa entre pacientes e familiares, cartas por e-mails, vídeos etc. Isso porque os pacientes internados por covid-19 não podem receber visitas e, assim, implicam muitos cuidados, uma vez que são frequentes nesses pacientes a solidão, as crises de ansiedade, o medo da intubação, o medo de morrer com a intubação e o medo de nunca mais rever os familiares – e o medo de não poder sequer se despedir deles.

Mas, como dissemos anteriormente, não apenas os doentes de covid são afetados. Os buracos e o ressentimento pela falta de toque abriram abismos nas relações entre pacientes, familiares e equipes de saúde, incluindo os psicólogos hospitalares. Nesse quesito, cabe afirmar com bastante convicção que uma das maiores dificuldades que passei como psicóloga hospitalar foi ter que negar um abraço, ou vários deles, a familiares de pacientes que haviam acabado de falecer (não necessariamente por covid). O que se faz quando se nega um abraço, um aperto de mão? É como negar o reconhecimento da dor e, por consequência, seu acolhimento. Como psicóloga hospitalar, especialmente no início da pandemia, me senti negando a composição necessária que somente o toque e o contato humano trazem. A covid, além de nos desumanizar por inviabilizar o contato físico, nos desumaniza porque restringe em demasia boa parte do acolhimento que se poderia proporcionar no contexto hospitalar.

Aos poucos, como psicóloga hospitalar, fui descobrindo e estabelecendo estratégias, como que para abraçar simbolicamente, abraçar com os ouvidos. Mas o abismo nas relações fica, está dado, e as possíveis implicações deste abismo, por ora, são difíceis de mensurar.

Este breve relato de experiências veio ilustrar uma pequena parte das implicações da pandemia nos processos de adoecimento, morte e luto. Voltamos a afirmar, nesse ponto, que acompanhar o processo de adoecimento, a fase final de vida e, como fechamento, realizar os rituais de despedida são processos fundamentais para a elaboração do luto. Ver o corpo, vestir o corpo, poder velar, gritar a dor com gritos que sejam ouvidos etc. são ações que trazem à subjetividade elementos de realidade, elementos como que comprobatórios (simbólicos e factuais) da morte. E embora esse processo seja bastante dolorido, ele é fundamental para a elaboração da perda, ou melhor dizendo, para a confirmação da perda (Cremasco, entrevistada por Mello, 2020).

Podemos afirmar que as pessoas que não estão podendo ver seus familiares mortos ou velá-los estão sofrendo, embora entendam de modo racional as justificativas para as restrições. Nesse contexto:

> *Algumas poderão realizar o doloroso trabalho de luto sem esta prova de realidade, mas outras podem ficar fixadas na necessidade psíquica de (des)velar, (re)velar o morto para poder deixá-lo ir. Os rituais mortuários têm essa função e, muitas vezes, pode ser benéfico que esses rituais sejam feitos, de forma segura ou remotamente, mesmo que sem o corpo, no interior da família, entre amigos, para que se possa chorar o morto, em suas crenças, com suas dores. Por exemplo, uma reunião virtual, se possível e com quem tenha esse acesso, para que possa chorar em conjunto a perda. Isso pode facilitar o processo, mesmo porque o velório tem também a função solidária de fazer laço social entre os enlutados, os que sofrem. (Cremasco, entrevistada por Mello, 2020, p. 9)*

Assim, é como se ver o corpo trouxesse a concretude da morte. Nesse sentido, se demarcam a especificidade e a dificuldade do processo de luto no contexto da pandemia: as limitações drásticas aos rituais, a impossibilidade de ver o corpo pela última vez, vesti-lo com a roupa planejada, acariciar, mesmo sem vida, o corpo que simboliza a existência daquela pessoa. Com isto, os familiares daqueles que morreram em decorrência do coronavírus acabam por vivenciar algo incompleto, diante uma cesura significativa na experiência da despedida, já que não puderam realizar o ritual de modo completo, de modo suficiente à elaboração psíquica da perda. Considerando que não voltarão a ver o corpo daquele que amaram e se foi, o sofrimento associado poderá ser difícil de mensurar no longo prazo (Dantas et al., 2020).

Do luto individual e psíquico ao luto político

Neste ponto da reflexão que estamos propondo, queremos abordar mais um aspecto do luto, aquele proposto pela filósofa Judith Butler, qual seja: o luto enquanto reinvindicação política e afirmação da humanidade e da alteridade dos que morrem e dos que ficam. No caso destes últimos, estariam enlutados não apenas por dor psíquica, mas como forma de afirmar e marcar a relevância e a humanidade dos que partiram.

Butler (2019) parte da discussão trazida fundamentalmente por Freud a respeito do luto e da melancolia, mas desliza e desdobra a discussão a respeito do luto para sua filosofia política. De acordo com Rodrigues (2020), Butler entende que a vida, ou seja, o eu, inicia antes do nascimento e continua após a morte. Isso porque a autora segue o entendimento hegeliano de que nos constituímos na relação com o outro, em uma rede de relações que nos antecede e sucede. Mais que isso, o sujeito continua a existir no luto, como afirmação política de sua memória, de sua trajetória e de sua humanidade. Butler (2019) concorda que um dos sentidos fundamentais do rito funerário é trazer o sentimento de concretude da morte, mas acrescenta a esse processo subjetivo a necessidade de pensar a dimensão pública do luto, numa articulação da perda particular (individual, subjetiva, psíquica) à perda coletiva. Diz ela:

> *Muitas pessoas pensam que o luto é privado, que nos isola em uma situação solitária e é, nesse sentido, despolitizado. Acredito, no entanto, que o luto fornece um senso de comunidade política de ordem complexa, primeiramente ao trazer à tona os laços relacionais que têm implicações para teorizar a dependência fundamental e a responsabilidade ética.* (Butler, 2019, p. 43)

A autora relaciona o enlutar-se com o estatuto político da vida e, mais que isso, reivindica a importância do luto enquanto reconhecimento da necessidade de restabelecer laços sociais nas comunidades, já que quando se sofre uma perda, se sofre coletivamente. Além disso, na elaboração do processo de luto há a necessidade de ter reconhecida a dor da perda e esta é uma oportunidade para restabelecimento de alteridade, ou seja, de reconhecimento mútuo e recíproco de processos de luto de uma família e/ou comunidade.

Butler (2019) afirma que quando as mortes não têm rostos, quando as mortes são apenas números, ou seja, quando são estatísticas de mortalidade, não há luto político, não há pesar e consternação públicas e, portanto, não há humanidade reconhecida naquelas vidas que se perderam. É possível que isso nos remeta a diversas situações da pandemia no Brasil, nas quais as mortes em números exorbitantes foram desmerecidas, ou discursivamente minimizadas. Até o momento em que escrevo este texto, são mais de 400 mil mortes no país. Estamos chegando no número intolerável de quase meio milhão de mortos por uma doença para a qual, agora, já há vacina. São mortes que doem em dobro: por conta da perda do ente querido e porque seriam totalmente evitáveis.

Desse modo, podemos entender o luto como uma espécie de termômetro que mede a relevância ou irrelevância política que as pessoas têm (ou tinham, quando em vida). Somente as mortes enlutáveis, as que produzem pesar, são características de vidas valorizadas. Nesse ponto, a discussão de Butler entra em convergência com a filosofia de Achille Mbembe (2018b) no que se refere à necropolítica, uma vez que os mais pobres, os negros, os que estão à margem por diversos motivos estão diariamente na iminência da morte e, quando morrem, têm suas mortes banalizadas frequentemente. Butler afirma que na biopolítica somente alguns corpos têm relevância política, já que algumas vidas já nascem precárias. E Mbembe (2018b), por sua vez, afirma que para o corpo negro o imperativo é a iminência e o risco de morrer. Cabe aqui compreender e sublinhar o que diz Mbembe (2018a) sobre raça enquanto hierarquia arbitrária de importância das vidas, enquanto catálogo de relevância política. Nesse quesito, o autor sofistica e amplia claramente a análise de Foucault sobre o racismo. Diz Mbembe (2018a):

> *A raça é uma das matérias-primas com as quais se fabrica a diferença e o excedente, isto é, uma espécie de vida que pode ser desperdiçada ou dispendida sem reservas. Pouco importa que ela não exista enquanto tal, e não só devido à extraordinária homogeneidade genética. Ela continua a produzir efeitos de mutilação, porque originariamente é e sempre será aquilo em cujo nome se operam cesuras no seio da sociedade, se estabelecem relações do tipo bélico, se regulam as relações coloniais, se distribuem e se aprisionam pessoas cuja vida e presença são consideradas sintomas de uma condição-limite e cujo pertencimento é contestado porque elas provêm, nas classificações vigentes, do excedente. Enquanto instrumentalidade, a raça é, portanto, aquilo que permite simultaneamente nomear o excedente e o associar ao desperdício e ao dispêndio sem reservas . . . A raça é o que permite identificar e definir grupos populacionais em função dos riscos diferenciados e mais ou menos*

> *aleatórios dos quais cada um deles seria o vetor . . . os processos de racialização têm como objetivo marcar esses grupos populacionais, fixar o mais precisamente possível os espaços que podem ocupar, em suma, assegurar que a circulação se faça num sentido que afaste quaisquer ameaças e garanta a segurança geral. Trata-se de fazer a triagem desses grupos populacionais, marcá-los simultaneamente como "espécies", "séries" e "casos", dentro de um cálculo geral do risco, do acaso e das probabilidades, de maneira a poder prevenir perigos inerentes à sua circulação e, se possível, neutralizá-los antecipadamente . . . A raça, desse ponto de vista, funciona como um dispositivo de segurança fundado naquilo que poderíamos chamar de princípio do enraizamento biológico pela espécie. A raça é ao mesmo tempo ideologia e tecnologia de governo. (pp. 73-75)*

Dessa forma, o luto é uma ação política imprescindível, porque a morte enlutável diz respeito a uma vida humana, e nesse sentido se refere às cesuras políticas que hierarquizam corpos entre humanos e não humanos, a vidas politicamente entendidas como relevantes ou irrelevantes (Butler, 2019). Nesse contexto, seria imperativo marcar que o ato do luto se relaciona diretamente com o resgate da justiça, porque com enlutamento se comunica que vidas mereciam ser vividas. E quando olhamos para a realidade brasileira, percebemos que aqueles que mais morrem em consequência das desigualdades e, agora, também da covid-19 são as populações mais pobres; portanto, afirmar e reafirmar que essas vidas são passíveis de luto e consternação é afirmar e reafirmar que todas as vidas são relevantes – ou, ao menos, deveriam ser. Butler vai além: afirma que a mobilização de luto público está aliada à resistência e que o luto é, mais do que nunca, a reinvindicação da importância política de todas as vidas. Enlutar-se é, para além de dar voz ao sofrimento psíquico, um ato político de resgate da importância política daqueles que partiram.

Considerações finais

Vimos, com esse percurso, que o processo de luto vai do psíquico ao político e que a elaboração psíquica do luto pode estar prejudicada no contexto da pandemia, em virtude das limitações e, por vezes, inviabilidade dos rituais de despedida. Além disso, é imperativo pensar na retomada da necessidade de enlutamento por todas as mortes. O enlutamento, como propõe Butler, é a marca da relevância política daqueles que se foram, é a marca da existência não apenas de marcadores epidemiológicos de mortes e mortalidade, mas de suas vidas, suas biografias e, portanto, sua importância.

Acredito que ainda veremos o impacto psíquico em termos individuais e coletivos relacionado ao luto não adequadamente simbolizado, não concretizado pela impossibilidade de rituais, e isso necessitará de mais e mais estudos no futuro. Mas podemos refletir, diante das questões trazidas, sobre a importância do luto enquanto reconhecimento de narrativas de sofrimento e enquanto reconhecimento político de vidas, trajetórias e laços sociais. Enlutar-se é, portanto, mais que um modo de subjetivação, é um verbo indicativo de ações e reflexões constantes.

Referências

Butler, J. (2019). *Vida precária: os poderes do luto e da violência.* Belo Horizonte: Autêntica.

Dantas, C. R. et al. (2020). O luto nos tempos da COVID-19: desafios do cuidado durante a pandemia. *Revista Latinoamericana de Psicopatologia Fundamental, 23*(3), 509-533.

Freud, S. (2019). Luto e Melancolia. In S. Freud, *Obras incompletas de Sigmund Freud.* Belo Horizonte: Autêntica. (Trabalho original publicado em 1917).

Mbembe, A. (2018a). *Crítica da Razão Negra.* São Paulo: N-1 Edições.

Mbembe, A. (2018b). *Necropolítica: biopoder, soberania, estado de exceção, política de morte.* São Paulo: N-1 Edições.

Mello, R. (2020). Luto na pandemia covid-19. *Revista PsicoFAE: Pluralidades em Saúde Mental, 9*(1).

Rente, M. A. M., & Merhy, E. E. (2020). Luto e não-violência em tempos de pandemia: precariedade, saúde mental e modos outros de viver. *Psicologia & Sociedade, 32*.

Rodrigues, C. (2020). Por uma filosofia política do luto. *O que nos faz pensar, 29*(46), 58-73.

Silva, P. J. C. (2011). Lembrar para esquecer: a memória da dor no luto e na consolação. *Revista Latinoamericana de Psicopatologia Fundamental, 14*(4), 711-720.

Winnicott, D. W. (2014). A psicologia da separação. In D. W. Winnicott, *Privação e delinquência*. São Paulo: Martins Fontes. (Trabalho original publicado em 1987).

Verztman, J., & Romão-Dias, D. (2020). Catástrofe, luto e esperança: o trabalho psicanalítico na pandemia de COVID-19. *Revista Latinoamericana de Psicopatologia Fundamental, 23*(2), 269-290.

10. Direito à cidade: diálogos com a clínica

Martha Lemos[1]

Se enxergarmos que estamos passando por uma transformação, teremos que admitir que nosso sonho coletivo de mundo e a inserção da humanidade na biosfera terão que se dar de outra maneira. Nós podemos habitar este planeta, mas terá que ser de outro jeito. Senão, seria como se alguém quisesse ir ao pico do Himalaia, mas pretendesse levar junto sua casa, a geladeira, o cachorro, o papagaio, a bicicleta.

Krenak (2020)

A pandemia e a acentuação das desigualdades

Visando conter o contágio do coronavírus, uma das medidas mais recomendadas ao longo da pandemia tem sido o isolamento social, com restrições à circulação de pessoas, de tal forma que muitas cidades – sobretudo em outros países – estiveram fechadas por longos períodos. Apesar de essa não ser uma realidade no Brasil, dadas as baixas taxas de isolamento no país,[2] as discussões

---
[1] Psicóloga, educadora e atriz, graduada pela Universidade Mackenzie e pós-graduada em Psicodrama pela Universidade São Marcos e em Arte Integrativa pela Universidade Anhembi Morumbi. É gestora em políticas culturais e consultora de programas educacionais e socioculturais. Contato: melc.lemos@gmail.com.
[2] Os dados do Sistema de Monitoramento Inteligente do Governo do Estado de São Paulo indicam que, ao longo da pandemia, a adesão ao isolamento social nunca atingiu o índice

sobre o direito e o acesso à cidade parecem ganhar novos contornos. Inicio aqui com uma inquietação, acesso à cidade para quem? Milhões de pessoas em São Paulo e em outras localidades não tinham acesso à cidade antes da pandemia, tampouco neste momento; mas será que um dia terão? Inspirada na ideia de que direito à moradia não é ter quatro paredes e um teto em cima da cabeça, tão repetida pela arquiteta urbanista Raquel Rolnik,[3] compreendo o direito e o acesso nas seguintes dimensões: uma relacionada à existência, ao sentimento de pertencimento, e outra relacionada à concretude desse sentimento, isto é, às possibilidades de usufruir dos diferentes espaços e daquilo que é produzido na e pela cidade.

Essas dimensões não são usufruídas de maneira igualitária, plural e participativa pela maioria das pessoas na pólis, embora o espaço público seja o lugar, por excelência, da comunidade, único espaço ainda não totalmente colonizado e onde a pessoa comum pode manifestar suas crenças, propostas, opiniões, desejos, criar e compartilhar sentimentos, ações e conhecimentos a partir de três horizontes: acolhimento, interculturalidade e autonomia. Nesse sentido, o desenvolvimento ecopolítico da localidade, o qual visa a uma sociedade que respeite o meio e preserve a sustentabilidade ambiental para as presentes e futuras gerações, por meio da educação contínua, formando pessoas conscientes de sua cidadania planetária e sua participação na gestão do planeta – "cada um é responsável pelo estado das coisas no planeta" (Passetti, 2013, p. 16) –, e a capacidade de acolher o diferente, o singular e o inusitado de forma a desconstruir a cidade padronizada, cheia de irregularidades, cinza, discriminatória, são os constructos de uma cidade que garanta direitos para todas, todos e todes.

Acostumamo-nos a pensar que as desigualdades são características das cidades grandes: a falta de saneamento básico, os deslizamentos e enchentes, as cenas de famílias perdendo tudo, o transporte precário que obriga milhares de pessoas a se amontoarem em seus deslocamentos diariamente, a violência, a fome, a miséria, a desumanização nos espaços públicos... Mas a realidade é

---

de 60% na média estadual. Na cidade de São Paulo, por exemplo, o maior índice obtido foi de 59%, entre março e abril de 2020, data do início da pandemia no país (https://www.saopaulo.sp.gov.br/coronavirus/isolamento/).

3   Informação verbal, sem data.

outra: as cidades são construídas historicamente excludentes e reprodutoras das injustiças sociais e carecem de planejamento urbano e diversidade humana. Nesse sentido, uma redistribuição equilibrada dos bens e melhores condições socioeconômicas, com equipamentos urbanos de saúde, educação, habitação, segurança hídrica, saneamento, lazer, oportunidades de renda, geração de empregos etc., facilitariam a criação de um cenário bastante diferente do que se apresenta na maior parte das capitais e cidades metropolitanas em nosso país.

Sabemos que as cidades são feitas de pessoas singulares e diversas, contando com condições de vida e acesso às políticas públicas de maneira desigual, com ou sem planejamento, com ou sem leis municipais como o Plano Diretor ou o Estatuto da Cidade, importantes instrumentos legais para direcionar o crescimento local. Tais implicações nos convidam à interlocução entre o direito urbanístico e o direito à cidade, um direito de não exclusão segundo a perspectiva decolonial (Quijano, 2014) que visa ao desenvolvimento das funções sociais das cidades sustentáveis, das qualidades e benefícios da vida urbana, e que compreende a possibilidade da disputa de novas agendas e centralidades para uma nova realidade urbanística construída para a convivência, a habitação, os direitos sociais, o direito à cidade como cultura, a produção coletiva, a saúde, a segurança alimentar, o direito de usar, ocupar, governar e desfrutar os espaços de forma mais igualitária (Coelho & Cunha, 2020). No entanto, o que acontece na maior parte do tempo é a prática de resistência dos movimentos e organizações sociais às políticas de gentrificação[4] e de remoções forçadas das populações vulnerabilizadas pelo próprio sistema. As cidades ainda refletem o modelo eurocêntrico da colonização do país apoiado no poder, marcado pela extrema violência e exploração do homem branco sobre os povos originários, as mulheres e os africanos sequestrados de suas terras no processo de escravismo. A concepção do país está atrelada a esse tipo de política de Estado, em curso até hoje.

As descontinuidades das políticas públicas, mediante a ação conjunta dos poderes públicos, que garantiriam a efetivação de direitos sociais

---

[4] "Gentrificação é o processo de encarecimento da vida, que torna regiões inteiras acessíveis para poucos. Em São Paulo, os bairros localizados entre os rios Pinheiros e Tietê, centro expandido da cidade, têm sofrido intenso processo de especulação imobiliária e estão cada vez mais caros" (Santini, 2013).

fundamentais, conferindo aos cidadãos e cidadãs as condições necessárias para usufruírem da real liberdade, da igualdade material e da dignidade humana, pouco se evidenciam nos estados e cidades. Marilena Chaui (2021), ao discorrer sobre a pandemia e as inúmeras violências contra a humanidade, aponta o poder despótico como a forma preferencial da política fortemente hierarquizada em todos os seus aspectos, ou seja, o poder arbitrário da vida e da morte. Diz ela:

> *Onde está a nossa violência? Conservando as marcas da sociedade colonial escravista e patrimonialista, a sociedade brasileira é marcada pelo predomínio do espaço privado sobre o público, e, tendo no centro a hierarquia familiar, é despótica, no sentido etimológico da palavra, repetindo dessa forma as relações sociais e intersubjetivas sempre realizadas entre um superior que manda e um inferior que obedece. As diferenças e assimetrias são sempre transformadas em desigualdades que reforçam essa relação. O outro jamais é reconhecido como sujeito tanto no sentido ético, quanto no político. Jamais é reconhecido como subjetividade, muito menos como alteridade, muito menos como cidadão. E quando a desigualdade é muito marcada, mantém a forma da opressão.*

Resumidamente, a formação do país ficou limitada a um projeto fragmentado de culturas e identidades, de tal forma que, para Darcy Ribeiro (1995), antropólogo que mergulhou na gênese dos muitos Brasis, conhecer a história inicial de nossa terra implica investigar uma origem multifacetada das tradições, heranças, costumes, conceitos e preconceitos, investigando de onde vieram os próprios antepassados a fim de avançar no processo civilizatório, o que culmina na própria educação de um povo. Essa formação e essa visão de mundo são aprofundadas ao destacar a constituição de um território definido como terra de ninguém, o país da "ninguendade", portanto, um território a ser ocupado, uma nação que não se orgulha totalmente de ser brasileira. Dessa forma, a assimilação difusa da nossa identidade dividiu a sociedade entre superiores e inferiores de acordo com a raça, incentivando a usurpação e a manutenção da visão exploradora do trabalho, o que permanece até os dias atuais. Juntemos a esse contexto o racismo estrutural/institucional em todas as esferas da sociedade e da vida, inclusive no campo do direito, e temos a fórmula dos descalabros realizados, mantidos e massificados frente à pandemia da covid-19 desde o seu início.[5]

Urge, mais do que nunca, frente a um período prolongado de distanciamento físico, questionar lugares comuns, disputar essas agendas em curso e as pautas sociopolíticas do direito à cidade, combater as desigualdades sociais, de raça e gênero, a inacessibilidade à alimentação saudável fortemente ampliada durante o período pandêmico (Rede PENSSAN, 2021).[6] Com tamanho recrudescimento, ocupar as ruas na luta pelo direito à cidade, por exemplo, é uma decisão que envolve muitas questões, mas apoiar pessoas, organizações e coletivos recupera o sentido de pertencimento enquanto usufruir da cidade em sua integralidade, produção e demandas não é possível. É diante desse cenário complexo que o texto convida a uma reflexão sobre uma clínica coletiva e sobre a saúde mental com responsabilidade cidadã, compromisso ético e multidisciplinaridade entre os diversos profissionais que atuam na área da saúde, pesquisadores e outros trabalhadores que acolhem este debate.

Saúde mental e cidade: por uma clínica do bem viver

Na psicologia social, por vezes, a busca em compreender o espaço da clínica como um lugar ampliado, do aqui e agora, do encontro comigo mesma e com outrem, marcado por diretrizes éticas, políticas, estéticas, se faz latente. Nessa perspectiva, destaco algo essencial ao repensar a prática clínica que,

---

5   O escritor, filósofo, advogado tributarista e professor Silvio Almeida defende que o princípio do racismo é sempre estrutural, ou seja, integra a organização econômica e política da sociedade. Por mais que as leis garantam a igualdade entre os povos, o racismo é um processo histórico que modela a sociedade até hoje. Vale a pena a leitura de seu livro, *Racismo estrutural*, para ampliar a compreensão do tema e os conceitos apresentados (Almeida, 2019). Durante a entrevista do Roda Viva, em junho de 2020, abordou os impactos da pandemia diante da crise sanitária e humanitária atravessada.

6   O Inquérito Nacional sobre Insegurança Alimentar no Contexto da Pandemia da Covid-19 no Brasil estima que 55,2% dos lares brasileiros conviveram com algum grau de insegurança alimentar no final de 2020 e 9% vivenciaram insegurança alimentar grave (passaram fome) nos três meses anteriores ao período de coleta, feita em dezembro de 2020, em 2.180 domicílios.

sistematicamente, apresenta padrões hegemônicos de diagnóstico e cura. Vale a reflexão de que a clínica ampliada, contra-hegemônica, tem um de seus marcos nas políticas de humanização da atenção à saúde, conhecidas por HumanizaSUS, e que o investimento nas tecnologias do cuidado humanizado contrasta com a cultura técnica dos marcos do poder a ser revisada, a qual mantém a verticalização das relações: "o espaço da saúde é um território aberto à produção e à variação, portanto, faz-se necessário que as equipes promovam avaliações constantes no seu cardápio de recursos e respectivos impactos", inclusive para a promoção de um ambiente de criatividade e afetividade (Moreira, 2007, p. 1738). Essa é uma perspectiva que aproxima e distancia, se reconhece e estranha, fala e cala, diverge ou converge, sobretudo, recebe e partilha seus anseios, angústias, medos, conquistas, desafios. Isso significa estabelecer um *locus* de saúde implicado nos processos sociopsicoemocionais e para a cidadania, apontando para a urgência de refletirmos a corresponsabilidade no que se refere à construção da prática apresentada por Moreira (2007): a necessidade de trabalhar com a alteridade e a horizontalidade das relações rumo a um projeto interdisciplinar e humano.

Certamente, as incertezas, incongruências e contradições são parte da vida e da condição humana, bem como a solidariedade, a equidade e a ética para a religação das pessoas, dos seres viventes e dos saberes, o próprio despertar das novas ações para o porvir e o devir. Nesse contexto e diante do momento pandêmico, é necessário promover uma mudança ampla ou "utopiar"[7] do ponto de vista da cultura, da sociedade e da saúde para a própria transformação da clínica na perspectiva da ação-reflexão-ação. Incluir definitivamente a pauta dos direitos e o apoio psicológico frente à covid é uma ação vital para ampliar e qualificar o modo de escuta, acolhimento e terapia processual, a partir de dispositivos tecnológicos atuais, os quais permitem a qualidade das sessões virtuais e visam à saúde integral das pessoas, respeitando as experiências de diversidade presentes. Uma proposta de clínica, diga-se, que integra, amplia os olhares, as possibilidades e os encontros. Por essas razões, a atuação no campo dos cuidados terapêuticos para a promoção de uma pólis habitável, sustentável, justa, com igualdade de direitos para todas,

---

7 A expressão não é um conceito, é uma expressão que utilizo na cultura e na educação, em projetos que acompanho.

todes e todos, exige repensarmos padrões, protocolos e modelos consagrados pela saúde mental. Assim, apontamos para a clínica como modo de vida, não como um conjunto de técnicas ou métodos, em um movimento de revisão contínua dos referenciais teóricos e suas práticas, para gerar mudanças e melhorias na produção da saúde mental com pertencimento e convivência nas cidades. Da mesma maneira, o direito à cidade, à cultura, à saúde, à educação, à moradia, à segurança etc. perpassa todas essas relações que sugerem pontos de intersecção entre liberdade e autonomia, aspectos necessários ao desenvolvimento humano como preconiza Paulo Freire (1996/2007), ou seja, na perspectiva da conquista da autonomia que depende da liberdade, e o exercício da liberdade que demanda a autonomia (Petroni & Sousa, 2010). Jacob Levy Moreno (citado em Almeida, Wolf & Gonçalves, 1988), a partir da teoria socionômica no psicodrama, nos faz pensar a clínica como um encontro de dois, olho no olho, empático, espontâneo e criador de novas possibilidades, mesmo diante da convivência atípica atual, muitas vezes mediada por meio de dispositivos móveis e redes sociais.

Esses autores contribuem e muito para refletirmos o momento atravessado na pandemia que indica o distanciamento físico temporário até que a população esteja vacinada, mas afirma a presentificação, a priorização da vida e a relação dialógica. Importa nessa jornada recuperarmos as dimensões do bem comum, do bem viver, nos aproximarmos do cerne proposto neste texto, a escuta ampliada e as relações com o direito à cidade. Isso a partir de alguns pilares da teoria de grupo, definida no estudo da pedagogia psicodramática e da improvisação dramática para as novas aprendizagens que me constituem psicóloga psicodramatista e arteterapeuta: a matriz de identidade que é o processo de aprendizagem relacional da criança, incluindo interativamente fatores biológicos, psicológicos e socioculturais (Fonseca Filho, 1980), as dimensões psicológicas do eu/nós, a psicoterapia grupal, a teoria de papéis, o coinconsciente (vivências, sentimentos, desejos e até fantasias comuns a duas ou mais pessoas), a versatilidade de nossas representações mentais e, ainda, a teoria da espontaneidade (compreende uma fenomenologia), o ato espontâneo intimamente ligado ao instante (filosofia do momento), uma constante mudança que propicia sair da conserva cultural (tudo que se cristaliza em nossa jornada de vida) rumo ao crescimento, ao amadurecimento (Cardoso & Bond, 2018).

Afirmo a clínica que se expande do individual ao coletivo, às relações que potencializam a vida e não patologizam o ser, do grupo à sociedade plural e diversa para o fortalecimento de uma comunidade que virá a integrar as micro e macropolíticas relacionais e de conjuntura, uma escolha que pressupõe o exercício responsável da liberdade e a interlocução com diversos atores na coconstrução de mundos possíveis com melhor qualidade de existência e resistência. Nessa perspectiva, o *setting* terapêutico inclui o bem viver como um exemplo de superação da vida cotidiana alienada, opressora, esgotante, devastadora, para a lógica da afetividade ético-ecopolítica. O bem viver, conceito oriundo da sabedoria indígena sul-americana, propõe a harmonização entre o ser humano e a natureza, aberto e plural; uma filosofia que projeta um novo ordenamento social, consolidado em um mundo pensado democraticamente que se firma na vida em comunidade, no consumo consciente e nas relações de produção renováveis, sustentáveis e autossuficientes.

> *Longe de uma economia determinada pelas relações mercantis, no Bem Viver se promove outro tipo de relação dinâmica e construtiva entre mercado, Estado e sociedade. Não se deseja uma economia controlada por monopolistas e especuladores. Busca-se construir uma economia com mercados, no plural, a serviço da sociedade.* (Acosta, 2016, p. 182)

Essa é uma ideia que nos convida a pensar sociedades verdadeiramente solidárias, práticas que aspiram o bem-estar das coletividades e não aceitam a existência de grupos privilegiados às custas do sacrifício de outros. Refletir sobre a psicoterapia a partir dessas referências é radical e inspirador. Uma clínica do bem viver que seja factível para e nos dias em que vivemos, diante da exaustão dos próprios profissionais, do esgotamento de sentidos e modelos.

O estudo da psicologia conectada a essa visão do "bem viver" contribuiu muito para que eu me aproximasse do fazer comprometido com a ética pessoal, comunitária e planetária também definidas pelo sociólogo Edgar Morin (2000). Nesta perspectiva, o pensamento complexo, aqui defendido, dialoga com uma nova concepção de comunicação interpessoal, aprendizagem e religação do saber racional/técnico à cultura ampliada das humanidades, com olhares interdisciplinares nos processos relacionais e socioeducacionais. Além disso, nestes cenários de produção de vida e conhecimento, a ética e a moral podem ser compreendidas como modos de produção de subjetividades pelos movimentos produtores de realidade psicossocial, produção de sentidos e significados de afetos. Deleuze e Guattari (1997) propõem uma reflexão sobre o movimento ético como princípio de diferenciação e afirmação de um vir-a-ser constante. A ética abriria, pois, espaço para a desterritorialização do instituído, formando um novo sentido de existência; assim a ética se torna valor de invenção, já a moral aprisiona as subjetividades por ser instituída como uma repetição. Essa contraposição entre ética e moral me interessa na clínica, aqui entendida na intersecção entre educação, cultura, saúde, direitos humanos, políticas sociais e econômicas e em outros lugares de produção de saberes e de direitos.

O arcabouço de informações e recortes transversais das teorias apresentadas servem para agregar valor aos debates em saúde mental/emocional, por considerar a pessoa/sujeito como um ser ativo que constrói, reconstrói, adapta seus próprios saberes, desejos, intenções e interações. Neles, novas formas de interpretação e relação podem emergir com ênfase nas diferenciações dos padrões habituais de comportamentos considerados normativos, rompendo com o padronizado e preestabelecido socialmente.

Neste cenário, há que se considerar ainda a contribuição da sociedade civil nas ações participativas com representatividade desenvolvidas no âmbito de movimentos sociais, conselhos, fóruns, coletivos e associações comunitárias, os quais apresentam um tipo de governança para o fortalecimento das ações diretas e autônomas, democráticas e da diversidade cultural. Tais espaços têm mobilizado e sensibilizado pessoas, coletivos, para os cuidados físicos e mentais, a construção de cidadania, a formulação de políticas e a tomada de decisão, sobretudo em momentos de crise. Reafirmo a indicação da centralidade dos sujeitos em todos os processos institucionais – e clínicos –, para ampliar a qualidade de vida considerando o contexto de existência, territórios em que estão inseridos, repertórios, conhecimentos e fazeres culturais, bem como as novas formas de agir, viver e experimentar o mundo.

Cidade e pandemia: entre o direito e o acesso

A pandemia carregou consigo, além do vírus, uma inversão na mobilidade urbana: aqueles que costumeiramente não podiam circular pela cidade – os pobres, pretos, moradores das periferias – têm de sair para manter o sustento e a possibilidade de vida, enquanto quem tinha a cidade para si agora se sente em segurança, mesmo que ilusória, em *home office*. Aqui já é possível destacar limites, complexidades, ausências de direitos e privilégios ao citarmos esses públicos; as contradições são inesgotáveis, entre elas a fome. De acordo com pesquisadores da Rede Brasileira de Pesquisa em Soberania e Segurança Alimentar e Nutricional (Rede PENSSAN, 2021), 19 milhões de brasileiros passaram fome durante a pandemia, o dobro do que foi registrado em 2009, retornando ao nível observado em 2004.

O distanciamento social, aliado ao uso de máscara e álcool gel, tem sido a base para reduzir o avanço da pandemia desde seu início. No entanto, com a retomada das atividades econômicas, sociais, comerciais, culturais, educacionais, os índices de contaminação cresceram[8] e os governos não conseguiram exercer o controle social e sanitário, e o colapso do sistema de saúde foi o resultado, enquanto o país alcançou, em meados de maio de 2021, mais de 450 mil mortes por covid-19.

Alguns profissionais permanecem trabalhando em casa, mas a maioria das pessoas precisa se deslocar todos os dias de suas residências até o local de trabalho, enfrentando o transporte público e aglomerações. A recente pesquisa "Viver em São Paulo: Trabalho e Renda", realizada pela Rede Nossa São Paulo e Ibope Inteligência (2021), apresenta dados que chamam a atenção: o rendimento dos paulistanos e paulistanas nos últimos doze meses apresentou diminuição em quatro de cada dez habitantes da cidade; as principais despesas aumentaram junto à necessidade de complementação de renda; o desemprego cresceu 15% na cidade, atingindo alguns perfis populacionais de forma mais acentuada, sobretudo as pessoas em vulnerabilidade social, e com maior escassez de trabalho para mulheres do que para homens. Aponta também que o transporte coletivo urbano despontou como um tema crítico diante da crise

---

8   Informações verificadas entre outubro e dezembro de 2020.

sanitária em virtude do controle administrativo e das exigências dos protocolos de saúde sanitária. As frotas do transporte público na cidade de São Paulo e em diversas outras cidades se mantêm reduzidas. Mesmo com a busca por outros meios de locomoção, como a bicicleta e o transporte a pé, a atenção para mobilidade urbana segue sem solução; a classe média que possui veículo individual invade as ruas, enquanto quem mais se contagia e morre de covid são aqueles que tiveram de permanecer no trabalho, fazendo uso do transporte público ou trabalhando nele próprio. Nakano (2020), por exemplo, mostrou que o uso de transporte público, o trabalho como profissional autônomo e ser dona de casa são as três variáveis que mais influenciam nas mortes pela covid-19 na cidade de São Paulo. O deslocamento diário para o trabalho e a concentração de casos de covid parecem, assim, manter relação direta desde a primeira onda de contaminações da pandemia.

O planejamento do transporte precisou se adaptar às necessidades emergenciais da sociedade, mas isso não foi dimensionado com eficiência pela gestão pública nas grandes cidades do país e a integração dos sistemas não ocorreu na maior parte dos casos. As populações mais vulnerabilizadas e periféricas foram e permanecem sendo as que mais sofrem os impactos disso, sendo que muitos contágios e mortes poderiam ter sido evitados com políticas públicas de fato pensadas para a preservação da vida, possibilidades de permanecer em casa, acesso confiável a informações consistentes com os princípios de direitos humanos, internet disponível para pessoas de baixa renda, garantia de renda, meios para o ensino remoto. Um outro destaque refere-se à defesa feita publicamente pelo LabCidade (FAU-USP) da distribuição gratuita de máscaras do tipo PFF2 nos transportes coletivos como uma medida essencial para proteger os trabalhadores da covid-19 e ajudar a frear a pandemia na cidade de São Paulo. Para Raquel Rolnik (2021),

> *Pensando a pandemia em relação à territorialização das concentrações de contágio, a distribuição das máscaras é tema crucial e deveria ser estratégica, priorizando os locais onde há proporcionalmente mais concentração de contágio, de mortes, e usuários com menor possibilidade de comprar máscaras. Esta seria uma política pública que, mirando*

prioritariamente quem é mais vulnerável e exposto ao contágio, conseguiria salvar muitas vidas.

Ainda no debate das consequências e impactos da pandemia, fica explícito o limite e a perversidade do neoliberalismo que preconiza no mercado a garantia da saúde e de comida para todos e que a única missão do Estado é garantir o crescimento do mercado e a retomada da economia, um discurso frequentemente ouvido na atual gestão federal brasileira. Uma saída concreta seria mobilizar recursos públicos para apoiar os mais necessitados, um auxílio emergencial justo e um modelo de sociedade potente. Além disso, são necessárias outras iniciativas do poder público, como a disponibilização de espaços em imóveis vazios e subutilizados para a população de rua, a suspensão temporária de aluguéis, despejos e remoções, bem como medidas de segurança alimentar. Afinal, "evitar a convulsão social está nas nossas mãos", avisa Rolnik (Ponte Jornalismo, 2020).

O papel da clínica e a mobilidade urbana: ser e viver nas cidades

A cidade, o sujeito, a atuação no campo das políticas públicas e do desenvolvimento local são os elementos que articulam as ideias e os conceitos trazidos neste texto, às voltas com o desafio de superar o recorte indivíduo-coletivo, costumeiramente operado pela clínica hegemônica. Aqui, pretendemos questionar relações possíveis entre cidade e saúde mental, a circulação diante da pandemia, as mudanças de paradigma sobre ser e viver na cidade, como os acessos e suas faltas constituem os sujeitos, limitando-os ou favorecendo suas interações. Outra provocação: a ideia de confinamento é assustadora para as pessoas que prezam a liberdade coletiva e individual. No entanto, a maneira possível para a preservação da vida, no último ano e meio, tem sido o afastamento do convívio social, paradoxo e paradigma dos nossos tempos. Não só o corpo, mas a mente e o desejo permanecem confinados. Paira a sombra das impossibilidades sobre o indivíduo, o coletivo, a pólis, os estados e a nação. De um lado o sufocamento, do outro, um esforço para enfrentar o esgotamento em todas as frentes de ação diante das mortes diárias, dos números, das novas variantes, da escassez de políticas públicas efetivas, da destituição dos direitos humanos e dos sentidos de sobrevivência, de mobilidade. O desafio em lidar com a crescente e constante sensação de aprisionamento naqueles e naquelas que levam a sério as diretrizes da saúde e os protocolos preventivos contra a contaminação da covid.

Para além disso, reconhecer a cidadania como conquista democrática é o eixo articulador da intervenção dirigida à construção de cidades mais justas, possíveis e sustentáveis. Da mesma forma, a perspectiva da convivência por meio da compreensão do outro e de si mesmo, a partilha do espaço urbano, as transformações da diversidade em cidade constituem o significado do direito à cidade, do direito à vida. O desafio é refletir e agir sobre a realidade e o que almejamos, pois a cidade que queremos não está dissociada do tipo de vínculos sociais estabelecidos, do estilo de vida comunitário ou egoísta ou das escolhas que fazemos, dos nossos anseios pelo bem comum, das tecnologias utilizadas, da maneira que nos relacionamos com a natureza. Afinal, o direito à cidade "é o direito de mudar a nós mesmos, mudando a cidade. A liberdade de fazer e refazer as nossas cidades, e a nós mesmos é, a meu ver, um dos nossos direitos humanos mais preciosos e ao mesmo tempo mais negligenciados" (Harvey, 2014, p. 28). O direito à cidade, assim, é um direito a si mesmo, questão que necessariamente deveria tocar à clínica.

Um direito que traz em seu núcleo a ideia fundamental de que as desigualdades e opressões enunciadas – racismo estrutural, desigualdade de gênero e LGBTQIA+fobia – são determinantes e estão determinadas na produção dos espaços. A imposição de padrões de segregação e violências a segmentos sociais específicos, ditos minorias, faz parte da constituição social e política dos territórios da e na cidade segundo o atual modelo de urbanização. Então, a transformação radical conclamada pelo direito à cidade depende inevitavelmente do exercício de um poder democrático coletivo para reformular os processos de produção e constituição do espaço público urbano. Também as propostas de políticas públicas de direito, as manifestações sociais e todo o conjunto cultural de valores humanos, seja de gênero, raça, etnia, religião, situação econômica, nacionalidade, orientação sexual, idade, usos e costumes, colaboram para essa transmutação. Isto implica possibilitar a cidadãos e cidadãs o real sentimento de pertença, o reconhecimento de si na cidade, em suas subjetividades e seus imaginários, a aceitação das características plurais e das trocas multiculturais. Foi durante os anos de experiência nesta área do direito à cidade e no acompanhamento terapêutico, formação e facilitação de grupos que descobri a escuta coletiva e a comunicação não violenta como recursos para o desenvolvimento da clínica coletiva, um lugar de afetações e afetos, permeado por inúmeras intercorrências urbanísticas, sensoriais e psicossociais.

Todo esse panorama nos localiza nas possíveis interações entre cidade e saúde mental/emocional e em como a clínica pode produzir o direito à cidade, construindo estratégias para articular o território em suas necessidades e também suas particularidades e atuando muito além dos modelos clássicos de saúde preconizados por uma sociedade moralista, retrógrada, preconceituosa e individualista. Em contraposição, podemos ser o trânsito entre a vida consciente e inconsciente, uma dialética no encontro entre todas as forças e pulsões que nos regem e despertam a qualidade significativa que integra a alma, o corpo, a psique, e que nos reconectam com a potência criativa de mudança. Para isso importa ir além, propor encontros significativos, mesmo que pontuais, virtualmente ou seguindo todos os protocolos sanitários, no caso de psicólogos e psicólogas que retornaram à clínica presencial. Encontro dos diferentes, plurais, diversos, múltiplos, no intuito de promover territorialmente políticas intersetoriais para o cuidado, o acolhimento e a saúde integral para pessoas que apresentam demandas e necessidades no pós-covid ou durante o tempo da pandemia; não apenas tratar o sintoma que evoca a visão de doença, mas fomentar a promoção da saúde. Não há de ser a única alternativa medicalizar a vida, o cotidiano e a cidade.

O direito à cidade perpassa a psique nesse sentido de mobilidade social, afetiva, urbana, presencial ou virtual. A clínica formal permanece muito segmentada, estando a anos luz da realidade do chão da nossa gente; as desigualdades relacionadas aos protocolos imperam, mas outras estratégias podem auxiliar a acessar novas dimensões da produção de cuidados e vínculos, como uma questão de disponibilidade entre ambas as partes: favorecer essa ação de forma coletiva e orientada, ampliar vozes e narrativas, utilizar metodologias participativas, ser espaço de re-existência. Compor na clínica uma noção amplificada de cocriação para uma cidade sensível, habitável, que inclui suas densas concretudes, imaginários e subjetividades, descentralizar as noções de desenvolvimento predatório e insurgência, promover o movimento inverso de leitura do mundo. A clínica tem um papel fundamental na humanização dos processos de atendimento frente à pandemia e na problematização das cidades como estão estruturadas.

A transformação pode ocorrer pela mobilização dos afetos mesmo que a distância, ressignificando as cidades, as pessoas e os olhares, na partilha das angústias e ao externalizar suas experiências dolorosas de perdas, inseguranças, lutos e temores neste contexto pandêmico. Despertar o fio espiral de uma teia dos afetos, fio condutor no exercício do papel profissional, e o cuidado na linha tênue da atuação ética em busca por pertencimento à cidade e referenciamento dos próprios limites. Afirmar potências e romper com a conciliação do silêncio paralisador para estar a serviço, criar espaços de acolhimento, hospitalidade, integração, promoção da autonomia subjetiva e coletiva, valorizando, assim, a possibilidade das experiências significativas na relação grupo terapêutico e psicóloga. Fazer do instante uma prática de ressignificação, de possibilidade de cura como princípio norteador e orientador de ser terapeuta na pólis.

Referências

Acosta, A. (2016). *O bem viver: uma oportunidade para imaginar outros mundos.* São Paulo: Elefante, Autonomia Literária.

Almeida, S. L. (2019). *Racismo estrutural.* São Paulo: Jandaíra.

Almeida, W. C., Wolff, J. R., & Gonçalves, C. S. (1988). *Lições de psicodrama: introdução ao pensamento de J. L. Moreno.* São Paulo: Ágora.

Cardoso, A. S., & Bond, E. (2018). O ensino da pedagogia psicodramática como método para novas aprendizagens. *Revista Brasileira de Psicodrama, 26*(1), 140-146.

Chaui, M. (2021). "Pandemia e democracia" com a profa. Marilena Chauí – Aula inaugural do SCH UFPR. *Setor de Ciências Humanas UFPR* [canal do YouTube]. Recuperado de: https://youtu.be/3_4nEjf2bko.

Coelho, L. X. P., & Cunha, I. M. (2020). Direito à cidade contra o desenvolvimento. *Revista Direito e Práxis, 11*(1), 535-561.

Deleuze, G., & Guattari, F. (1997). *Mil Platôs: capitalismo e esquizofrenia* (Vol. 4). Rio de Janeiro: Editora 34.

Freire, P. (2007). *Pedagogia da autonomia: saberes necessários à prática educativa.* 35a ed. São Paulo: Paz e Terra. (Trabalho original publicado em 1996).

Fonseca Filho, J. S. (1980). *Psicodrama da Loucura: correlações entre Buber e Moreno.* São Paulo: Ágora.

Harvey, D. (2014). *Cidades rebeldes: do direito à cidade à revolução urbana.* São Paulo: Martins Fontes.

Krenak, A. (2020). *A vida não é útil.* São Paulo: Companhia das Letras.

Moreira, M. C. N. (2007). A construção da clínica ampliada na atenção básica. *Cadernos de Saúde Pública, 23*(7), 1737-1739.

Morin, E. (2000). *A cabeça bem-feita: repensar a reforma, reformar o pensamento.* Rio de Janeiro: Bertrand.

Nakano, K. A. (2020). *Desigualdades e vulnerabilidades na epidemia de covid-19: monitoramento, análise e recomendações.* São Paulo: Unifesp.

Passetti, E. (2013). Transformações da biopolítica e emergência da ecopolítica. *Revista Ecopolítica, 5.*

Petroni, A. P., & Souza, V. L. T. (2010). As relações na escola e a construção da autonomia: um estudo da perspectiva da psicologia. *Psicologia & Sociedade, 22*(2), 355-364.

Ponte Jornalismo. (2020). Emergência habitacional, propõe Raquel Rolnik. *Outras Mídias.* Recuperado de: https://outraspalavras.net/outrasmidias/emergencia-habitacional-propoe-raquel-ronlik/.

Quijano, A. (2014). *Cuestiones y horizontes: de la dependencia histórico-estructural a la colonialidad/descolonialidad del poder.* Buenos Aires: CLACSO.

Rede Nossa São Paulo & Ibope Inteligência. (2021). *Pesquisa Viver em São Paulo: Trabalho e Renda.*

Rede PENSSAN. (2021). *Inquérito Nacional sobre Insegurança Alimentar no Contexto da Pandemia da Covid-19 no Brasil.* Recuperado de: http://olheparaafome.com.br/VIGISAN_Inseguranca_alimentar.pdf.

Ribeiro, D. (1995). *O povo brasileiro: a formação e o sentido do Brasil.* São Paulo: Companhia das Letras.

Rolnik, R. (2021). É hora de distribuir máscaras PFF2 no transporte público. *labcidade.* Recuperado de: http://www.labcidade.fau.usp.br/e-hora-de-distribuir-mascaras-pff2-no-transporte-publico/.

Santini, D. (2013). São Paulo, uma cidade gentrificada. *Repórter Brasil.* Recuperado de: https://gentrificacao.reporterbrasil.org.br/sao-paulo-uma-cidade-gentrificada/.

11. Psicologia e pandemônio: contribuições das políticas públicas à composição de uma clínica plausível

Dailza Pineda[1]

Muito já se falou sobre nossa pandemia até aqui. O "nossa" fica por conta da inevitável repetição de que isso que vivemos é absolutamente particular, inclusive porque não podemos supor que o tal do vírus produza o mesmo drama em dois pontos diferentes do planeta. Uma epidemia mortífera e descontrolada parece não ser suficiente para dar conta de explicar nosso desastre à brasileira. Cá, temos ainda que conviver com a ascensão de um presidente burlesco, com ideias e ações notadamente genocidas. Além do fenômeno biológico, estamos lidando, entre tantos outros infortúnios, com os seguintes efeitos:

- Promulgação da Emenda Constitucional n. 95, que prevê o congelamento do teto de gastos em políticas públicas ao que havia sido planejado no orçamento de 2016 pelos vinte anos subsequentes.
- Reforma da Previdência, que aumenta o tempo e a contribuição do trabalhador, dificultando o acesso à aposentadoria.
- Amazônia (Watanabe, 2020) e Pantanal (Turioni & Rodrigues, 2020) em chamas, símbolos do desmatamento programático e da execução de políticas ambientais predatórias.

---

1 Graduada e mestra em Psicologia pela Universidade de São Paulo (USP). Atua em consultório particular e compõe a equipe de uma Unidade Básica de Saúde do SUS. Contato: dailzapineda@gmail.com.

- Altos índices de desemprego ou subemprego, chegando a 14,6% no terceiro trimestre de 2020, de acordo com dados do Instituto Brasileiro de Geografia e Estatística (IBGE, 2020), associados ao crescimento da margem de lucro dos bancos, do agronegócio e das grandes empresas, acelerando o já desenfreado abismo da desigualdade social que nos faz figurar atualmente como a sétima nação mais desigual do mundo (PNUD, 2019).

- Anúncio da revisão da Rede de Atenção Psicossocial (Raps) e de mudanças no modelo assistencial em saúde mental, repudiadas pela sociedade, como explicita o Conselho Nacional de Saúde (CNS, 2020) em nota pública.

- Negacionismo acerca da gravidade da doença causada pelo novo coronavírus, por vezes apontada por autoridades governamentais em rede nacional como "gripezinha", a despeito de no final de julho de 2021, um ano e cinco meses após o primeiro caso oficial registrado no Brasil, já termos ultrapassado 548 mil mortes por aqui e quase 4,14 milhões no mundo.

- Investimento público e propaganda em tratamentos, medicamentos e métodos sem comprovação científica ou comprovadamente ineficazes contra a covid-19, como é o caso da indicação de hidroxicloroquina pelo Ministério da Saúde (CNS, 2021).

- Atraso na negociação de imunizantes em relação aos outros países, inclusive latino-americanos, e, ainda, a recente divulgação da suspeita de corrupção por negociação de vacinas superfaturadas envolvendo o governo federal, investigada em Comissão Parlamentar de Inquérito (CPI da Covid), instaurada pelo Senado Federal em 27 de abril de 2021, entre outros constantes absurdos que poderíamos listar.

É necessário dizer que o rápido exame dos dados divulgados acerca das mortes por coronavírus elucida a presença de aspectos sociais, culturais e ambientais como determinantes dos índices de sua letalidade. Neste sentido, Roberta Oliveira et al. (2020) concluem que "a covid-19 não atinge grupos e locais simétrica e democraticamente, é nas periferias e favelas, locais com os piores indicadores de desenvolvimento humano, que a pandemia apresenta sua face mais cruel" (p. 6). Assim, para ser mais fiel ao cenário, talvez se possa denominar o que temos vivido com outro sufixo: "trata-se de um *pandemônio* ético-político que teve início bem antes da constatação dos primeiros casos da doença entre nós" (Carrara, 2020, p. 1, grifo nosso).

Embora estejamos falando de uma enfermidade que ataca diretamente o sistema respiratório humano, sabemos que a nossa sanidade mental também tem sido posta à prova dia a dia. Talvez tenha sido nesta linha de pensamento que, aos primeiros sinais de uma necessária restrição social para contenção do vírus, bem como frente às incertezas e ao ineditismo da situação, os psicólogos ganharam relevo como trabalhadores essenciais deste novo modo (supostamente enlouquecedor) de vida.

Ocorre que a situação atinge também a própria configuração do cenário clínico que construímos tão cuidadosamente ao longo dos anos, em que repetimos, com mais ou menos rigor, a idílica cena primeva. Ora, o que ainda teríamos a oferecer sem os divãs, sofás e poltronas metodicamente alinhados? O que veríamos se as lâmpadas fluorescentes estivessem acesas iluminando também as nossas próprias faces? O que seria da escuta sem o perfume dos livros amontoados, costumeiramente presentes nos consultórios? Apesar dessas ironias, é impossível negar que estes questionamentos ainda são *desbaratinadores* na experiência do consultório online.

Nas últimas décadas muito tem se produzido em interpelação à clínica psicológica tradicional, caracterizada por um modelo terapêutico individual e muitas vezes elitizado que aqui trouxemos de forma caricatural. As críticas se fazem, sobretudo, em relação ao enrijecimento e consequente empobrecimento das práticas clínicas, por vezes pouco criativas, medicalizantes, formatadas e adaptacionistas. A este respeito, Adriana Marcondes Machado (2008) explicita:

> *Psicologia, para quê? Pois é. Imaginem o perigo, a busca de adaptações. Nesse campo de relações de forças, a produção de sintomas não é pequena e podemos produzir malefícios, intensificar os mecanismos de culpabilização e individualização em um tempo em que estes estão mais refinados – mecanismos de controle a céu aberto e baixo custo, nos quais se buscam*

> soluções e alívios imediatos individuais (atendimentos, remédios, lexotans, ritalinas, florais, nutricionistas, psicólogos, especialistas...) para adoecimentos que se estabelecem socialmente: um funcionamento social em que se intensifica a competição, o consumo, a necessidade de mais e mais... e o aumento de pânico, depressão, comportamentos irrequietos, corpos insatisfeitos. Esse quadro fala de forças perigosas, adoecedoras, que não são as únicas (embora sejam, em muitas situações, as hegemônicas). (pp. 4-5)

A busca por saídas para estes impasses antigos, potencializados pela abrupta realidade do atendimento remoto, talvez encontre nas invenções coletivas uma estratégia potente. Afinal, pode-se dizer que o modelo psicológico tradicional, além de individualizante, se impõe também como uma tarefa individual e solitária, quase autocentrada. Por isso, o presente capítulo pretende pormenorizar contribuições da atuação em políticas públicas, eminentemente comunitárias, como iluminação para uma clínica mais razoável aos nossos dias.

A comunidade como território de atuação

As políticas públicas são definidas como ações provenientes de um pacto social, conduzidas pelo Estado e formuladas com vistas a assegurar os interesses de sua população, além de solucionar os problemas específicos por ela enfrentados. Dentre essas, especificam-se como políticas sociais aquelas relativas à fiança dos direitos sociais reconhecidos em determinado país. Para Celina Souza (2006), "as políticas públicas repercutem na economia e nas sociedades, daí porque qualquer teoria da política pública precisa também explicar as inter-relações entre Estado, política, economia e sociedade" (p. 25).

Nossa organização social e econômica está pautada em um modelo capitalista que assume, desde seu início, os interesses das classes dominantes, assegurando e perpetuando suas vantagens sobre as demais. De tal forma, a lógica posta se organiza em torno da acumulação de riquezas, concomitante à exploração da mão de obra e à conservação de um contingente consumidor ativo. Como bem sabemos, esta conta nunca fecha. Neste sentido, de acordo com Vicente Faleiros (1991), "as políticas sociais são formas de manutenção das forças de trabalho econômica e politicamente articuladas para não afetar o processo de exploração capitalista" (p. 80). Mas não podemos perder de vista que este complexo terreno também produz e é produzido pelas conquistas dos trabalhadores, em uma relação intrínseca de forças.

No Brasil, a Constituição de 1988 foi considerada um marco das lutas e movimentos por cidadania e proteção social, estabelecendo políticas de direitos universais e gratuitos a toda a população, de tal forma que é conhecida como "Constituição Cidadã". O que não significa que o texto tenha tido força suficiente para garantir o que estava no papel. Além disso, sobre o que foi assegurado, diversas emendas vêm produzindo toda sorte de rasgos e remendos. Sobre isso, Helena Chaves e Vitória Gehlen (2019) destacam:

> *O crescimento e a profundidade da desigualdade social, da pobreza, da vulnerabilidade e da exclusão social continuam sendo as principais características sociais tanto do Brasil quanto da América Latina. Essa tendência cresce vertiginosamente com a ascensão de governos de extrema direita, os quais priorizam os interesses privados, do mercado e das elites, enquanto excluem, discriminam, culpabilizam e punem com a perversidade da miséria os segmentos populacionais despossuídos, usurpados, injustiçados e vitimados pelo descaso das autoridades e pelo jugo da sociedade. (p. 305)*

Isto posto, traçaremos a seguir um breve cenário considerando duas das políticas públicas que são amplamente acessadas e, não sem disputas, consideradas direitos básicos: assistência social e saúde pública. É importante ressaltar que estes campos têm sido ocupados por psicólogas e psicólogos no Brasil já há décadas. Assim, a escolha por estes setores se faz no entendimento de sua importância para a constituição da psicologia tal qual a pensamos hoje e vice-versa: do quanto as psicologias participam ativamente das construções destas políticas de Estado.

E o recorte aqui apresentado por vezes deve evidenciar o tom particular deste mergulho, atrelado à minha trajetória profissional,[2] mas desde já é preciso que se entenda que não poderia ser muito diferente – já que, como ensina Michel Foucault (1973/2003), o conhecimento é sempre enviesado e obrigatoriamente parcial –, por tratar-se da forma como uma experiência específica, no caso a minha, se entrelaça a este cenário. Vale dizer que na ocasião de minha formação como psicóloga na Universidade de São Paulo (USP) em 2008, passados vinte anos da promulgação da Constituição Federal (1988); dezoito anos da instituição do Sistema Único de Saúde (SUS) (1990); e praticamente concomitante à regulamentação do Sistema Único de Assistência Social (SUAS) (2005), pouco se discutia acerca dessas políticas públicas no currículo obrigatório do curso. Em se tratando de uma universidade, principalmente sendo ela pública, acredito que este fato em si já diga algo a respeito de como a psicologia, de forma geral, demora a se entender inserida em nossa realidade social e política. Apesar da necessidade de pontuar essa vagareza epistemológica e de tomar consciência dos efeitos que ela nos traz, não vamos nos deter nisso.

Assistência social: trabalho de psicóloga?

Tomo emprestado de Luís Saraiva (2017) o questionamento sobre o que seria o trabalho do psicólogo na assistência social, pois essa pergunta parece ser a que mais reverbera e a que melhor revela a estranheza de se fazer psicologia neste terreno. Diz ele: "esse é um falso problema, que carrega a ilusão de que o possível existe antes do existente, isto é, que afirma que o trabalho de psicólogos estaria definido a priori, antes mesmo de esse trabalho se dar de modo concreto" (p. 11).

---

[2] Inicialmente compus a equipe técnica de um Serviço de Acolhimento Institucional para Crianças e Adolescentes, tema que também discuto no mestrado. Na sequência atuei como psicóloga e, posteriormente, coordenadora técnica em CRAS e CREAS. Desde 2020 voltei a exercer a função de psicóloga, desta vez em uma Unidade Básica de Saúde. Paralelamente a este trabalho institucional, durante todo este tempo, me dediquei ainda aos atendimentos individuais de crianças, adolescentes e adultos em meu consultório.

Entretanto, indagar sobre se isso ou aquilo é trabalho para nós traz a provocação necessária acerca de que lugares entendemos ocupar na ordem das coisas. E, se tem algo que alguns dias em um CRAS[3] podem produzir em quem ali se apresenta como trabalhadora, talvez seja justamente o questionamento sobre a pouca eficácia das ferramentas com que se chega para lidar com o real do mundo, ou ainda, a pouca ou nenhuma utilidade dos nossos esforços e teorias individuais e individualizantes nestes contextos. É na complexidade das situações cotidianas intrinsecamente marcadas pela desproteção e marginalização das vidas que os questionamentos "o que vim fazer aqui?" ou "o que posso fazer com isso?" se tornam ocasiões oportunas para a difícil tarefa de não entender o que está posto e de abrir possibilidades de construção com quem está ali buscando soluções. Estar junto, literal e visceralmente, por vezes me parece o principal que temos a aprender e a fazer.

Desconstruir as certezas para construir as possibilidades: nenhum outro território me parece mais propício. A assistência social, entendida conforme a Lei Orgânica de Assistência Social como "Política de Seguridade Social não contributiva, que provê os mínimos sociais, realizada através de um conjunto integrado de ações de iniciativa pública e da sociedade, para garantir o atendimento às necessidades básicas", alicerçou a elaboração do SUAS, que veio a organizar uma série de serviços e benefícios para a execução destas garantias desde há muito propostas. Operou-se, pois, uma reviravolta acerca do usuário da assistência social, que se tornava sujeito de direitos e não mais objeto de caridade e filantropia ocasionais. Até então, a prática da esmola e do clientelismo reinava soberana neste país em relação aos mais pobres, conduzida pela ordem da bondade (sempre perspectiva) e do *status* conferido a quem a fizesse, bem como pela manutenção desta conjuntura de privilégios que nos constitui desde sempre enquanto sociedade.[4] Com o objetivo de manter as coisas como

---

3 O Centro de Referência de Assistência Social (CRAS) é a unidade estatal que opera a Proteção Social Básica do SUAS, sendo responsável pela organização e execução dos serviços, programas e projetos socioassistenciais nos territórios com o objetivo de fortalecer as redes, os vínculos e as funções protetivas das pessoas e das comunidades consideradas mais vulneráveis.
4 É bem possível que tais perspectivas estejam voltando a reinar no país, haja vista, por exemplo, que as campanhas de doação de alimentos (e de incentivo à doação) parecem ser as principais ações frente ao aumento de pessoas em situação de insegurança alimentar, da pobreza e da miséria no país.

estão, de acordo com Aldaiza Sposati (2008), "o poder de Estado deveria permanecer às sombras, estando à sua frente organizações sociais ou comunitárias, no mais das vezes de cariz religioso, abonadas por isenções e subvenções estatais em nome de apoio à filantropia e caridade de organismo da sociedade" (p. 2319).

Diferentemente, o SUAS propõe-se como sistema integrado cuja meta seria organizar a política estatal em níveis de proteção de acordo com a complexidade da situação apresentada. Podemos dizer que o foco deste modo de olhar para a questão tenha sido deslocado da pobreza e de sua culpabilização e realocado no estudo dos vínculos e de suas potências protetivas. O sujeito, dito usuário da assistência social, aparece agora como pertencente a um contexto complexo que envolve as relações sociais, culturais e políticas. Neste sentido, diferente de antes, quando destinada a uma parcela muito específica da população – os chamados desassistidos –, a centralidade nos vínculos e na forma como se dão as relações entre pessoas e lugares nos coloca a todos como potenciais clientes dessa política pública.

Não pretendemos com isso minimizar as questões sociais ou os efeitos de suas hierarquias, mas recolocar a discussão em um campo mais complexo e vivo. Além de prover recursos materiais aos que deles necessitam,[5] aventa-se como um dos principais objetivos do trabalho social o de perceber a pessoa em sua realidade, entender como seus sofrimentos e potências estão enredados e enraizados em um território e, sobretudo, fortalecer suas redes pessoais, comunitárias e institucionais. Talvez seja esse outro desvio importante sobre nossos processos de "escutar" nesta composição: estar com as pessoas em seus espaços (e não propriamente nos nossos) nos ajuda a compreender melhor como a vida acontece, sua concretude e seus porquês. Por vezes a "escuta" se dá sem que nada precise ser dito – por isso as aspas. Não à toa, quando atuava no CRAS e realizava visitas domiciliares, lembro de muitas vezes sentir a necessidade de, ao estar de volta à minha mesa de trabalho, desenhar a planta da casa que havia conhecido para tentar compreender detalhes das relações

---

5   Embora sua provisão seja atributo da política de proteção social, tendo os benefícios de transferência de renda como o Programa Bolsa Família e os benefícios eventuais como importantes norteadores das ações neste campo, haja vista as dificuldades econômicas concretas de subsistência vividas por grande parte da população brasileira.

ali desenvolvidas e até para conseguir expressar aos meus colegas situações que com certeza escapariam de meu relato verbal. Quer dizer, conhecer o território concreto em que uma pessoa vive também possibilita conhecermos como seu território existencial é constituído.

No acompanhamento dos casos, independentemente de sua gravidade, ou seja, da quantidade de direitos violados e da exposição a riscos de outras violações, muito se diz sobre a importância das redes, tanto para os indivíduos em suas trajetórias de vida quanto para os serviços que teoricamente representam os nós que as tecem. Embora todas as políticas públicas prescindam da articulação com as outras políticas, afinal, a vida não é compartimentada, uma das principais contribuições da assistência social acaba sendo justamente a articulação entre os setores para que possam entender juntos as especificidades das questões concretas: o postinho de saúde, o CAPS,[6] o curso profissionalizante, a escola, o grupo comunitário de zumba, a base de polícia e o que mais tiver por ali. A articulação, na verdade, não é apenas de serviços, mas sobretudo de dimensões da vida dos usuários atendidos.

Assim, a perspectiva é de que a proteção se faz factualmente nos enredamentos (ou seja, vinculações) institucionais, mas também comunitários e pessoais, operando como uma verdadeira tecnologia. Neste sentido, entender e fortalecer os pertencimentos possíveis de cada pessoa, família ou comunidade possibilita que, quando necessário, esses vínculos possam ser ativados na perspectiva de, como se popularizou no pós-golpe de 2016,[7] *ninguém soltar a mão de ninguém*, ou ainda, ter-se sempre algo onde se segurar em face dos muitos abismos para os quais a realidade nos empurra cotidianamente. Por vezes, as redes mais importantes de alguém passam longe da institucionalidade das políticas públicas, dentre outros motivos, porque os serviços no geral obedecem à lógica dos dias e horas úteis, mas a vida, não.

Pois bem, o mantra do poder das redes nos ajuda a perceber a importância da complexa, porque nunca óbvia, sensação de pertencimento. Lembro-me

---

6   O Centro de Atenção Psicossocial (CAPS) é o equipamento de saúde multidisciplinar para referência e tratamento de pessoas que vivenciam condições ou transtornos graves em saúde mental.
7   Referência ao processo de *impeachment* da presidenta da república Dilma Rousseff, consolidado em 31 de agosto de 2016.

de Margarida,[8] uma senhora de sessenta e poucos anos que vivia um processo longo e árduo de luto após o falecimento de sua mãe, aparentemente sua única companheira de vida. Margarida, além do luto, também tinha uma situação frágil de saúde. Fato é que Margarida estava trancada em casa havia meses, relatava que não tinha nenhuma vontade de sair, nem mesmo para realizar seus tratamentos médicos; sua única companhia pareciam ser os cigarros que estavam sempre acesos por perto.

Concomitante ao caso de Margarida ter chegado ao CRAS, havia a proposta, porque sobrava um horário no contrato da prefeitura com educadores de grafite, de usar a técnica como mediação e pretexto para incrementar o grupo de convivência voltado aos idosos do bairro, que até então pouco frequentavam o espaço. Inicialmente pareceu mais uma das ideias absurdas a que nos permitimos ali, afinal, esse tipo de estética costuma se associar a outros públicos, sobretudo mais jovens e até mais ativos e contestadores do que as solitárias e melancólicas senhoras de 60 a 80 anos que conhecíamos. Mas a ideia foi bem aceita pela equipe, que já tinha tentado muitas coisas para fazer aquele grupo acontecer e se frustrado em todas. Conforme o previsto, inicialmente as idosas convidadas manifestaram não ter jeito ou desejo para a coisa (diziam que não gostavam de desenhar, que não enxergavam bem ou não tinham coordenação motora, que se aborreciam com pichações etc.), mas elas continuavam indo aos encontros semanais. Começaram com traços a lápis em papel sulfite, entre um bate-papo ou outro, depois começaram a pintar com tinta o que veio a se tornar uma colcha de retalhos em tecido, somaram-se os cafés e os bolos que elas traziam e a coisa foi, literalmente, colorindo as tardes.

Depois de muita insistência nossa, Margarida veio. Parecia uma dessas personagens de desenho animado rabugentas e ácidas que reclamam de tudo e para todos. Com o tempo, aquele jeito dela passou a ser interpretado pelas outras com uma certa dose de humor e folclore. Algo que as assistentes sociais e psicólogas da equipe tentavam há meses: agora ela estava ali, de corpo presente como dizem, embora se recusasse a participar das atividades gráficas. O ponto de virada da história, se é que as histórias têm um ponto de virada,

---

[8] Nome fictício. Atendimento realizado no ano de 2017.

parece ter sido um comentário despretensioso que Margarida fez na visita que fizemos à exposição da obra do artista americano Jean-Michel Basquiat.[9] Ao tomar contato com as primeiras telas rabiscadas, ela riu e disse em alto e bom som, o que acabou divertindo quase todas as pessoas que estavam por lá: "eu num sei desenhar, mas isso eu também faço, na verdade, faço até melhor que ele, se vocês querem saber". Parece que foi assim, pelo riso das outras, que Margarida se tornou uma das mais atuantes, assíduas e produtivas entre as "Basquianas", como se autointitularam. A acidez de seu humor, dali em diante, passou a fazer parte tão forte e essencial do cotidiano daquele grupo que nos dias em que ela faltava ou quando adoecia, faltava algo mais. Normalmente uma das outras senhoras ia ao portão dela para entender o que tinha acontecido, algumas vezes até voltava para o CRAS para nos contar, outras vezes ficava por lá para lhe fazer companhia. Ao passo que foi se soltando e "virando artista", como dizia, Margarida começou a querer monopolizar as latas de spray quando saíamos às ruas para as atividades. A gente via e ria de longe, com certa satisfação, elas mesmas se (des)entenderem sobre a cor ou a quantidade de tinta que cada uma poderia usar.

O convite à criação talvez seja uma das armas mais potentes que temos. É óbvio que parte disso se refere a dificuldades técnico-operacionais ou mesmo à falta de diretrizes, o que em si configura um fracasso para qualquer política que se pretenda de Estado, uma vez que compromete a unidade de suas ações e objetivos. Não é isso que queremos exaltar. Mas há um tanto desta abertura inventiva que talvez seja necessária para se estar lado a lado com a pessoa ou grupo que se atende. Por vezes é necessário se desvencilhar de certos modos engessados, apáticos e ortodoxos de fazer, permitindo-se errar e quem sabe dar a sorte de inovar. Sobre isso, a saúde pública também nos apresenta um prato cheio, conforme enfatizam Cristina Luzio e Thatiane Paulin (2009): "o psicólogo que atua na Saúde Pública deve inventar novas práticas, produzir novos conhecimentos e fundar outra clínica, voltada para as demandas da comunidade e à produção social da subjetividade" (p. 106). Veremos, então, o que tem sido possível nesse contexto.

---

9   Mostra "Jean-Michel Basquiat – Obras da coleção Mugrabi", realizada pelo Centro Cultural Banco do Brasil na cidade de São Paulo, em 2018.

Saúde pública e coronavírus: salve-se o que puder

Talvez nunca o mote "defenda o SUS" tenha feito tanto sentido como agora e, dramaticamente, talvez nunca tenhamos recebido tantas notícias simultâneas acerca dos descasos que impedem os avanços e colocam em risco até o que já temos, mesmo diante desta tragédia sanitária e social. Cronologicamente anterior ao SUAS, norteado nos mesmos princípios constitucionais, o SUS tem a pretensão de oferecer acesso aos serviços e ações em saúde de forma integral, gratuita e universal. Apesar deste enorme desafio em um país das dimensões do nosso, ainda é estimado como um dos maiores e mais inovadores sistemas de saúde pública do mundo.

O SUS opera desde a prevenção até a assistência em saúde, voltado e usado por todos, diferente do modelo a que veio suceder como política de Estado e que tinha na seletividade meritocrática sua principal característica. O Instituto Nacional de Assistência Médica da Previdência Social (Inamps), criado em 1977, atendia ao trabalhador com carteira registrada, aos demais restavam os poucos hospitais filantrópicos e universitários. Assim, a saúde era tratada como problema individual, e não como questão coletiva – nos moldes de como parece pensar, por exemplo, a absurda tendência contemporânea antivacina. Sobre isso, fazemos um parêntese pela importância do assunto. Renata Beltrão et al. (2020) alertam para o fato de que "o ressurgimento de doenças que eram tidas como controladas por programas nacionais exibe a dificuldade de adequação da saúde para com os meios de informação atual, que perpetuam dúvidas, medos e mentiras" (p. 7). É como se cada um pudesse decidir, baseado na própria crença, se quer ou não se imunizar, se está disposto ou não a contrair e, sobretudo, a propagar uma doença. Obviamente qualquer epidemia, por menor que seja, já demonstraria por lógica simples que essas questões estão em outro patamar, não se trata de decidir sobre a própria vida, mas sobre toda uma comunidade.

Observamos, pois, que o próprio conceito de saúde deste novo modelo de atenção foi largamente alterado: não mais restrita à ausência de doença, saúde passou a significar estado de bem-estar físico, mental e social. A este respeito, Julia Rocha (2020) traz uma concepção interessante de saúde como a possibilidade de se ter sossego: "saudável é quem não apanha da polícia ou vai preso injustamente. Saudável é quem tem mais do que a cachaça para se divertir. Saudável é quem sabe que vai se aposentar um dia. Saudável é quem vai à roda de samba, ao cinema, ao concerto ou ao teatro" (p. 16). Por isso, pensamos um corpo que está para além de um conjunto de órgãos e sistemas cujas funções se relacionam à sobrevivência física. Óbvio que desajustes desta ordem se referem à saúde, não poderia ser diferente, já que estar sossegado é também ter minimamente um corpo que pode lidar com as adversidades que a vida lhe impõe. Mas um corpo que também é composto de afetos, desejos, vínculos e relações, por isso, impossível de ser apreendido a partir de um viés individual ou meramente ambulatorial. Por certo, estas revoluções todas trazem impactos e desassossegos aos atores desta nova cena institucional que se convencionou chamar saúde pública.

Nos últimos anos, um dos verbos em destaque nesse campo provavelmente tenha sido "humanizar". O que não deixa de ser meio esquisito, pois parece redundante. Deve se referir ao fato de que nos serviços de saúde um ser humano ouve outro ser humano em suas necessidades humanas, consequentemente. Parece banal, mas se voltarmos ao ponto de que a revolução implantada em 1988 foi a de sermos considerados sujeitos e não mais objetos, a reiteração passa a fazer sentido. Assim, novamente, o acesso aos serviços não está mais na ordem do mérito ou da caridade, mas no reconhecimento do outro como gente.

Por vezes, a experiência de adentrar um campo abrangente como este é, ao mesmo tempo, paralisante pela necessidade de se inteirar a respeito do volume de saberes e práticas já produzidos e inspiradora pela constatação militante de que muito ainda se deve avançar. A rota inicial de uma psicóloga na Unidade Básica de Saúde (UBS) parece mais ou menos trilhada: leituras das normativas e documentos técnicos, observações das práticas cotidianas, discussões de caso, reconhecimento da equipe e do território, familiarização com os instrumentais e rotinas, pactuações com a gestão e por aí vai. Porém, como a vida imita a poesia, "tinha um vírus no meio do caminho".[10] E, nesse caso, o mais correto seria dizer que o tal vírus está no meio de todos os

---

10 Referência ao poema "No meio do caminho", de Carlos Drummond de Andrade (1930/2002).

caminhos. Assim como nos outros lugares, os impactos na atenção básica do SUS ainda são sentidos como um furacão sem data para acabar.

Toda a ideia, construída arduamente, de que a população precisava ser estimulada a frequentar a UBS, os atendimentos, grupos e outras atividades ali realizadas no sentido de produzir saúde e qualidade de vida e, paralelamente, de que a unidade de saúde precisava estar integrada ao território, explorar seus espaços, se colocar porta pra fora... entre uma semana e outra, em meados de março de 2020, caiu por terra, e o que se desejava e orientava enfaticamente era justamente o oposto, que as pessoas não chegassem, que ficassem em suas casas!

Em uma das primeiras rodas de conversa realizadas com a equipe – tão logo as rotinas foram suspensas, criamos pequenos espaços de reunião entre nós, primeiro porque era algo de que os profissionais sentiam falta na correria do dia a dia, mas também porque era preciso colocar palavras naquela angústia –, uma mulher, técnica de enfermagem, contou que estava sentindo medo dos pacientes, que percebia seu corpo se esquivando, que tinha vontade de chorar a cada vez que era requisitada, que sentia até raiva de quem vinha buscar por atendimento naquele que nas primeiras semanas mais parecia um prédio-fantasma. Aquele relato corajoso pareceu traduzir um pouco do que havia em cada um, com mais ou menos intensidade. A essa somaram-se muitas outras narrativas que por vezes encontravam ressonância, outras caíam num certo vazio de sentidos, mas que parecem ter nos ajudado a compor o cenário que vivíamos.

Paulatinamente a população voltou a acessar a unidade, as consultas presenciais, coletas de exames e vacinação voltaram a acontecer, ainda que em um volume muito menor do que antes, as agendas dos profissionais também reabriram parcialmente e, com certo alívio, recebemos os testes para detecção do vírus. Não sem tensões, a atenção básica voltou a se entender como lugar estratégico para evitar os agravamentos em saúde, em seus mais diversos quadros, inclusive para os casos suspeitos ou confirmados de covid-19. Ainda assim, estamos longe de retomar do ponto em que estávamos.

No caso da psicologia, depois de tantas (des)construções necessárias que ainda nem tinham se consolidado, fomos impelidos de volta a um modelo de atendimento ambulatorial, um a um, com a mesa no meio servindo de anteparo, para garantir o (pasmem!) distanciamento. Os atendimentos telefônicos e por vídeo também passaram a ser uma realidade neste contexto e, desde já, vemos essa como uma oportunidade interessante passada a pandemia – no sentido da ampliação do acesso, por exemplo, para as pessoas que não conseguem estar no equipamento de saúde por dificuldades físicas, emocionais ou até por questões de rotina.

A demanda pelo atendimento em psicologia na UBS continuou muito alta e diversa; na maioria das vezes, quando a busca ocorre espontaneamente e até no caso de alguns encaminhamentos, espera-se por psicoterapia nos moldes tradicionais: atendimento individual, duração de 50 minutos, associação livre, a infância como tema central, a tal da terapeuta que não fala etc. Ocorre que construir um cuidado em saúde mental como direito, com vistas à prevenção e à promoção de saúde, em rede e ancorado no território, exige mais do que atender apenas a este tipo de pedido formatado. Na prática, ou a psicologia oferece mais que isso ou se fecha em si mesma e em seu público cativo.

A partir do enquadre coletivo em saúde, algo que se naturalizou foi a importância dos trabalhos em grupos, não apenas como estratégia para dar conta da alta demanda por atendimentos nos serviços, mas também pela potência e pela riqueza dos encontros entre as pessoas e da elaboração conjunta das suas experiências, ao ponto de algumas vezes o atendimento individual parecer insuficiente, monótono e pouco proveitoso. É o caso dos muitos adolescentes que chegam à UBS, para os quais o sentido da busca apresenta-se exterior a eles, geralmente vindo da família ou da escola. É aí que o encontro entre os pares se torna mais profícuo e nos oferece possibilidades maiores de escuta e de elaboração, afinal, o grupo parece ser uma oportunidade de, ao se misturar, sentir mais segurança para expor ou entender aquilo que já não parece tão individual. Durante o distanciamento, encontramos na troca de cartas, já que o trabalho em grupo era muito arriscado por conta da disseminação da doença, uma chance de mantermos abertos alguns desses canais de comunicação e, sobretudo, de expressão que por vezes operam efeitos terapêuticos inestimáveis. Para isso, os atendimentos individuais serviam para produzir mensagens, essas cartas eram entregues por mim aos outros adolescentes que aceitaram participar do projeto, eram lidas por cada um deles e, se o desejassem, poderiam respondê-las e eu ficava no lugar de serviço de correio, direcionando-as novamente ao respectivo destinatário, efetivando a correspondência entre eles. Foi uma experiência interessante de poder, ainda que isoladamente, constituir um espaço de trocas e interações entre eles.

Em tempos ordinários, obviamente não neste, a proposta de atividades comunitárias com outros profissionais também é muito oportuna, inclusive para desmistificar as fronteiras entre saúde e saúde mental, bem como para ampliar as potências da comunidade e do território. Também é interessante para realizar busca ativa de pessoas e situações que não chegariam aos "consultórios" ou ainda de antecipar-se a elas. Assim, na perspectiva da importância de se lançar ao encontro dos usuários como tática de prevenção e fomento à saúde, considerando-se a urgência para a composição de novas metodologias de atenção às pessoas e ao território, agora mais distantes fisicamente e possivelmente mais fragilizados, uma das estratégias que vislumbramos foi a de usar o recurso seguro e certeiro que tínhamos em mãos: nossos telefones e uma lista de pessoas que procuravam cotidianamente a UBS por estarem com sintomas respiratórios, portanto, com suspeita de covid-19. Essas pessoas eram atendidas pela equipe de enfermagem e encaminhadas aos médicos, quando necessário, para procedimentos pertinentes acerca da contenção dos sintomas, daí eram encaminhadas de volta para suas casas ou para internação hospitalar, não sem antes serem listados para notificação à Vigilância Epidemiológica.[11]

Entendemos que este cadastro de pessoas poderia ser um instrumento rico para a manutenção dos laços com o território. Eram realizadas ligações pelos psicólogos, muitas vezes em parceria com a equipe de enfermagem e agentes de saúde, para criar e estreitar vínculos de cuidado, manter a referência com a UBS, promover orientações sobre a importância do isolamento social e demais protocolos sanitários e, sobretudo, propiciar espaços de escuta, pontuais ou contínuos, bem como realizar articulação com outros profissionais da saúde e da rede intersetorial. Tratava-se, portanto, de um meio de acessar remotamente um número grande de pessoas, propondo escuta a elas, fosse

---

11 De acordo com a Lei n. 8.080/1990, que institui e dispõe sobre o SUS, trata-se de "um conjunto de ações que proporciona o conhecimento, a detecção ou prevenção de qualquer mudança nos fatores determinantes e condicionantes de saúde individual ou coletiva".

acerca da rotina, das questões emocionais emergentes, dos eventuais processos de luto decorrentes das mortes por coronavírus, de pensar em orientações sobre cuidados em quarentena ou a importância da adesão à vacinação, e, ainda, de propor acompanhamento aos que porventura apresentassem demandas.

O propósito de trazer à luz essas cenas institucionais não é o de apresentá-las como modelo ou amostra bem-sucedida de trabalho, primeiro porque não acreditamos que práticas exemplares sirvam a algo nesse sentido, mas também porque elas carregam em si experiências circunstanciadas e perspectivas. Com estes relatos, portanto, tencionamos evidenciar o que pretendíamos e, em especial, exercitar os movimentos, possibilidades, construções e reinvenções a que o cotidiano e, mais ainda, este cenário caótico nos convocam, sem os quais corremos o risco de nos entregar às burocracias, às apatias e ao tédio que se projetam sobre o funcionalismo público brasileiro.

Por uma clínica plausível à nossa realidade

Talvez um dos pontos cruciais de um momento como esse seja a constatação de que somos vulneráveis e precários: nós, nossos saberes e nossas práticas. Perguntamo-nos quais proveitos poderíamos tirar desta observação em um momento cujas perdas decorrentes se mostram assustadoramente irreparáveis. Nesta empreitada, entendemos que o fazer clínico, por exemplo, teria muito a ganhar com o abalo das certezas e das estabilidades, por constituir-se um campo propício a isso: antes da pandemia, Antonio Lancetti (2016) apontava que "a clínica é obrigada a operar onde os protocolos conhecidos já fracassaram" (p. 51).

Por ter começado meu percurso na via da assistência social, me acostumei ao questionamento tragicômico: "você não tem o desejo de trabalhar em sua área?". Para quem não sabe, embora esse campo seja imensamente povoado por psicólogos, uma das sentenças mais repetidas por ali é a abolição de qualquer fazer que se diga clínico. Assim mesmo, como uma interdição da palavra em si. Ao mesmo tempo, no ideário social, pouco ou nada sobraria para nós do *campo psi* fora daquela que veio a ser considerada a nossa especialidade.

Examinemos essa barafunda com um pouco mais de calma e vejamos aonde ela nos leva.

Primeiro, ocorre um equívoco semiótico entre a assistência social enquanto política pública e a profissão daquele que se forma no curso de Serviço Social, de tal forma que por vezes entende-se que a assistência é o campo do chamado assistente social. Depois, a pergunta a respeito da área pertinente ao psicólogo evidencia a confusão entre psicoterapia e clínica, sendo a primeira realmente sem sentido na lógica socioassistencial e, ousaria dizer, danosa inclusive no âmbito da saúde pública.

Já a clínica, como a entendemos, atua com mais perspicácia quando se amplia – tanto na assistência quanto na saúde, e até mesmo no consultório particular. Não queremos anular, com isso, a legitimidade da existência de espaços onde poderíamos nos entender autorizados a individualizar nossas existências. Mas, ainda assim, identificar completamente o fazer do psicólogo à psicoterapia convencional mostra um reducionismo contra o qual precisamos lutar diariamente se queremos construir práticas menos universalizantes e adaptacionistas. Estamos falando, portanto, de um deslocamento da própria noção de cura proveniente da ideia de doença, pressupondo um funcionamento esperado dos sistemas físicos e psíquicos, ao qual as terapias pretenderiam restabelecer a ordem. Diferentemente, nossa aposta está nas potências da clínica como um modo de olhar minucioso voltado aos sujeitos e às situações em que vivem e não às suas enfermidades ou disfunções, uma ética do cuidado propriamente dita que considere o contexto em que os sofrimentos são forjados e esteja voltada à tomada de posição do sujeito diante de sua vida e da vida dos outros. Entendemos que, nesta perspectiva, a clínica não deve ser colocada de fora das políticas sociais, mas sim, urgentemente, colocada a operar nelas e vice-versa.

Ao encontro desse argumento, Rafael Silva e Graziela Bonatti (2019) sugerem, "como alternativa à negação da clínica enquanto possibilidade de atuação, a busca por novas perspectivas que ultrapassassem uma concepção puramente individual" (p. 382), de tal forma que a clínica possa se expandir de modo a se colocar também como posição crítica contra os sistemas opressores que vivemos, focando nos sentidos coletivos, na implicação e em seus potenciais de análise e criação de outras possibilidades de viver este mundo.

Sobre essa necessária e árdua reconstrução do próprio fazer, Sheila Murta e Tanimar Marinho (2009) apontam que:

> *a clínica se torna de fato ampliada em todos os sentidos: quanto ao seu foco de intervenção (de indivíduos para coletividades), ao espaço físico (da sala privativa e confortável às instituições diversas), à população atendida (de pessoas de classe social abastada a pessoas de baixa renda), às suas estratégias (da psicoterapia individual à terapia comunitária e campanhas educativas), às suas teorias (das voltadas para o intrapessoal às ecológicas), aos agentes de execução do trabalho (do trabalho conduzido apenas pelo psicólogo ao conduzido por profissionais com diferentes saberes) e aos níveis de prevenção (do tratamento e reabilitação à prevenção e promoção de saúde). (pp. 59-60)*

O alargamento desta ideia é possível inclusive na perspectiva da disputa etimológica acerca da palavra "clínica". Sua concepção clássica remete sua origem à palavra grega *klinikós*, que geralmente é entendida como "inclinação ao leito". A este respeito, Rubens Bedrikow e Gastão Campos (2011) elucidam que "a imagem do médico inclinado sobre o paciente, examinando-o, é muito familiar para a maioria das pessoas" (p. 610). Outra acepção, ao nosso ver mais forte, recorre ao conceito *clinamen*, designado por Epicuro para denominar o desvio imprevisível dos átomos que acaba gerando impactos entre eles. Examinando tais derivações, Regina Benevides e Eduardo Passos (2001) insistem que "é na afirmação desse desvio, do *clinamen*, portanto, que a clínica se faz" (p. 93).

Assim, insistimos na compreensão de que o olhar clínico tenha como intuito identificar, atiçar e inventar fissuras nos modos de vida instituídos que de tão apertados ou rígidos produzem efeitos de alienação, impotência, submissão e sofrimento além da conta em um sistema econômico e social tão perverso como o nosso. A clínica, então, é a produção de desvios. Persistimos, com isso, na pressuposição de um sujeito historicamente constituído, encarnado, que está ao lado e à mesma altura, melhor dizendo, em companhia de quem pretende escutar suas narrativas, não mais imóvel em uma cama à espera de um saber ou remédio que venha a lhe consertar de cima para baixo. Ilustramos esse argumento com a descrição de imagens bastante difundidas na internet durante os protestos populares ocorridos em outubro de 2019 no Chile contra o recrudescimento do modelo neoliberal no país (Roura, 2019). Tratava-se de pichações que denunciavam o excesso de medicação ou diagnósticos referentes ao adoecimento mental da população; uma delas, feita na porta de aço de um estabelecimento, pleiteava: "menos fluoxetina, mais justiça social", outra dizia: "não é depressão, é falta de justiça social".

Parece-nos razoável, enfim, que neste contexto em que vivemos, não tão diferente da realidade de nossos vizinhos, a escuta que a gente produza, onde quer que ela se concretize, esteja pautada pelas questões emergentes em nossa realidade, suas potências e seus horrores, pois os sujeitos se fazem nos processos sociais que vivem, não isolados ou alheios a eles.

Reflexões finais

A crise sanitária lançada pelo surto do vírus Sars-Cov-2 nos colocou às voltas com as nossas concepções de vida e de saúde, por vezes muito restritas, e com a indissociabilidade entre seus aspectos físico, mental e social. Provavelmente já é senso comum o fato de que o coronavírus não nos atinge apenas fisicamente, tanto sua ameaça quanto seus efeitos nos fazem mudar radicalmente em muitos outros aspectos da vida e da comunidade, seus impactos são visíveis. Essa tragédia, digamos assim, pode enfatizar um rumo acerca do que entendemos por cuidado e das lutas cotidianas que precisamos travar na ampliação de seus conceitos. Quanto à psicologia, paira a provocação acerca do reconhecimento de suas (im)potências, da ineficácia das respostas generalizantes, além da urgência de um rompante gregário e de discussão de suas práticas. No nosso caso, ironicamente, neste momento o distanciamento parece ultrapassado e estéril.

Temos por pressuposto que as políticas públicas, por sua precariedade – mas também por precarização constante –, obrigam seus atores a se virar com o que têm e a forjar ferramentas mais adequadas à realidade que, no fim das contas, não cabe nos manuais. Como se fosse necessário "trabalhar para trabalhar", ainda nos estágios da graduação uma professora[12] me disse isso e acho que é essa mesma a sensação. As condições são raramente favoráveis, quase nunca se tem o que precisa, de maneira nenhuma o salário faz jus à dedicação, a gestão por vezes atropela tudo, entre outras atrocidades de escala nacional. Em razão de um projeto de enfraquecimento das políticas públicas, grande parte dos esforços ali gastos são também dedicados à criação de condições mínimas de trabalho e isso desgasta sobremaneira, obviamente.

Em contrapartida, precisamos falar de outro tipo de precariedade, aquela que abre espaço para a criação, e aqui é preciso distinguir uma coisa da outra, embora as palavras sejam quase as mesmas. As políticas públicas são setorizadas, o que implica que não pretendem dar conta da totalidade da vida, assim o reconhecimento das necessárias intersetorialidade e articulação entre uma engrenagem e outra é indispensável para a produção de um trabalho minimamente efetivo. Esta pode ser considerada uma de suas contribuições para a reformulação do olhar clínico que se faça menos alienado e mais contingente, neste sentido o não saber, as incertezas e os processos costumam contribuir mais do que as respostas e as generalizações.

A experiência de trabalho no setor público remete também à importância do arranjo das imagens por diferentes pontos de vista e da relevância dos espaços coletivos de discussão. A convivência e a construção multi/inter/transdisciplinar, características das políticas públicas, estão entre as ferramentas indispensáveis para a compreensão do mundo e de seus operadores, pois possibilitam a ampliação do entendimento e do fazer frente à diversidade de questões que se nos apresentam cotidianamente como problemas a serem superados. As possibilidades aqui aventadas de se entender o lugar do psicólogo nas políticas públicas, sempre instável e disposto à invenção, nos atiçam inspiração para enfrentar os novos desafios impostos por essa pandemia à clínica, onde quer que ela se faça.

Terminando, destaco a revolucionária expansão do fazer em psicologia que seja voltada também para fora do indivíduo, na suposição de um sujeito

---

12 Referência à profa. dra. Adriana Marcondes Machado.

contextualizado que nos procura para falar. Seja em um divã, em uma tela de celular, atrás de uma mesa ou em uma rua movimentada, quem está à nossa frente sempre tem algo mais a dizer sobre si e sobre como se insere no mundo do que nós sobre eles – e, se "falar sobre" não nos cabe, "falar com" parece ser um desvio importante a operarmos. Desta forma, o exercício da escuta, desde que crítico e posicionado, traz em si a constatação radical de que é preciso conhecer a forma como a realidade é vivida, reconhecer suas desigualdades, as maneiras que se tem para resistir aos processos de submissão e às injustiças postas, mas sobretudo as potências diante do cenário que leva ao sofrimento. Isto para podermos supor, até o fim, que há coisas relevantes e surpreendentes a ouvir e modos absolutamente peculiares e ricos de viver para além das cartilhas, das teses ou das nossas próprias formas de viver.

Referências

Andrade, C. D. (2002). No meio do Caminho. In C. D. Andrade, *Alguma Poesia*. Rio de Janeiro: Record. (Trabalho original publicado em 1930).

Bedrikow, R., & Campos, G. W. S. (2011). Clínica: a arte de equilibrar a doença e o sujeito. *Revista da Associação Médica Brasileira*, *57*(6), 610-613.

Beltrão, R., Mouta, A., Silva, N., Oliveira, J., Beltrão, I., Beltrão, C., Fontenele, S., & Silva, A. (2020). Perigo do movimento antivacina: análise epidemio-literária do movimento antivacinação no Brasil. *Revista Eletrônica Acervo Saúde*, *12*(6).

Benevides, R. B., & Passos, E. (2001). Clínica e biopolítica na experiência do contemporâneo. *Psicologia Clínica*, *13*(1), 89-99.

Carrara, S. (2020). As ciências humanas e sociais entre múltiplas epidemias. *Physis*, *30*(2).

Chaves, H. L. A., & Gehlen, V. R. F. (2019). Estado, políticas sociais e direitos sociais: descompasso do tempo atual. *Serviço Social & Sociedade*, (135), 290-307.

CNS – Conselho Nacional de Saúde. (2020). *NOTA PÚBLICA: CNS defende Política Nacional de Saúde Mental desinstitucionalizadora, antimanicomial e com participação social.* Recuperado de: http://conselho.saude.gov.br/ultimas-noticias-cns/1505-nota-publica-cns-defende-politica-nacional-de-saude-mental-desinstitucionalizadora-antimanicomial-e-com-participacao-social.

CNS – Conselho Nacional de Saúde. (2021). *CNS pede que Ministério da Saúde retire publicações sobre tratamento precoce para Covid-19.* Recuperado de: http://conselho.saude.gov.br/ultimas-noticias-cns/1570-cns-pede-que-ministerio-da-saude-retire-publicacoes-sobre-tratamento-precoce-para-covid-19.

Faleiros, V. P. (1991). *O que é política social.* 5a ed. São Paulo: Brasiliense.

Foucault, M. (2003). *A verdade e as formas jurídicas.* 3a ed. Rio de Janeiro: NAU. (Conferências proferidas em 1973).

IBGE – Instituto Brasileiro de Geografia e Estatística. (2020). *Pesquisa Nacional por Amostra de Domicílios Contínua Mensal.* Rio de Janeiro. Recuperado de https://www.ibge.gov.br/estatisticas/sociais/trabalho/9171-pesquisa-nacional-por-amostra-de-domicilios-continua-mensal.html?=&t=publicacoes.

Lancetti, A. (2016). *Clínica peripatética.* 10a ed. São Paulo: Hucitec.

Luzio, C. A., & Paulin, T. (2009). A psicologia na saúde pública: desafios para a atuação e formação profissional. *Revista de Psicologia da Unesp Assis*, 8(2).

Machado, A. M. (2008). *A produção de desigualdades nas práticas de orientação.* Recuperado de: http://www2.fe.usp.br/~cpedh/Desigualdade%20e%20Educ%20Adriana%20Marc.pdf.

Murta, S. G., & Marinho, T. P. C. (2009). A clínica ampliada e as políticas de assistência social: uma experiência com adolescentes no Programa de Atenção Integral à Família. *Revista Eletrônica de Psicologia e Políticas Públicas*, 1(1), 58-72.

Oliveira, R. G. et al. (2020). Desigualdades raciais e a morte como horizonte: considerações sobre a COVID-19 e o racismo estrutural. *Cadernos de Saúde Pública, 36*(9).

PNUD – Programa das Nações Unidas para o Desenvolvimento. (2019). *Relatório do Desenvolvimento Humano 2019.* Recuperado de: http://hdr.undp.org/sites/default/files/hdr_2019_pt.pdf.

Rocha, J. (2020). *Pacientes que curam: o cotidiano de uma médica no SUS.* Rio de Janeiro: Civilização Brasileira.

Roura, A. M. (2019). Protestos no Chile: as rachaduras no modelo econômico do país expostas pelas manifestações. *BBC News.* Recuperado de: https://www.bbc.com/portuguese/internacional-50214126.

Saraiva, L. F. O. (2017). Assistência social: um campo possível para a psicologia? In L. F. O. Saraiva (Org.), *Assistência social e psicologia: (des)encontros possíveis.* São Paulo: Blucher.

Silva, R. B., & Bonatti, G. L. (2019). Reflexões sobre a clínica ampliada nos Centros de Referência da Assistência Social (CRAS). *Psicologia Revista, 28*(2), 379-394.

Souza, C. (2006). Políticas Públicas: uma revisão de literatura. *Sociologias, 8*(16), 20-45.

Sposati, A. (2018). Descaminhos da seguridade social e desproteção social no Brasil. *Ciências & Saúde Coletiva, 23*(7), 2315-2325.

Turioni, F., & Rodrigues, P. (2020). Pantanal em chamas. *G1.* Recuperado de: https://g1.globo.com/natureza/stories/2020/09/23/pantanal-em-chamas.ghtml.

Watanabe, P. (2020). Amazônia já tem mais queimadas em 2020 do que em todo o ano passado. *Folha de S.Paulo.* Recuperado de: https://www1.folha.uol.com.br/ambiente/2020/10/amazonia-ja-tem-mais-queimadas-em--2020-do-que-em-todo-o-ano-passado.shtml.

12. Sem referências, ambiente confortável e afofar travesseiros: os falsos problemas do atendimento psicológico online[1]

Luís Fernando de Oliveira Saraiva[2]

Com a emergência da pandemia de covid-19 em terras brasileiras, psicólogos de todo o país se viram obrigados a deixar de lado seus atendimentos presenciais em nome de garantir medidas de isolamento e distanciamento social. De uma hora para a outra, os consultórios psicológicos foram compulsoriamente transferidos para espaços virtuais, por meio de atendimentos online.

Os atendimentos psicológicos online, isto é, por meio de tecnologias da informação e comunicação (TICs), não são exatamente uma novidade. Data do ano 2000 a primeira regulamentação de atendimentos psicológicos "mediados por computador" pelo Conselho Federal de Psicologia (CFP).[3] À época, apenas serviços psicológicos com caráter orientativo e pontual eram

---
[1] Este texto foi inspirado nas discussões feitas na *live* "Desafios clínico-políticos em tempos de pandemia", realizada pela Sociedade Brasileira de Análise Bioenergética (Sobab), em julho de 2020.
[2] Psicólogo, mestre em Psicologia Escolar e doutor em Psicologia Social, ambos pelo Instituto de Psicologia da Universidade de São Paulo (IPUSP). Pós-doutorado em Educação pela Faculdade de Educação da mesma universidade. É psicoterapeuta. Contato: luis.osaraiva@gmail.com.
[3] A Resolução CFP n. 003/2000, em seu art. 5º, diz que: "são reconhecidos os serviços psicológicos mediados por computador, desde que não psicoterapêuticos, tais como orientação psicológica e afetivo-sexual, desde que pontuais e informativos, orientação profissional, orientação de aprendizagem e Psicologia escolar, orientação ergonômica, consultorias a empresas, reabilitação cognitiva, ideomotora e comunicativa, processos prévios de seleção de pessoal, utilização de testes informatizados devidamente validados, utilização de softwares informativos e educativos com resposta automatizada, e outros,

reconhecidos e autorizados, desde que devidamente cadastrados e certificados pelos Conselhos Regionais, enquanto atendimentos psicoterapêuticos tinham natureza experimental, podendo se dar apenas quando inseridos em pesquisas, uma vez que seus efeitos não eram suficientemente conhecidos nem comprovados cientificamente, podendo trazer riscos aos usuários, e que não havia formação específica para os profissionais nesse campo de atuação. Passados cinco anos, o CFP reafirmou tal posição sobre os atendimentos mediados pelo computador, buscando aprimorar os mecanismos de certificação de sites que oferecessem tais serviços.

Por meio da Resolução n. 011/2012, o CFP elencou quais "serviços psicológicos realizados por meios tecnológicos de comunicação a distância" seriam reconhecidos, "desde que pontuais, informativos, focados no tema proposto": orientações psicológicas de diferentes tipos, realizadas em até 20 encontros ou contatos virtuais, síncronos ou assíncronos; processos prévios de seleção de pessoal; aplicação de testes devidamente regulamentados; supervisão do trabalho de psicólogos, "realizada de forma eventual ou complementar ao processo de sua formação profissional presencial"; e, por fim, atendimento eventual de clientes em trânsito e/ou que se encontrem momentaneamente impossibilitados de comparecer ao atendimento presencial. Novamente, estabeleceu-se que o atendimento psicoterapêutico por meios tecnológicos de comunicação a distância só poderia se dar em caráter exclusivamente experimental; novamente também foi estabelecida a necessidade de cadastramento e autorização junto aos Conselhos Regionais. Fica evidente na Resolução que os serviços psicológicos realizados por meios tecnológicos de comunicação a distância tinham um caráter apenas pontual e suplementar ao atendimento presencial.

Foi somente em 2018 que os agora chamados "serviços psicológicos realizados por meios de tecnologias da informação e da comunicação" parecem ter ganhado o estatuto de serviço psicológico "de fato", não de um mero e ocasional substituto ao atendimento presencial. A Resolução CFP n. 011/2018 autorizou a realização de consultas e/ou atendimentos psicológicos de diferentes tipos de maneira síncrona ou assíncrona; processos de seleção de pessoal;

---

desde que não firam o disposto no Código de Ética Profissional do Psicólogo e nesta Resolução".

utilização de instrumentos psicológicos devidamente regulamentados; e supervisão técnica dos serviços prestados por psicólogos. Vedava o atendimento por esses meios a pessoas e grupos em situação de urgência e emergência, e de violação de direitos ou de violência, que necessariamente deveria se dar de modo presencial. Mais uma vez, condicionou-se a realização do atendimento ao cadastro e à autorização junto aos Conselhos Regionais. Com o advento da pandemia e o aumento vertiginoso de cadastramentos, em 2020 o CFP passou a autorizar a prestação de serviços por meios de tecnologias da informação e da comunicação antes da emissão de parecer dos Conselhos Regionais, além de suspender as restrições quanto ao atendimento nas situações anteriormente citadas.

Em um contexto em que questões éticas relacionadas aos serviços por sistemas de tecnologias da informação e da comunicação, que aqui nomearemos como "atendimentos online" – forma como vêm sendo conhecidos –, têm sido reduzidas à necessidade do cadastramento junto aos Conselhos Regionais de Psicologia, este texto pretende pensar desafios ético-clínico-políticos vivenciados por psicólogos durante a pandemia, colocando em questão o que chamamos de ética profissional, clínica e política, e analisando também como a política habita nossa clínica. Quer dizer, apoiado na compreensão de poder de Foucault (1995), sobre que ações os fazeres clínicos online, em meio à pandemia – mas não apenas –, pretendem atuar? O que tais fazeres têm produzido? Dessa forma, com quais desafios temos lidado como psicólogos ao longo da pandemia, ou, melhor dizendo, que desafios temos produzido nesse período?

Para tanto, utilizaremos duas ocasiões com funções formativas/orientativas sobre os atendimentos online: o curso "Saúde mental e atenção psicossocial na covid-19",[4] promovido pela Fiocruz, e as orientações técnicas lançadas pela Sociedade Brasileira de Psicologia, compostas por onze tópicos que abordam diferentes temáticas consideradas relevantes para atuação profissional em

---

4 Foram analisadas a videoaula "Recomendações aos psicólogos para o atendimento online", proferida pela psicóloga Ionara Vieira Moura Rabelo (2020); a *live* de mesmo nome, ocorrida em maio de 2020, em que as psicólogas Ionara Vieira Moura Rabelo, Fernanda Serpeloni Henning e Camila Wolf de Oliveira respondiam perguntas do público (Fiocruz, 2020a); e a cartilha de mesmo nome (Fiocruz, 2020b).

meio à pandemia. Tais ocasiões serão tomadas a partir da análise do discurso foucaultiana, de modo a captar como enunciados sobre a pandemia e sobre o fazer clínico aparecem e se distribuem (Foucault, 1971/2006).

O atendimento presencial versus *o atendimento online*

Na *live* "Recomendações aos psicólogos para o atendimento online" (Fiocruz, 2020a), ocorrida em maio de 2020, psicólogos encaminharam diversas perguntas, quase sempre girando em torno de supostos aspectos técnicos do atendimento online. Dentre as perguntas iniciais, três se destacam: "Como se cria um vínculo terapêutico totalmente online?", "Como o profissional pode fazer para que o paciente se sinta mais confortável [no atendimento online]?", "Realmente é possível realizar uma psicoterapia online?".

Ao responder, uma das debatedoras partiu da ideia de que, dependendo da demanda apresentada por um paciente, uma modalidade de atendimento pode ser mais adequada. Assim, o atendimento de uma pessoa muito tímida ou que sinta vergonha frente a desejos tidos como tabus, por exemplo, é mais recomendável que se dê por e-mail ou chat, enquanto atendimentos por videoconferência são usados para questões variadas, como ansiedade, depressão e problemas de relacionamento. Para a constituição de uma "aliança terapêutica" nos atendimentos online, apesar de "não haver uma literatura específica", seria necessário: ter uma escuta empática, sem julgamentos e que ajude a pessoa a se organizar; fornecer orientações sobre o que fazer diante de problemas de conexão de internet; informar sobre objetivos do atendimento, para evitar frustrações; além de situar os pacientes no espaço virtual, já que, diferentemente do atendimento presencial, onde há um ambiente físico, teriam menos consciência de onde estão uma vez que o espaço de atendimento só existiria enquanto a câmera estivesse ligada.

Tais respostas parecem problemáticas em diferentes aspectos. Em primeiro lugar, sugerem que a escolha de uma modalidade de atendimento online se dê imediatamente atrelada aos sintomas apresentados, sem que estes possam ser colocados em análise, algo que com muita recorrência acontece nas práticas clínicas. Um argumento comumente utilizado para a defesa do atendimento online, por exemplo, é a falta de tempo das pessoas para o atendimento presencial. Mas a falta de tempo pode ser tomada não como causa para a impossibilidade do cuidado consigo, mas como efeito de modos de vida em que pouco cabe o cuidado com si. O tempo de deslocamento e no transporte público, jornadas extenuantes de trabalho etc. são elementos a serem problematizados com os nossos pacientes, de forma a captarmos – e intervirmos sobre – elementos que produzem, inclusive, a demanda pelo atendimento psicológico. Da mesma forma, a saída para a timidez ou a vergonha frente a seus desejos não é possibilitar apenas que as pessoas falem, mas, sobretudo, que possam compreender e enfrentar justamente aquilo que produz timidez ou vergonha, e o espaço psicoterapêutico também pode ser uma potente ocasião para que nossos pacientes experimentem, em uma companhia atenta e acolhedora, aquilo que têm dificuldade em fazer na vida cotidiana. Não pôr em questão aquilo que produz os sintomas significa usar o atendimento online a favor de uma melhor adaptação das pessoas a quem atendemos. Mas voltaremos a isso em breve.

Também ao longo da *live*, várias são as referências de que o atendimento online se destina a casos menos graves, que não envolvam, por exemplo, situações de ideação ou tentativas de suicídio, surtos psicóticos ou de violência.[5] Nessa perspectiva, o atendimento online parece ser construído como uma modalidade mais simples, pontual, excepcional e de alcance restrito. Mas, como veremos adiante, talvez essa não seja uma limitação do atendimento online, mas da maneira e dos objetivos com os quais parece que hegemonicamente vem sendo oferecido.

Um outro aspecto problemático na resposta da psicóloga diz respeito a uma suposta contraposição entre o atendimento online e o atendimento presencial. Apesar de "não haver uma literatura específica", supõe-se, para a constituição de um vínculo online, aquilo que parece necessário a qualquer vínculo terapêutico, seja ele presencial ou online: escuta empática, sem

---

5 Durante a pandemia, o atendimento online de pessoas em situação de emergência, desastre e violência passou a ser autorizado. As restrições impostas ao atendimento de pessoas nessas situações, entretanto, não são suficientemente justificadas na Resolução CFP 011/2018, havendo apenas menção às "especificidades contidas nas legislações" que versam sobre esses atendimentos, sem, entretanto, dizer que especificidades e legislações são essas.

julgamentos, e situar o paciente diante daquilo que procura e do que pode obter em um atendimento. Não à toa, ao longo da *live*, uma série de perguntas se situam nessa contraposição inventada: como fazer o prontuário do atendimento online? Como abordar questões relacionadas a honorários? Como fazer documento escrito para encaminhamentos? Como estabelecer o *setting*?[6] Qual o tempo de duração ideal para o atendimento online? As respostas, evidentemente, são quase sempre as mesmas: da mesma forma que se faz no atendimento presencial.

Mas que oposição entre o atendimento online e o presencial é essa? A que serve tal oposição? Para pensá-la, gostaria de retomar as perguntas iniciais feitas na *live*, sobretudo a que questiona se "realmente" é possível realizar uma psicoterapia online. O que essas perguntas nos dizem?

Bem, essas perguntas parecem partir da desconfiança frente à psicoterapia online. Talvez a mesma desconfiança trazida ao longo dos anos pelo CFP, relacionada à comprovação da eficácia dessa modalidade de atendimento e à vontade de um certo cientificismo que possivelmente pouco caiba à dita "ciência psicológica".[7] Mas a vontade desse cientificismo pode ser satisfeita, por exemplo, nos estudos de Pieta e Gomes (2014), Sfoggia et al. (2014) e Faria (2019), que apontam para a efetividade do atendimento online, além de similaridades com o atendimento presencial. Essas são desconfianças possivelmente relacionadas à insegurança dos terapeutas, à falta de instrumentalização profissional e de formação adequada para manejar as TICs no contexto da prática clínica, conforme verificaram Feijó, Silva e Benetti (2018).[8]

---

6   Resumidamente, o *setting* diz respeito à "moldura" com que o atendimento se realiza, contemplando arranjos práticos para a realização do trabalho (como o estabelecimento de horário, duração e remuneração), bem como um conceito psicológico, a visão do que acontece e pode acontecer dentro dele e no encontro entre paciente e profissional (Migliavacca, 2008).

7   Aqui, componho com Canguilhem (1973), que afirma a psicologia como uma "Filosofia sem rigor, porque eclética sob pretexto de objetividade; ética sem exigência, porque associando experiências etológicas elas próprias sem crítica, a do confessor, do educador, do chefe, do juiz, etc.; medicina sem controle, visto que, das três espécies de doenças, as mais ininteligíveis e as menos curáveis, doenças da pele, doenças dos nervos e doenças mentais, o estudo e o tratamento das duas últimas fornecem sempre à psicologia observações e hipóteses".

8   Chama a atenção o relato de alguns entrevistados sobre a ausência da temática do atendimento online em suas formações. Mais uma vez, nos deparamos com a queixa de que

Mas talvez as desconfianças também sejam outras: seria possível estabelecer vínculos – não apenas terapêuticos – em um contexto online?

A distância, digitalmente, virtualmente, online, remotamente, mediadas pelas TICs, seja como queiramos nomear, as pessoas se relacionam, se conhecem, se apaixonam, se emocionam, amam, odeiam. Essa é uma desconfiança que parece esquecer que as pessoas já se relacionavam por cartas e pelo telefone, muitas vezes sem se conhecer fisicamente, construindo laços fortes e de qualidade, e que mantém (e talvez atualize) as desconfianças diante da emergência da internet, décadas atrás, que contrapunham o "mundo virtual" ao "mundo real" (Nicolaci-da-Costa, 2005; Matos-Silva, Abreu & Nicolaci-da-Costa, 2012). Essa desconfiança também toma a subjetividade como algo estático, um pré-posto, desconsiderando que os modos de vida se modulam de acordo com contextos sociais e que, assim, esses vínculos, como novas formas de sociabilidade, não são imaginários, sendo capazes de produzir efeitos concretos, sólidos, palpáveis na vida real-presencial das pessoas envolvidas, efeitos estes muitas vezes semelhantes àqueles em relações não mediadas pelas TICs (Silva & Takeuti, 2010).

O que parece estar em jogo não é contrapor o atendimento online ao atendimento presencial, mas poder compreender que novas presenças são instauradas por essa modalidade de atendimento, situando-as em novas sociabilidades e em novos modos de vida. Se isso atualiza a contraposição entre o "mundo virtual" e o "mundo real", a saída parece ser que nos questionemos que realidades são produzidas pela virtualidade de nosso atendimento, o que, por sua vez, deve levar a nos perguntarmos que realidades queremos produzir com esse atendimento.[9]

---

profissionais não receberam a formação adequada para atuar em uma determinada área. Tal queixa leva à hipótese de que os cursos de Psicologia, ao priorizarem aspectos de caráter técnico e instrumental, pouco reflexivo, produz profissionais pouco inventivos, pouco capazes de, a partir das ferramentas adquiridas durante a graduação, propor modos de lidar com situações inusitadas. Exemplos disso podem ser vistos em Saraiva (2017).

9   Lopes (2005), em diálogo com Pierre Lévy e Gilles Deleuze, entende o virtual como entidade desterritorializada e espaço de potência, argumentando, junto com Virgínia Kastrup, que, mais do que se perguntar se as máquinas de informação poderão se constituir em sistemas inventivos, cabe-nos indagar se elas são capazes de provocar, na interface com o usuário, outras formas de conhecer e pensar. No caso do atendimento

Mais uma vez, os psicólogos se mostram anacrônicos, lidando com um tempo que pouco existe. Anacronismo e saudosismo: talvez seja isso que aquelas perguntas afirmam.

Novos velhos ritos

Para a realização dos atendimentos online, uma série de orientações passou a ser dada aos psicólogos. Pegos de surpresa com a pandemia e com as impossibilidades de atendimento presencial e, muitas vezes, de deslocamento até seus consultórios ou locais de trabalho, os profissionais tiveram, na maior parte dos casos, de adaptar suas próprias casas para o atendimento.

A cartilha elaborada pela Fiocruz (2020b) resume essas orientações:

> *Adaptar o ambiente físico, assegurando a privacidade e evitando ruídos ou outras perturbações durante a chamada. Em ligações de vídeo, o profissional deve estar posicionado a frente e ao centro da câmera/tela. Manter maior contato visual do que o necessário em sessões presenciais. Procure um cenário de fundo que seja adequado. Procure utilizar sempre o mesmo local para a realização das sessões, criando um espaço de estabilidade e regularidade dos atendimentos. Iluminação – espaço bem iluminado independentemente da hora do dia. A luz natural é preferível quando possível. (Fiocruz, 2020b)*

Silenciosa, iluminada, adequada. Assim deve ser a casa – ou o consultório domiciliar – do psicólogo. Ionara Rabelo (2020) é clara na videoaula que ministrou: "Você não pode atender dentro de um carro no estacionamento do supermercado", enquanto Fernanda Serpeloni, na *live* realizada, ajudou a explicitar a adequação do local de atendimento: "um ambiente fechado, que não tenha interrupção, com uma iluminação boa, sem bagunças atrás, que

---

online, mais que indagar a melhor plataforma para atender – algo recorrente entre os grupos de psicólogos –, a pergunta mais interessante de se fazer é se as TICs têm sido capazes de produzir formas outras de existir.

esteja organizado para não causar nenhum tipo de angústia na pessoa, e sugerir também que ela faça o mesmo" (Fiocruz, 2020a).

Mas a quais interrupções, ruídos e perturbações tais orientações se referem? Em casa, em meio à pandemia, a campainha toca, entregas chegam, os vizinhos reformam suas casas, a janela precisa ser fechada com a chuva, o cachorro late no quintal, alguém grita com o cachorro. Psicólogos conciliam o *home office* com as tarefas domésticas, com os cuidados dos filhos – e com o *homeschooling* deles. Falamos, então, da criação de um consultório domiciliar, por ser atravessado pela vida doméstica, necessariamente atravessado pela vida do psicólogo. Esse tipo de orientação parece reafirmar a suposta necessidade de neutralidade pelo profissional, que deveria deixar de lado – ou deixar em casa – suas questões, problemas, dificuldades, crenças, valores etc. para se encontrar com seus pacientes. Mas a pretensa neutralidade profissional, tão cara à lógica tecnicista e que serve à instauração de uma relação objeto-objeto com seus pacientes[10] (Saraiva, 2010), cai por terra na vida pandêmica: estamos em casa, nos havendo com aquilo que a pandemia também nos produz; em casa, passamos a existir, e existir é condição para que estabeleçamos de fato uma relação sujeito-sujeito.

Essas são orientações que acionam o mesmo jogo ritualístico dos consultórios psicológicos, quase sempre com ares farsescos: a luz indireta, as paredes em tons pasteis, a disposição dos móveis... Trata-se de um jogo ritualístico que hegemonicamente serve a si mesmo, se retroalimentando continuamente, pouco estando a serviço do encontro e da produção de vida. Agora, novos jogos: o ambiente adequado, silencioso e bem iluminado – e com isso, asséptico. E não é só isso: é preciso "manter maior contato visual do que o necessário em sessões presenciais" (Fiocruz, 2020a), como uma forma farsesca de tentar parecer que se está mais atento e presente; esta é uma forma que reduz um estado de atenção, de presença, de abertura e vontade de estar com o outro à

---

10 Estabelecer uma relação objetiva e neutra com um paciente, tão costumeiramente almejada por psicólogos e outros profissionais da saúde, pressupõe um duplo movimento de objetificação. Em primeiro lugar, objetifica-se o paciente, tomando-o como alguém que pouco sabe e deseja saber sobre si, sobre sua saúde, sobre sua doença. Por outro lado, pressupõe a capacidade de o profissional abdicar, no momento do atendimento, de suas convicções, interesses, disponibilidades, desejos, isto é, transformando-se também em objeto.

orientação de olhar mais para a câmera ou para a tela, a mesma tela que também fisicamente não aguentamos mais encarar.[11]

E parece também ser necessário que os pacientes criem seus próprios consultórios domiciliares, não bastassem o *home office* e o *homeschooling*, que obrigaram as pessoas a adequar suas casas para o trabalho e a escola dos filhos. Ao menos assim faz pensar Ionara Rabelo (2020) quanto às sugestões a serem dadas aos pacientes: "a pessoa não pode estar no espaço onde seja quebrado o sigilo, como no meio do shopping"; "o ambiente [deve ser] confortável, sem criança"; "jamais usar computadores coletivos"; "o atendimento no carro não é situação ideal". Essas orientações, entretanto, são um tanto quanto descoladas da realidade.

Em primeiro lugar, não cabe dizer que alguém não deva ser atendido em um shopping em um momento em que grande parte do país vivia medidas de fechamento de estabelecimentos comerciais; quer dizer, possivelmente não havia shoppings abertos aos quais nossos pacientes poderiam ir. E não ir ao shopping deveria ser situado como medida para evitar a propagação da pandemia. Mas o principal problema diz respeito à inversão que propõem: "ambiente confortável" e "sem criança", grande parte das vezes, não são condição para o atendimento; são objetivo, são efeito do atendimento, quer dizer, podem ser almejados e construídos ao longo do atendimento. A maior parte das pessoas não pôde escolher onde e com quem estariam confinadas; elas estiveram onde foi possível, em suas casas e com as pessoas com quem moravam. Fazer esse tipo de sugestão significa desconsiderar as condições concretas de moradia das pessoas a quem atendemos, supondo que todas elas teriam um cômodo a seu dispor e momentos sozinhas, livres das rotinas e funcionamentos de suas casas. Na impossibilidade disso, ir para o carro, o banheiro, as escadas de emergência do prédio ou uma praça – ou mesmo ao shopping –, ou tentar distrair as crianças no cômodo ao lado são maneiras de garantir, mínima e provisoriamente, condições para o atendimento. E, se "ambiente confortável" e "sem criança" são objetivos e efeitos de nossos atendimentos, cabe nos perguntar, junto a nossos pacientes, como criar espaços para estar consigo e para se isolar daquilo que impossibilita o conforto.

---

11   O uso prolongado de telas está associado a sintomas como dores de cabeça e nos olhos, dificuldades de dormir, cansaço, dentre outros (Vaz, 2018).

Nesse tipo de orientação, também se perde de vista algo que pode ser fundamental para nosso atendimento: conhecer de forma mais concreta as condições e os modos de se relacionar com os outros e de organizar a vida e seu cotidiano. A queixa relacionada a um familiar invasivo, que pouco respeita limites, deixa de ser uma mera percepção ou imaginário de um paciente quando, no meio do atendimento, esse familiar adentra seu quarto ou tenta abrir a porta trancada, forçando insistentemente a maçaneta. O olhar de tristeza, vergonha ou raiva com o cachorro arranhando a porta ou com pessoas conversando no corredor, mesmo quando sabiam que o outro estaria sendo atendido, falam dos efeitos de se morar em espaços pequenos e muito habitados na falta de privacidade e na sensação de falta de vida. Da mesma forma, o quarto bagunçado pode ajudar a compreender as dificuldades de cuidado consigo e o cansaço frente ao acúmulo de tarefas domésticas, cuidados com os filhos e trabalho em *home office*.[12] Falamos, então, não propriamente de atendimentos online, mas, sobretudo, de atendimentos domiciliares.

O que nos interessa aqui não é a ideia de o atendimento domiciliar estar comumente atrelado às impossibilidades de locomoção de um paciente, quase sempre acometido por uma doença crônica, ao risco vivenciado por ele ou à necessidade de reduzir custos e efeitos em sua hospitalização, nem mesmo a possibilidade de melhor conhecer ou comprovar aquilo que nos é dito em atendimentos presenciais. O que interessa é justamente a possibilidade de um maior confronto com a realidade concreta do paciente. Laham (2004) lembra que nessas situações são comuns as interferências e os imprevistos durante o atendimento, como o telefone tocar, a criança chamar pela mãe que está sendo atendida, a campainha soar e ela atender. Nessa modalidade, muitas das vezes, é o próprio paciente que indica como o profissional deve se portar em sua casa e o quão sigiloso um assunto é, podendo ou não ser abordado na frente de outras pessoas. Alexandre e Romagnoli (2019) consideram que esse confronto com aspectos culturais, com o contexto social e territorial, com acontecimentos multidimensionais e os meios disponíveis para a construção de encontros, exige flexibilidade, abertura e dinamismo para uma relação inventiva diante dos movimentos que cada situação oferece. O efeito disso seria a possibilidade

---

12   Essas são situações reais, com as quais me deparei ao longo dos atendimentos que realizei ao longo da pandemia.

de se potencializarem vínculos e relações de confiança entre o profissional, seu paciente e sua família.

A serviço de que, a serviço de quem, estão essas orientações? Essas são perguntas que deveriam nos guiar continuamente em nosso fazer. Diria que essas orientações pouco servem àqueles que atendemos e ao nosso encontro com pessoas e com a vida, não estando, no final das contas, a serviço da produção de cuidado e da ampliação da vida. Uma das orientações dadas escancara isso: o uso de fones de ouvido pelos pacientes durante o atendimento. Relacionado a estratégias para garantir o sigilo do atendimento, como não usar computadores compartilhados, ter o antivírus atualizado e usar plataformas que criptografem as conversas, o uso de fones de ouvido é recomendado "na intenção de que a pessoa não consiga capturar o áudio" (Fiocruz, 2020a). A recomendação, assim, serve à proteção do próprio psicólogo, de forma a não deixar qualquer prova daquilo que se passa em seu consultório domiciliar. Talvez tal orientação impeça que nossos pacientes descubram algo sobre nós: que vivemos, sofremos, nos alegramos – mesmo quando nossas bagunças são deixadas atrás da câmera.

Entre a psicoeducação e a psicoidiotização

Visando contribuir com a prática profissional, a Sociedade Brasileira de Psicologia (SBP) lançou uma série de textos objetivos que "ajudam a entender o contexto, conceitos envolvidos, alternativas e acompanhar intervenções no enfrentamento da covid-19". Construídos a partir de um grupo de trabalho para o enfrentamento da pandemia, os textos partem da consideração de que nesse contexto o psicólogo deva "manter a proximidade afetiva; ouvir com atenção; adotar uma postura de aceitação e acolhimento das emoções; e contribuir com o desenvolvimento de atitudes resilientes, do bem-estar psicológico e da segurança dos indivíduos, grupos e sociedade" (SBP, 2020, p. 3). São abordados, em onze tópicos, o atendimento a profissionais de saúde, considerando maneiras de minimizar efeitos do estresse, primeiros auxílios psicológicos e as reações negativas enfrentadas por eles; questões relativas ao luto; resolução de conflitos nas famílias; apoio para pais de crianças; violência contra mulheres; traumas; manejo de alterações de sono. Atentemo-nos a este último.

O Tópico 8 (Almondes, 2020) dedica-se exclusivamente a discutir o manejo de alterações de sono no contexto da pandemia. Atribui essas alterações à "quebra de rotina (interrupção da vida diária) e irregularidade nos horários de dormir e acordar" (p. 1), diante de confinamento em casa, distanciamento social, *home office*, *lay-off* (suspensão de contratos de trabalho prevista em lei, com redução da jornada e da remuneração), e "jornadas extensas e extenuantes, com pouquíssimas pausas, . . . desequilíbrio entre esforço de horas no trabalho e recompensa em salvar vidas, . . . medo de contrair o vírus, medo de voltar para casa e contaminar seus familiares" (p. 1) vivenciados pelos profissionais da saúde. Tais situações seriam responsáveis pela produção de alterações e distúrbios de sono e transtorno de insônia.

Diversas alternativas são apresentadas visando ao manejo dessas alterações, como definir uma programação ou rotina, já que "estabelecer uma rotina pode facilitar uma sensação de normalidade, mesmo em tempos anormais" (p. 4); estabelecer uma agenda diária para o padrão de sono, com horários para acordar, se preparar para dormir e, por fim, dormir; reservar a cama apenas para dormir, não fazendo "da cama e do quarto de dormir uma extensão da cozinha, do escritório e de outras atividades" (p. 4); manter uma dieta saudável; expor-se à luz natural; utilizar técnicas de relaxamento, como meditação, músicas relaxantes e leituras tranquilas; praticar atividades físicas; evitar ficar sobrecarregado por notícias relacionadas à pandemia. Mais uma vez, nos deparamos com orientações que desconsideram a vida concreta de nossos pacientes: "quarto de dormir" muitas vezes é um dos únicos cômodos da casa em que se pode minimamente se isolar e trabalhar com menos interrupções e ruídos.

Mas uma das alternativas chama a atenção: "orientar a troca frequente dos lençóis: afofar os travesseiros e fazer a cama pode manter a cama fresca, criando um ambiente confortável e convidativo para dormir" (p. 5). "Afofar os travesseiros": uma digna orientação do senso comum. Poderia ser algo como "tome chá de camomila" ou "pense em coisas boas", como diriam nossas avós. Esse tipo de orientação escancara a ideia de que a psicologia pode amenizar os horrores da pandemia, facilitando "uma sensação de normalidade, mesmo em tempos anormais". Mais uma vez, nos deparamos com uma psicologia normatizante, que busca que os sujeitos possam se adaptar a toda sorte de dificuldades. Para isso, uma psicologia orientativa, informativa, educativa (Weide et al., 2020), que promova resiliência, otimismo e esperança (Zanon et al., 2020).

É interessante como ao longo da pandemia práticas da psicoeducação vêm se difundindo. A Fiocruz (2020b), por exemplo, recomenda seu uso pelos profissionais de saúde mental, uma vez que "o atendimento durante a pandemia requer validação e informação sobre as reações emocionais e físicas mais comuns esperadas durante a pandemia, em especial aquelas associadas a ansiedade, depressão, medo e estresse agudo". Estranhamente, essa era uma técnica que eu e muitos colegas desconhecíamos.

Segundo Lemes e Ondere Neto (2017), a psicoeducação é uma intervenção psicoterapêutica que busca mudanças comportamentais, sociais e emocionais a partir de um caráter educativo que ensina, a partir do oferecimento de informações teóricas, os pacientes sobre seu diagnóstico, sintomas e tratamento. Nessa perspectiva, "auxiliar as pessoas é ensiná-las a se ajudarem, propiciando conscientização e autonomia" (p. 18). Quer dizer, o foco da intervenção é informar e conscientizar os pacientes, a partir da crença de que o conhecimento técnico sobre o que se passa consigo mesmo seria uma importante ferramenta para a resolução de sintomas e sofrimentos. É a partir dessa lógica que o Tópico 8 (Almondes, 2020) apresenta tantas informações técnico-conceituais sobre o sono, como sua relação com o sistema imunológico e a regulação emocional, além de suas alterações e problemas. Vejamos como isso é abordado.

Bem, as alterações de sono são tomadas basicamente como efeito da quebra da normalidade e das pressões vividas pelos profissionais da saúde ocasionadas pela pandemia. Esta é tomada como um fenômeno biológico global, produtor de sofrimentos e transtornos, como depressão, ansiedade, pânico; quer dizer, falamos de um processo de medicalização da pandemia, entendida de forma despolitizada e descontextualizada. Essa foi a tendência de serviços psicológicos e produções científicas brasileiros nos princípios da pandemia (Saraiva, Pineda & Goldsten, 2021). Nessa lógica medicalizante, é de se esperar que as intervenções psicológicas se resumam a um conjunto de orientações altamente despolitizantes, descontextualizadas e, por óbvio, individualizantes, que situam a solução dos problemas nos corpos de cada pessoa atendida.

A pandemia brasileira, desde o início, teve características um tanto quanto singulares. A gestão ativa do governo federal na divulgação de informações falsas sobre a pandemia; em minimizar e desacreditar seus efeitos na morte de milhares de pessoas; na falta de apoio técnico-financeiro aos estados e municípios brasileiros; no incentivo a aglomerações e à abertura do comércio e serviços; no descrédito ao uso de máscaras; no investimento em tratamentos precoces sem nenhuma evidência científica; no desinvestimento na negociação e compra de vacinas... enfim, uma série de medidas que explicitam uma gestão da pandemia que produz morte e deixa que morram; uma gestão genocida e que concretiza a necropolítica (Bensusan, 2020).

Frente a essa situação, mais que fazer dormir, cabe a um atendimento psicológico contribuir para a compreensão daquilo que faz perder o sono. Não fazer isso significa tamponar angústias e forças disruptivas, produzindo a mera adaptação das pessoas. Essa deve ser nossa pergunta: o que nos faz perder o sono durante a pandemia? Os índices continuamente elevados de contágios e de mortos? O negacionismo reinante? A desassistência completa às pessoas, que as deixa jogadas à própria sorte (e à própria morte)? A falta de um plano de vacinação consistente? A falta de perspectivas de que tudo isso "vai passar"? O extermínio dos pretos, indígenas e pobres, mais afetados pela pandemia? A morte do menino Miguel?[13] O Pantanal em chamas?[14] A morte de pessoas

---

13 Miguel Otávio Santana da Silva, de cinco anos, morreu após cair do nono andar de um prédio de luxo no Recife, em junho de 2020. Sua mãe, empregada doméstica, deixou-o sob os cuidados da patroa, Sari Corte Real, primeira-dama da cidade de Tamandaré (PE), enquanto passeava com o cachorro desta. Sua patroa, que estava fazendo as unhas com uma manicure, deixou o menino sozinho no elevador do prédio para procurar sua mãe. Perdido no prédio, foi até uma área com ares-condicionados, escalou uma grade e caiu de uma altura de 35 metros. Sari foi presa em flagrante por suspeita de homicídio culposo (sem intenção de matar) e foi solta após pagar fiança de R$ 20 mil. É importante destacar que o serviço doméstico e de manicures não eram considerados serviços essenciais àquele momento da pandemia, não podendo, então, ser realizados (G1, 2020).
14 Em setembro de 2020, 14% do Pantanal foi devastado por queimadas, área recorde. As queimadas foram intencionais, realizadas por fazendeiros buscando transformar a vegetação em pasto para a criação de animais (Turioni & Rodrigues, 2020).

asfixiadas em Manaus?[15] A morte de mais de três ou quatro mil pessoas por dia e a estabilização da pandemia com mais de mil mortes diárias? O colapso dos sistemas de saúde e as ameaças constantes de colapso do sistema funerário?

Mesmo continuamente cansados, não conseguimos dormir. Deleuze (1992) faz uma importante diferenciação entre o cansaço e o esgotamento:

> *O cansado não dispõe mais de qualquer possibilidade (subjetiva): não pode, portanto, realizar a mínima possibilidade (objetiva). Mas esta última permanece, porque nunca se realiza todo o possível, faz-se, inclusive, nascê-lo, na medida em que se o realiza. O cansado apenas esgotou a realização, enquanto o esgotado esgota todo o possível. O cansado não pode mais realizar, mas o esgotado não pode mais possibilitar.*

O esgotamento, dessa forma, implica estar em atividade, mas para nada e destituída de sentido. Na visão de Moacir dos Anjos (2020), a pandemia brasileira, "situação em que as palavras já não bastam para descrever os fatos e evocar os afetos que eles geram", seria responsável por sentirmos não só que estamos esgotados, mas sobretudo que o Brasil está esgotado. Bastaria, em um contexto de produção contínua e incessante de esgotamento, afofar travesseiros?

---

15 Em dezembro de 2020 e janeiro de 2021, o sistema de saúde de Manaus (AM) viveu um grande colapso, com superlotação de hospitais, falta de leitos para internação de pacientes, que acabaram transferidos para outros estados, e falta de oxigênio, acarretando a morte de muitas pessoas. Os cemitérios também ficaram sem vagas, sendo necessário acomodar corpos em câmaras frigoríficas. A CPI da Covid vem investigando uma possível omissão do Ministério da Saúde diante da situação, além da possibilidade de ações intencionais que visavam à exposição da população à covid a fim de se obter a chamada imunidade de rebanho (G1, 2021).

Por um freio de emergência

E se o vírus veio parar a máquina cujo freio de emergência não estávamos encontrando? Essa é a principal hipótese do texto de autoria desconhecida "O monólogo do vírus" (Anônimo, 2020). No texto, o vírus é claro: ele é "apenas a outra face da Morte que reina", fruto de uma organização social ancorada na encruzilhada que estrutura nossa existência, "economia ou vida". Nessa organização, reinam o descuido e a produção incessante de uma mesma forma insustentável de vida.

Parece ser habitual que se considere que a pandemia interrompeu a ordem natural das coisas, como se rompesse com um certo passado idílico e uma vida tranquila, sem problemas. Refuto essa ideia; afinal, a vida que tínhamos antes da pandemia definitivamente não nos serve na pandemia, talvez porque já não nos servisse antes. Mas, graças ao vírus, essa vida foi interrompida e explicitada. Diante disso, deveríamos agradecer-lhe, já que, sem ele,

> *por quanto mais tempo fariam passar como necessárias todas estas coisas aparentemente inquestionáveis, cuja suspensão é imediatamente decretada? A globalização, as competições, o tráfego aéreo, as restrições orçamentais, as eleições, o espetáculo das competições desportivas, a Disneylândia, os ginásios, a maioria das lojas, o parlamento, o encarceramento escolar, as aglomerações de massas, a maior parte dos trabalhos de escritório, toda essa sociabilidade inebriada que é apenas o contrário da angustiada solidão das mônadas metropolitanas. Afinal, nada disso é necessário quando o* estado de necessidade *se manifesta.* (Anônimo, 2020)

Caberia ao vírus, então, perturbar, acabando com qualquer garantia de que o não mundo de antes voltará. E que perturbações o vírus traria à psicologia? Quer dizer, e se ele também veio parar a máquina que hegemonicamente vem movimentando os saberes e práticas psicológicos? De qual freio de emergência a psicologia necessita?

A partir de Rose (2011), podemos considerar que, hegemonicamente, a psicologia busca descobrir quem somos e quem poderemos ser, buscando prever e controlar acontecimentos da vida. Normalizadora, impõe regras, exigências a existências, facilmente entendendo aquilo que difere como algo hostil e necessário de ser alterado, substituindo, então, aquilo que é insatisfatório pelo que é satisfatório. A partir de técnicas confessionais, que nos fazem falar de nós mesmos, nos é instaurado um "si mesmo", isto é, uma existência individualizada e individualizante, que deve ser continuamente superada, a fim de maximizar nossas capacidades, de forma a aumentar nossa eficácia e nossas possibilidades de aproveitamento.

O que vemos nas situações analisadas é a boa e velha psicologia de sempre, que individualiza e corrige existências, tomando sintomas isolados do mundo como desvios a serem rapidamente combatidos. Normativa, reduz a atuação ética de psicólogos ao cumprimento de regras duras e quase sempre meramente burocráticas, que contribuem para a produção de gélidos rostos empáticos, que "compreendem" sofrimentos alheios, como se esses profissionais também não sofressem ao longo da pandemia – e da vida. Trata-se de um modo de pensar que retira de nós e dos outros vitalidades, potências, a possibilidade de estranhezas, de afetação, de encontro com nós mesmos, com o outro, com vidas outras, distantes daquela que o próprio saber psicológico prega como ideal.

Esses são modos de pensar que, nas palavras de Baptista (1997), funcionam como amoladores de facas, isto é, são cúmplices do genocídio contemporâneo, já que "fragmentam a violência da cotidianidade, remetendo-a a particularidades, a casos individuais" (p. 46). Ora, o horror brasileiro não começou com a pandemia, de tal forma que Mizogushi e Passos (2020), ao falarem sobre o Brasil bolsonarista, defendem que vivemos em uma plena epidemia fascista, de caráter político, cujo paradigma é apoiado na anormalidade e na desestabilização das normas entre governo e desgoverno. Falar sobre a pandemia sem a situar nos horrores bolsonaristas, negacionistas, fundamentalistas religiosos, produtores de *fake news*, caos e de milhares de mortes significa ser cúmplice deles, já que produzem a crença em uma pandemia despolitizada, produtora, por si só, de sofrimentos individuais.

As práticas psi parecem se adaptar rapidamente, expandindo-se a novos contextos e a novos públicos. Ao que parece, o atendimento online também possibilitou essa expansão, sob a pecha de democratização do acesso ao atendimento, já que, como apontam Capoulade e Pereira (2020), ao falarem da psicanálise em meio à pandemia,

> *abriu-se o caminho para uma prática mais direta, barata e acessível, ligando sem intermediários institucionais o suposto psicanalista e o eventual analisante. Bem aproveitada, essa nova situação pode tornar possível alguma forma de escuta e de intervenção psicanalítica a uma vasta camada da população que por limitações econômicas, geográficas ou políticas jamais teriam acesso a elas nas condições atuais. (p. 545)*

Se "bem aproveitada", a pandemia pode gerar mais público. Não à toa, Baptista (1997) considera que os amoladores de faca são "ávidos por criar perguntas e respondê-las, por criar problemas e solucioná-los, defendem um humanismo que preencha o vazio de um homem fraco e sem força, um homem angustiado e perplexo, necessitado de tutela" (p. 46). Falamos, então, de um modo de pensar e lidar com a pandemia que também produz certos sofrimentos e a necessidade de que sejam cuidados por profissionais psi. E as respostas que produzem facilmente conduzem à produção de uma subjetividade enfraquecida, despotencializada, cada vez mais autorreferenciada e, nas palavras de Gil (2020), cada vez mais dotada de capacidades passivas de obediência voluntária e capacidades ativas de funcionamento programado. E parece ser isso que as orientações analisadas querem de nós: que atuemos de modo programático e em contextos programados.

Um pouco de possível, senão eu sufoco, diria Deleuze. Se aqui analisamos falsos problemas para fazer emergir os problemas reais dos atendimentos psicológicos online, lembremos quais são estes: situar nossas práticas no campo das relações de poder e nos perguntar diuturnamente sobre o que, de fato, elas querem intervir, de tal forma que seja possível acessarmos processos de produção daquilo que se tornou atributo individual – como a falta de sono. Desnaturalizar verdades e prescrições, afetar-se por modos de vida outros. E cuidar. Termino talvez com o maior desafio que temos a nos ocupar, escancarado pelo vírus (Anônimo, 2020): cuidar de si mesmo, daqueles que amamos e do que amamos naqueles que não conhecemos. Que cuidemos, então.

Referências

Alexandre, M. M. L., & Romagnoli, R. C. (2017). Atendimento psicológico domiciliar: relato de uma experiência. *Psi UNISC, 1*(1), 46-59.

Almondes, K. M. (2020). *Manejo das alterações de sono no contexto de enfrentamento da COVID-19.* Recuperado de: https://www.sbponline.org.br/arquivos/To%CC%81pico_8_Por_v%C3%A1rias_raz%C3%B5es,_a_pandemia_pode_estar_tirando_o_sono_das_pessoas._O_T%C3%B3pico_8_orienta_sobre_o_manejo_das_altera%C3%A7%C3%B5es_de_sono_pela_psic%C3%B3loga(o)_.pdf.

Anjos, M. (2021). *Um país esgotado.* São Paulo: N-1 Edições.

Anônimo. (2020). *Monólogo do vírus.* São Paulo: N-1 Edições.

Baptista, L. A. S. (1997). A atriz, o padre e a psicanalista: os amoladores de faca. *Anuário do Lasp, 1*(3/4), 103-109.

Bensusan, H. (2020). *"E daí? Todo mundo morre": a morte depois da pandemia e a banalidade da necropolítica.* São Paulo: N-1 Edições.

Canguilhem, G. (1973). *O que é a psicologia?* [Mimeo]. Rio de Janeiro: Tempo Brasileiro.

Capoulade, F., & Pereira, M. E. C. (2020). Desafios colocados para a clínica psicanalítica (e seu futuro) no contexto da pandemia de COVID-19. Reflexões a partir de uma experiência clínica. *Revista Latinoamericana de Psicopatologia Fundamental, 23*(3), 543-548.

Deleuze, G. (1992). *O esgotado.* Recuperado de: https://laboratoriodesensibilidades.wordpress.com/2018/04/18/o-esgotado-gilles-deleuze/#:~:text=O%20esgotado%20%C3%A9%20muito%20mais,a%20m%C3%ADnima%20possibilidade%20(objetiva).

Faria, G. M. (2019). Constituição do vínculo terapêutico em psicoterapia online: perspectivas gestálticas. *Revista do NUFEN, 11*(3), 66-92.

Feijó, L. P., Silva, N. B., & Benetti, S. P. C. (2018). Experiência e formação profissional de psicoterapeutas psicanalíticos na utilização das Tecnologias de Informação e Comunicação. *Psicologia: Ciência e Profissão*, 38(2), 249-261.

Fiocruz. (2020a). *Recomendações aos psicólogos para o atendimento online*. Recuperado de: https://www.fiocruzbrasilia.fiocruz.br/wp-content/uploads/2020/04/Sa%C3%BAde-e-Mental-e-Aten%C3%A7%C3%A3o-Psicossocial-na-Pandemia-Covid-19-recomenda%C3%A7%C3%B5es-aos-psic%C3%B3logos-para-o-atendimento-online-1.pdf.

Fiocruz. (2020b). Live - Módulo 3 - *Recomendações aos psicólogos para o atendimento online*. Fiocruz Brasília [canal no YouTube]. Recuperado de: https://www.youtube.com/watch?v=bvN2ErHgoaI.

Foucault, M. (1995). O sujeito e o poder. In H. Dreyfus, & P. Rabinow (Orgs.), *Michel Foucault: uma trajetória filosófica*. Rio de Janeiro: Forense Universitária.

Foucault, M. (1999). *Em defesa da sociedade: curso no Collège de France (1975-1976)*. São Paulo: Martins Fontes.

Foucault, M. (2006). *A ordem do discurso*. 14a ed. São Paulo: Loyola. (Trabalho original publicado em 1971).

G1. (2020). Caso Miguel: como foi a morte do menino que caiu do 9º andar de prédio no Recife. *G1*. Recuperado de: https://g1.globo.com/pe/pernambuco/noticia/2020/06/05/caso-miguel-como-foi-a-morte-do-menino-que-caiu-do-9o-andar-de-predio-no-recife.ghtml.

G1. (2021). Covid-19: Manaus vive colapso com hospitais sem oxigênio, doentes levados a outros estados, cemitérios sem vagas e toque de recolher. *G1*. Recuperado de: https://g1.globo.com/am/amazonas/noticia/2021/01/14/covid-19-manaus-vive-colapso-com-hospitais-sem-oxigenio-doentes-levados-a-outros-estados-cemiterios-sem-vagas-e-toque-de-recolher.ghtml.

Gil, J. (2020). *A pandemia e o capitalismo numérico*. São Paulo: N-1 Edições.

Laham, C. F. (2004). Peculiaridades do atendimento psicológico em domicílio e o trabalho em equipe. *Psicologia Hospitalar (São Paulo)*, 2(2).

Lemes, C. B., & Ondere Neto, J. (2017). Aplicações da psicoeducação no contexto da saúde. *Temas em Psicologia, 25*(1), 17-28.

Lopes, E. S. (2005). A realidade do virtual. *Psicologia em Revista, 11*(17), 96-112.

Matos-Silva, M. S., Abreu, R. A. S., & Nicolaci-da-Costa, A. M. (2012). Como satisfazer nossas necessidades de interagir online em diferentes níveis de intimidade? Um estudo sobre a comunicação nas comunidades virtuais. *Interação em Psicologia, 16*(2), 217-226.

Mbembe, A. (2016). Necropolítica. *Arte & Ensaios, 32*, 123-151.

Migliavacca, E. M. (2008). Breve reflexão sobre o setting. *Boletim de Psicologia, 58*(129), 219-226.

Mizoguchi, D. H., & Passos, E. (2020). *Epidemiologia política*. São Paulo: N-1 Edições.

Nicolaci-da-Costa, A. M. (2005). Sociabilidade virtual: separando o joio do trigo. *Psicologia e Sociedade, 17*(2), 50-57.

Pieta, M. A. M., & Gomes, W. B. (2014). Psicoterapia pela internet: viável ou inviável? *Psicologia: Ciência e Profissão, 34*(1), 18-31.

Rabelo, I. V. M. (2020). *Recomendações aos psicólogos para o atendimento online* [Aula]. Fiocruz.

Rose, N. (2011). *Inventando nossos selfs: psicologia, poder e subjetividade*. Petrópolis: Vozes.

Saraiva, L. F. O. (2010). Olhares em foco: tensionando silenciamentos. In B. P. Souza (Org.), *Orientação à queixa escolar* (pp. 59-78). 2a ed. São Paulo: Casa do Psicólogo.

Saraiva, L. F. O. (2017). Assistência social: um campo possível para a psicologia? In L. F. O. Saraiva (Org.), *Assistência social e psicologia: (des)encontros possíveis* (pp. 7-13). São Paulo: Blucher.

Saraiva, L. F. O., Pineda, D., & Goldstein, T. S. (2021). Biopoder, necropolítica e a oferta de serviços psicológicos remotos em tempos de pandemia. *Revista de Psicologia Política, 21*(51), 509-521.

SBP – Sociedade Brasileira de Psicologia. (2020). *Orientações técnicas para o trabalho de psicólogas e psicólogos no contexto da crise COVID-19*. Recuperado de: https://www.sbponline.org.br/arquivos/To%CC%81pico_1_Trabalha_como_psic%C3%B3logao_mas_tem_d%C3%BAvidas_sobre_como_pode_ajudar_indiv%C3%ADduos,_grupos,_fam%C3%ADlias,_institui%C3%A7oes_e_sociedade_na_pandemia_A_SBP_reuniu_informa%C3%A7%C3%B5es_t%C3%A9cnicas_atualizadas_para_contribuir_com_a_pr%C3%A1tica_prof.pdf.

Sfoggia, A. et al. (2014). Therapeutic relationship on the web: to face or not to face? *Trends in Psychiatry and Psychotherapy, 36*(1), 3-10.

Silva, V. V. A., Takeuti, N. M. (2010). Namoro virtual e as experiências românticas online: um estudo da comunidade virtual do Orkut "conheci meu amor pela internet". *Mneme - Revista de Humanidades, 11*(27), 61-80.

Turioni, F., & Rodrigues, P. (2020). Pantanal em chamas. *G1*. Recuperado de: https://g1.globo.com/natureza/stories/2020/09/23/pantanal-em-chamas.ghtml.

Vaz, J. (2018). Táticas para se proteger da luz azul, que afeta sono e até engorda. *UOL VivaBem*. Recuperado de: https://www.uol.com.br/vivabem/noticias/redacao/2018/10/21/luz-de-celular-e-tv-prejudica-a-saude-e-o-peso-veja--como-se-expor-menos.htm.

Weide, J. N., Vicentini, E. C. C., Araujo, M. F., Machado, W. L., & Enumo, S. R. F. (2020). *Cartilha para enfrentamento do estresse em tempos de pandemia*. Porto Alegre, Campinas: PUC-RS, PUC-Camp.

Zanon, C., Dellazzana-Zanon, L. L., Wechsler, S. M., Fabretti, R. R., & Rocha, K. N. (2020). COVID-19: implicações e aplicações da Psicologia Positiva em tempos de pandemia. *Estudos de Psicologia (Campinas), 37*.

13. Por uma clínica que venha nos trazer sol de primavera

Helena Rego Monteiro[1]

> *Agora é só puxar o alarme do silêncio*
> *que saio por aí a desformar.*
> Manoel de Barros

Preâmbulo

Há uma frase do Deleuze que me atiça e que, quando me sinto paralisada, me recoloca em movimento. Em seu livro *Conversações*, Deleuze (1992) nos provoca ao afirmar que "um criador é alguém que cria suas próprias impossibilidades, e ao mesmo tempo cria um possível" (p. 167). Recorro a ela sempre que me deparo com certo silenciamento e paralisia dos meus movimentos.

Havia um estranho silêncio habitando em mim e por isso, inicialmente, ao ser convidada por Andreia Moessa de Souza Coelho, conselheira do Conselho Regional de Psicologia do Paraná, para participar de uma mesa online que abordaria a patologização/medicalização do sofrimento psíquico na pandemia,

---

[1] Psicóloga clínica, mestre em Educação, doutora em Psicologia e membro do coletivo Nós: Cuidados em tempos de pandemia e do Fórum sobre Medicalização da Educação e da Sociedade. Contato: helenaregomonteiro@gmail.com.

eu hesitei e considerei a possibilidade de não aceitar o convite. Eu estava imersa em impossibilidades e por isso não havia aceitado nenhum convite para a participação em eventos durante a pandemia. Mas algo, que não sei explicar ao certo, se processou naquele convite que me convocou de uma maneira diferente. Mesmo com as minhas impossibilidades, sentia que havia uma urgência em conversar sobre a intensificação do sofrimento psíquico em tempo de pandemia. Não disse "não" e passei a trabalhar na criação de um possível.

Lembrei-me de um texto escrito por Cecília Coimbra e Ana Monteiro (2005) que afirmava não ser possível separar clínica e política e o reencontro com este texto fortaleceu a ideia de que, ao dizer sim para o convite de Andreia, eu deveria agir na minha fala a partir de uma militância clínico-política com potência para ativar em nós uma atitude crítico-criadora, que pensasse as políticas de dominação da vida e que escapasse das medidas normalizantes impostas pelo capitalismo em suas diferentes versões. Uma semana depois, eu disse sim para o convite da Andreia. Este texto, portanto corresponde à minha fala na mesa redonda virtual intitulada "Pandemia, acolhimento e medicalização da vida",[2] na qual o apresentei.

Movimento 1: *tempo presente, tempo com impossibilidades...*

Ano de 2020, hoje é dia 23 de novembro, estamos na primavera, estação do canto dos pássaros e do aparecimento das flores. A música "Sol de primavera", de Beto Guedes, soa intensamente em meus ouvidos. Em seus versos ele diz:

---

2   A *live* "Pandemia, acolhimento e medicalização da vida" foi realizada pelo Conselho Regional de Psicologia do Paraná, em 23 de novembro de 2020, sob a premissa de que "os sofrimentos humanos frequentemente são abordados desde uma perspectiva biológica e individual, retirando da centralidade dos cuidados de acolhimento as questões socioculturais e deixando de oferecer possibilidade de construções coletivas. No contexto da pandemia da Covid-19, discursos hegemônicos deixam de considerar as especificidades brasileiras como, por exemplo, a falta de direcionamento governamental e a falta de pacto coletivo". Contou com a participação de Rossano Cabral Lima, Luís Fernando de Oliveira Saraiva e Rui Harayama, sob a mediação de Andreia Moessa de Souza Coelho. A versão na íntegra do nosso evento está disponível em: https://www.youtube.com/watch?v=oWtMOvl4Om0&t=2022s.

A lição sabemos de cor
Só nos resta aprender
Já choramos muito
Muitos se perderam no caminho
Mesmo assim é fácil inventar
Uma nova canção
Que venha trazer sol de primavera

Presto muita atenção nos versos e penso: são oito meses de pandemia e, como na canção, constato que muitos se perderam no caminho. Estamos tristes e já choramos muito. A vida em confinamento tornou-se celeiro de assombro e tristeza para ambos, psicoterapeutas e pacientes.

Algumas perguntas insistiram e ainda insistem durante esse tempo. Como atender a pessoas tristes quando também se está triste? Quando é que as coisas vão melhorar? Por quanto tempo permaneceremos isolados? Qual é o espaço da clínica em tempos de isolamento social? O que pode a clínica? O que quer o *setting* na produção do atendimento remoto?

Aos poucos fui me dando conta de que o consultório, lugar prioritário de atendimento, havia perdido a sua função. Não há abraços na chegada. Os abraços tornaram-se perigosos. Ninguém entra e ninguém sai.

Não há campainha avisando a chegada do próximo paciente. O sofá permanece intacto com as almofadas sempre alinhadas. Aquele momento do cafezinho com biscoito não acontece mais.

Lembro que em março de 2020, na primeira semana do confinamento, incrédula, ainda pensei que poderia atender a alguns poucos pacientes com janelas abertas e o necessário distanciamento, mas o medo de contrair o vírus nos tomou de assalto e decidimos que não íamos mais fazer atendimento presencial até o arrefecimento da pandemia.

A imagem é um desenho preto e branco realizado por uma paciente e corresponde a uma representação do *setting* na pandemia. Na cena estou sentada na minha poltrona, em cima há uma reprodução de Michelangelo com um detalhe de *A Criação de Adão* e ao lado, atrás do abajur, outra com uma imagem dos *Girassóis* de Monet. Na minha frente ocupando o lugar do paciente temos o celular preso a um pedestal.

Pouco a pouco, já me acostumando com o silêncio da campainha, fui alterando a cena, mudando os móveis de lugar e deixando de fazer a garrafa cheia de café. O sofá, antes local privilegiado para o encontro, foi deslocado para o canto da sala, já a mesa com o computador ganhou centralidade. Passei a deixar aquela luz fria do teto acesa para iluminar melhor minha face diante daqueles que agora compareciam ao encontro pela tela do computador; desliguei o abajur: o conforto da meia-luz parecia já não ter lugar.

Iniciamos o atendimento remoto, online, virtual... Qual é o nome certo para esta modalidade de encontro clínico?

"Profissionais poderão prestar serviços psicológicos por meio de Tecnologia da Informação e da Comunicação – TIC até emissão de parecer do respectivo Conselho Regional", avisava o Conselho Federal de Psicologia na Resolução CFP n. 4, de 20 de março de 2020, comunicado de ampla divulgação na internet.

Entre normativas oficiais e modismos *fast-food*, nós nos adaptamos a esse espaço de atendimento mediado pelas TICs. E assim a clínica manteve-se ativa. Não imaginava ter uma vida tão agitada no confinamento. Tenho trabalhado intensamente todos os dias. O adoecimento psíquico cresce junto com a pandemia. Eu, meus pacientes, meus amigos, minha família ... Talvez estejamos todos adoecendo. Mas, em tempos como estes, o que seria adoecer?

Vi crescer, nesse período, uma avalanche de ofertas de "atendimento psi online". Observei serviços que, ofertados como uma mercadoria qualquer, prometiam agir no medo da morte, na ansiedade e na elaboração do luto. Fiquei assustada, muito assustada!

Em tempo entendi que a proliferação de ofertas não deveria me surpreender tanto assim, pois vivemos em uma sociedade capitalista e mesmo na pandemia as prateleiras apresentam seus produtos. Mercadoria e mercado andam juntos, lado a lado. No capitalismo não se produz uma mercadoria sem que, ao mesmo tempo, seja produzido o seu respectivo mercado consumidor. Ora, essa não foi a primeira vez que assistimos a um *boom* na oferta de serviços psicológicos diante de acontecimentos da vida.

Para exemplificar, em uma busca rápida na internet encontro diversas ofertas que anunciam: "Encontre e converse com um psicólogo sem sair de casa". Ainda na mesma página, as instruções: "encontre um especialista a partir de três opções: especialista, motivo e valores". Os especialistas disponíveis ali naquela plataforma aparecem com o respectivo perfil com foto e descrição da especialidade. Há um campo para a avaliação dos "usuários". São quase quatrocentos especialistas disponíveis. Pacientes que se cadastram e tornam-se membros recebem descontos e sessões grátis. Os motivos do atendimento aparecem em uma aba lateral com uma centena de possíveis queixas que vão de "motivação" a "problemas financeiros". Há também um apelo à possibilidade de obter uma terapia "por um valor que caiba no bolso".

Não há como não se espantar com as diversas ofertas que, em uma busca rápida, encontramos na internet. A vida naquela plataforma é traduzida por uma centena de possíveis sintomas que por sua vez gerarão outras centenas de possíveis diagnósticos. O que se vê com frequência nessas plataformas é a oferta de uma psicoterapia descontextualizada que opera na equivocada via do paradigma problema/solução. Desta forma, com a mercadoria "atendimento psi online" ofertada no balcão, o que vimos proliferar nesse momento pandêmico foi a fabricação de modos de existência medicalizados[3] e patologizados.

Como agir diante da atual realidade que estamos vivendo? Como ofertar um atendimento voltado para o cuidado, que não queira se valer de um nicho mercadológico e oportunista? Que perigos, que armadilhas devemos evitar? O que ofertar? Como ofertar?

Movimento 2: o advento do "Nós: Cuidados em tempos de pandemia"

No dia 23 de abril de 2020, logo no início do confinamento recebo a mensagem no WhatsApp: "Luís criou o grupo 'Nós – Terapeutas', Luís adicionou você". Em seguida o texto: "Querides, nosso site está no ar! Vamos começar a divulgação". Em outra mensagem, um texto que explicitava melhor o que trataríamos naquele recém-criado grupo: "Com o objetivo de oferecer atendimento psicológico nesse momento de pandemia e isolamento social, o coletivo Nós reúne um grupo de psicólogos unidos por princípios ético-político-estéticos. Conheça a nossa proposta de divulgação!".

---

3   Medicalização adquire aqui o sentido de força de invenção e fabricação de subjetividades medicalizadas. Desta forma, deixaremos de pensar a medicalização apenas como um processo de regulação de corpos. Medicalização passa a significar, portanto, um modo de subjetivação que aciona os processos de constituição de uma subjetividade como resultante das forças que constroem e conformam modos de existir (Rego Monteiro, 2007).

Unidos por princípios éticos, políticos e estéticos e na contramão do movimento oportunista e mercadológico de plantão, nos reunimos. Estava constituído, naquele momento, o grupo de terapeutas "Nós: Cuidados em tempos de pandemia".

E o que o "Nós" se propõe a oferecer nesse momento? O que o diferencia das emergentes ofertas de serviços de "atendimentos psi online" que vêm proliferando a partir da pandemia atual?

Em seu *folder* de divulgação, a proposta é clara:

> **Quem somos:** *Nós somos um grupo de psicólogas e psicólogos pautadas/os por princípios ético-político-estéticos, reunidas/os para facilitar o encontro com pessoas que demandam atendimento psicológico. Contamos com um corpo de terapeutas responsáveis pelos atendimentos, e com um corpo de apoio que auxilia as/os terapeutas na supervisão e discussão dos casos atendidos, bem como artistas, designers e amigas/os que nos ajudam a produzir e divulgar este trabalho.*
>
> **O que oferecemos:** *Oferecemos atendimentos on-line que buscam acolher as pessoas e suas experiências, e pensar com elas em formas de lidar com seus sofrimentos, construindo ações e desdobramentos possíveis para o momento da pandemia. A duração dos atendimentos será pensada em conjunto com a/o terapeuta, considerando possibilidades, necessidades e a vontade de que sejam realizados novos encontros. Com isso, apostamos na potência dos bons encontros, capazes de produzir (auto) amparo e (auto)cuidado.*
>
> *Os atendimentos não têm um valor financeiro pré-estabelecido. Este poderá ser combinado durante o atendimento. Qualquer pagamento que venha a ser realizado deve se dar na lógica do apoio mútuo, pois assim poderemos sustentar uma rede de cuidados profissionais durante a pandemia. Desse modo, serão consideradas as necessidades e possibilidades de cada um/a, a fim de permitir que mais pessoas possam acessar esses atendimentos.*

A partir do exposto, fica claro que o "Nós" não se propõe a ser mais um produto na prateleira de ofertas que apostam em um mercado que, ávido por aumentar seus consumidores, vendem a promessa de que se pode encontrar um caminho curto para o diagnóstico e o tratamento de todos os impasses da vida, ou, ao menos, aos impasses da vida na pandemia.

O coletivo "Nós" quer se diferenciar. Com a criação do coletivo "Nós", eu experimentei no meu corpo a alegria pela primeira vez nesse tempo de pandemia. Lembro-me de ter dito na primeira reunião da alegria que sentia por conhecer pessoas novas em meio a tanta privação. A sensação que meu corpo experimentou naquele momento traduzia o efeito da alegria-força provocada por um acontecimento. Para o filósofo Peter Pál Pelbart, em texto publicado em 1995 na *Folha de S.Paulo* intitulado "Um mundo no qual acreditar", o acontecimento, este conceito formulado por Deleuze, não se localiza na cadeia contínua dos presentes nem age como flecha do tempo em uma única direção. Quando somos atravessados por um acontecimento, "em vez de um tempo homogêneo, linear, cumulativo ou circular, emerge uma arquitetura temporal turbulenta, plissada, labiríntica, heterogênea". Para Pelbart (1995), o *acontecimento* é, portanto, um abalo sísmico, ele faz tremer, abala as estruturas e coloca fluxos em movimento. Ficou claro para mim desde o início que o coletivo "Nós" se configurou como um acontecimento disparador de encontros.

Há meses nós nos reunimos uma vez por semana, às segundas feiras, para duas horas de conversa pela plataforma Zoom e a qualquer momento por WhatsApp no grupo "Nós – Terapeutas". Em nossas conversas pautamos horizontalmente nossas angústias. Estamos mergulhados na escuta da dor. Uma dor causada pela desestabilização desencadeada pela constatação diária da finitude, da vida em risco e da morte à espreita. Escutamos a dor, na dor. Estivemos (nós e os nossos pacientes) em confinamento. Hoje nesse início de primavera contabilizamos o prejuízo, pois uma vida confinada é uma vida sem "oxigênio". E se a covid-19 produz sufocamento naqueles que são acometidos por ela, deixando-as sem ar e tornando necessários respiradores artificiais, a vida pandêmica também nos sufoca, nos tira o ar, outro ar. Sabemos que é sempre na falta de "oxigênio" que o psicólogo é convocado a intervir, mas nesse momento ainda temos que avaliar como anda a nossa própria taxa de "oxigênio". Mas qual seria nosso oxímetro? E quais seriam nossos respiradores possíveis? Para mim, o "Nós" tem operado como um balão de oxigênio, um possível para não sufocar.

O acontecimento "Nós" disparou em mim a reconexão com as discussões sobre a clínica em exercício antes e durante a pandemia. Ativei antigas perguntas e me deparei com novas questões. O que pode a clínica? O que quer o *setting* na produção do atendimento? Como agir na oferta do cuidado sem que escorreguemos na tutela? Como escapar do ímpeto salvacionista? As diferentes abordagens podem conversar? De que forma? Como manter a recusa ao padrão de normalidade, seja ele o novo ou o antigo normal?

É fato que em nossos consultórios atendemos a pessoas tristes, despotencializadas, em sofrimento e com pouca possibilidade de agir no mundo. Pessoas cheias de nós e com pouco oxigênio. São essas pessoas que hegemonicamente nos procuram e é com elas que caminhamos, identificando rotas, forjando percursos e almejando desvios. O nosso trabalho consiste na modulação dos afetos produzidos no encontro do psicoterapeuta com o paciente. Uma transformação dos modos produzidos pelo encontro no qual a realidade passa de um estado a outro e com isso vai aumentando a potência de agir no mundo. Aumentar a potência é prerrogativa do encontro alegre.

Sim, a tristeza é um obstáculo para a expansão do viver, desejável para aqueles que exercem poder na submissão dos corpos. "O poder necessita de tristeza porque consegue dominá-la. A alegria, portanto, é resistência, porque ela não se rende. Alegria como potência de vida nos leva a lugares onde a tristeza nunca nos levaria", adverte Deleuze (2002, p. 31).

Portanto, se é nas faíscas dos encontros alegres que se intensifica a potência de agir, como atender a pessoas tristes quando a nuvem cinza do entristecimento nos toma por inteira?

Movimento 3: intercessores[4] da/na clínica

No movimento de reconexão com as discussões sobre a clínica que me atravessaram e continuam me atravessando nesse período, fui fazendo uma cartografia dos caminhos que me conduziram até aqui.

O exercício da clínica se faz a partir de algumas escolhas, por exemplo, a linha de atuação do psicoterapeuta, a faixa etária do paciente e o modo de atendimento (família, casais, grupos ou individual). Não defini as minhas escolhas na graduação concluída em 1990, mas no curso de especialização em Clínica Transdisciplinar oferecido pela Universidade Federal Fluminense nos anos de 1996 a 1998.

O exercício da psicologia clínica para mim sempre teve um sentido muito singular. Muito cedo desconfiei que não fosse suficiente a ideia de que clínica é o "movimento do inclinar-se sobre o leito do doente", ou seja, desde o início a clínica desejada por mim deveria ter outra direção. Percebia a atividade da clínica como atitude, como força de por em movimento aquilo que se encontra estagnado, paralisado.

No início atendia a crianças e, hoje, atendo a adolescentes e adultos de modo individual ou em casais/famílias. Não gosto de dar nome para a minha linha de atuação e brinco dizendo que a minha linha é "sem cerol",[5] rejeitando tudo que nos conduz a uma prática tutelada, adaptacionista, utilitária e ortopédica. Entretanto, se insistem com a pergunta, explico que a minha atuação foi produzida por forças expressas em saberes com os quais venho sintonizando ao longo desse tempo. Sintonizo com o pensamento dos filósofos Gilles Deleuze, Espinoza, Nietzsche, Foucault... Eles são os meus intercessores na clínica. Acredito que mais do que linhas, escolas, supervisões, precisamos encontrar intercessores que nos tragam a dimensão do pensamento inventivo na clínica.

---

4   Conceito formulado por Deleuze (1992) como a relação que se fabrica entre autores, conceitos e termos que se intercedem na formação de séries e redes, isto é, uma relação de intervenção e interferência que desestabiliza e, ao mesmo tempo, possibilita criação.
5   Cerol, cortante, preparo ou tempero é uma mistura feita com vidro moído e cola, passada na linha com que se empinam pipas, com a finalidade de cortar a linha de outras pipas. Com frequência, causa acidentes, também fatais, entre aqueles que empinam as pipas, como também a motociclistas.

Deleuze (1988) lembra que os intercessores podem ser "pessoas – para um filósofo, artistas ou cientistas; para um cientista, filósofos ou artistas – mas também coisas, plantas, até animais, como em Castañeda. Fictícios ou reais, animados ou inanimados" (p. 156). Precisamos desenvolver a capacidade de encontrar nossos próprios intercessores na construção da nossa atuação clínica em uma dimensão ética, política e estética.

Em meu percurso encontrei professores/mestres que me inspiraram e agiram como intercessores na produção do modo como atualmente venho exercendo a clínica. Foram eles que me trouxeram os filósofos, as poesias e a arte numa trama de forças para compor com a psicologia. A partir do encontro com esses intercessores, passamos a pensar a clínica para além do *klinikós*, passamos a pensar a clínica como "experiência de desvio de um percurso de vida na criação de outros territórios existenciais". Clínica como ato que acontece no encontro entre o psicoterapeuta e o paciente. "Ato clínico como a produção de um desvio (*clinamen*), na acepção que dá a essa palavra a filosofia atomista de Epicuro... Essa cosmogonia epicurista atribui a esses pequenos movimentos de desvio a potência de geração do mundo." Tal concepção foi compartilhada durante as aulas e disponibilizada em artigo intitulado "A construção do plano da clínica e o conceito de transdisciplinaridade", publicado pelos professores Regina Benevides e Eduardo Passos no curso de especialização em Clínica Transdisciplinar. Com eles aprendi a construir "cartografias existenciais que registram menos os estados do que os fluxos, menos as formas do que as forças, menos as propriedades de si do que os devires para fora de si" (Passos & Benevides, 2005, p. 91).

Com todos os intercessores que tive no processo de tornar-me psicóloga clínica, entendi que a clínica se faz na afirmação do desvio e no acompanhar dos movimentos sempre singulares, vividos a cada encontro. E com Coimbra e Monteiro (2005), afirmamos que toda clínica é, a um só tempo, produto e produção de certa política de subjetivação. Vista assim, a clínica deixa de ser "uma mera técnica de adaptação à realidade que se pretende neutra e apolítica, e passa a se configurar como atitude de intervenção que produz políticas de subjetivação, seja na perspectiva passiva do assujeitamento aos valores vigentes, seja na perspectiva ativa de produção de outros modos de subjetivação"

(Coimbra & Monteiro, 2005, p. 47). Clínica se faz no coletivo e na invenção de possíveis.

Movimento 4: o porvir no sol de primavera

Se "a lição sabemos de cor", só nos resta aprender e inventar uma nova maneira de estar na clínica neste momento em que o cenário é de falta de oxigênio, dor e acúmulo de tristeza. É urgente suscitar encontros, descobrir possíveis no tempo do porvir. Distante do caráter determinante do passado e do caráter normativo do futuro, o porvir torna-se a afirmação de um "talvez". Inventar uma clínica que caminhe

> com o talvez de uma vida que nunca poderemos possuir, com o talvez de um tempo que nunca poderemos permanecer, com o talvez de uma palavra que não compreenderemos, com o talvez de um pensamento que nunca poderemos pensar, com um talvez de um homem que não será um de nós. Mas que, ao mesmo tempo, para que sua possibilidade surja, talvez, no interior do impossível, precisam de nossa vida, de nosso tempo, de nossas palavras, de nossos pensamentos e nossa humanidade. (Larrosa & Skliar, 2001, p. 289)

No tempo do porvir, no qual não se quer, ou não se pode, antecipar, projetar, prever, predizer, tampouco prescrever os acontecimentos, deixaremos as perguntas formuladas reverberarem para criar o necessário espaço da hesitação, esse intervalo de movimento existente entre o momento de olhar e o de agir. Recusaremos as propostas que vendem a "eficácia" e a "ação" a qualquer preço. Afirmaremos uma atitude clínica capaz de suscitar questionamentos acerca das "ofertas" que predeterminam as nossas escolhas (Maciel Junior, 2005). Sintonizaremos as políticas de existência que ofereçam resistência ao biopoder[6] prestando muita atenção nos detalhes, na potência do ínfimo

---

6   O termo biopoder aparece pela primeira vez na obra de Michel Foucault na conferência "O nascimento da Medicina Social", realizada no Rio de Janeiro em 1974 e publicada por Roberto Machado em *Microfísica do Poder*, em 1979.

para poder enxergar o momento em que "a luz que se estica a cada fim do dia mais um bocadinho, o vento que já não sopra tão frio, as pequenas flores que aparecem ainda tímidas pelo caminho e os pássaros que cantam mais alto a anunciar que a primavera vem aí. Consegues ouvir?".[7]

> *Já sonhamos juntos*
> *Semeando as canções no vento*
> *Quero ver crescer nossa voz*
> *No que falta sonhar*

Referências

Coimbra, C., & Monteiro, A. (2005). Quando a clínica se encontra com a política. In A. Maciel Junior, D. Kuppermann, & S. Tedesco (Orgs.), *Polifonias: clínica, política e criação*. Rio de Janeiro: Contracapa.

Deleuze, G. (1988). *Diferença e repetição*. Rio de Janeiro: Graal.

Deleuze, G. (1992). *Conversações*. São Paulo: Editora 34.

Deleuze, G. (2002). *Espinosa: filosofia prática*. São Paulo: Escuta.

Deleuze G., & Parnet, C. (1998). *Diálogos*. São Paulo: Editora 34.

Larrosa, J., & Skliar, C. (2001). *Habitantes de Babel: políticas e poéticas da diferença*. Belo Horizonte: Autêntica.

Maciel Junior, A. (2005). O problema da escolha e os impasses da clínica na era do biopoder. In A. Maciel Junior, D. Kuppermann, & S. Tedesco (Orgs.), *Polifonias: clínica, política e criação*. Rio de Janeiro: Contracapa.

Passos, E., & Benevides, B. (2005). Passagens da clínica. In A. Maciel Junior, D. Kuppermann, & S. Tedesco (Orgs.), *Polifonias: clínica, política e criação*. Rio de Janeiro: Contracapa.

---

7   Texto extraído de uma postagem no Instagram realizada pela jornalista Alice Barcellos.

Pelbart, P. (1995). Um mundo no qual acreditar. *Folha de S.Paulo.* Recuperado de: https://www1.folha.uol.com.br/fsp/1995/12/03/mais!/22.html.

Rego Monteiro, H. (2007). Medicalização da vida escolar. In G. Gouvêa (Org.), *Pesquisas em Educação.* Rio de Janeiro: 7 Letras.

GRÁFICA PAYM
Tel. [11] 4392-3344
paym@graficapaym.com.br